高等职业教育新形态一体化系列教材

# 高速铁路变电所运行与维护（一次系统）

陈海军◎主　编
朱志龙　聂后田◎副主编
高仕斌◎主　审

中国铁道出版社有限公司

2025年·北　京

## 内容简介

本书为“高等职业教育新形态一体化系列教材”之一，采用有利于职业能力和职业素养培养的模块—项目式编写方式，全书分为四个模块。模块一为电力牵引供电系统基础，模块二为牵引供电系统主要电气设备，模块三为电气主接线及高压配电装置，模块四为变电所接地与防雷。

本书适合作为高等职业技术院校铁道供电技术专业的专业课教材，还可作为现场工程技术人员的参考用书。

**图书在版编目（CIP）数据**

高速铁路变电所运行与维护．一次系统／陈海军主编．—北京：中国铁道出版社有限公司，2023.3(2025.6 重印)

高等职业教育新形态一体化系列教材

ISBN 978-7-113-29646-9

Ⅰ.①高… Ⅱ.①陈… Ⅲ.①高速铁路-电气化铁道-牵引变电所-一次系统-电力系统运行-高等职业教育-教材②高速铁路-电气化铁道-牵引变电所-一次系统-维修-高等职业教育-教材 Ⅳ.①U224

中国版本图书馆 CIP 数据核字(2022)第 168274 号

**书　　名**：高速铁路变电所运行与维护（一次系统）

**作　　者**：陈海军

---

**责任编辑**：尹　娜　　**电话**：(010)51873206　　**电子邮箱**：624154369@qq.com

**封面设计**：曾　程　高博越

**责任校对**：苗　丹

**责任印制**：高春晓

---

**出版发行**：中国铁道出版社有限公司(100054，北京市西城区右安门西街 8 号)

**网　　址**：https://www.tdpress.com

**印　　刷**：河北宝昌佳彩印刷有限公司

**版　　次**：2023 年 3 月第 1 版　2025 年 6 月第 2 次印刷

**开　　本**：787 mm×1 092 mm 1/16　**印张**：12　**字数**：292 千

**书　　号**：ISBN 978-7-113-29646-9

**定　　价**：45.00 元

---

# 前　　言

本书系统地介绍了电气化铁路供变电技术，以高铁变电所一次系统设备为重点，重点介绍了牵引变电所、AT所、分区所供电系统一次设备，结合现场的实际情况，对变电所一次电气设备的构成、类型、工作原理及运行维护技术进行了较详细的介绍。考虑到实际工作时可能需要在高速铁路和普速铁路变电领域之间转换，融入了普速铁路牵引供电系统内容作为基础，以增加读者对牵引供电系统的认识和工作的适应性。内容的编写以牵引供电系统变电运行维护人员的职业技能为出发点，紧扣职业标准，融入“1＋X”证书变配电运维职业技能标准内容和课程思政内容，理论与实践相结合，力求使读者掌握必备的基本知识，同时能掌握必要的技能，有利于职业素养的提高。

为加强读者对现场的认识，本书增加了典型案例，通过案例的分析，使读者对现场的故障处理有更深的认识。对于现场的读者，也可获得有益的经验和启发。

本书立足于培养应用型技术人才，图文并茂，并配备了视频、动画立体化资源立体化，按新形态教材要求编写，并结合现场技术，力求通俗易懂。书中的图纸以现场图纸为参考，参照最新的国家标准对部分图纸的文字和符号进行了更新。考虑高职教育的特点，以突出应用和技能为重点，结合了教育部对“1＋X”证书的要求，有机融入相关职业技能，以二维码的形式容纳更多的资源。配备了练习题、思考题及在线测试等，用于评价学习效果。在每个模块后面配有拓展阅读，介绍中国高速铁路崛起的历程、智能牵引供电系统技术等内容，激发大家的民族自豪感和奋斗精神，培养遵章守纪等职业素质。

本书由广州铁路职业技术学院陈海军任主编，中国铁路广州局集团有限公司深圳供电段朱志龙、中国铁路广州局集团有限公司供电部聂后田任副主编。朱志龙、聂后田参加模块二和模块三部分内容的编写，其余由陈海军编写。全书由西南交通大学高仕斌教授主审，高仕斌教授对本书提出了很多宝贵意见，特此表示感谢！中国铁道出版社有限公司组织了全书审定工作和编辑工作，并对本书的编写提出了宝贵的意见，在此表示衷心的感谢！

本书编写工作还得到了中国铁路广州局集团有限公司广州供电段王文雄、卓展鸿、吴洁炼等很多现场企业人员及院校师生的支持,在此一并表示感谢!

由于编者的水平有限,书中难免存在疏漏,诚恳欢迎读者提出宝贵意见。

编 者

2022 年 10 月于广州

# 目　录

# 模块一　电力牵引供电系统基础

本模块介绍电力牵引的特点，对电力牵引供电系统的基本知识及电力系统的中性点运行方式作了介绍，重点讲述了电力系统基本知识，牵引供电系统的组成、各部分功能及电力牵引的供电方式。

## 项目一　认识电力系统

### 一、项目介绍

随着现代工业的发展，电力工业在现代化的建设中扮演着越来越重要的角色。电能是绝大多数工矿企业现代化设备的动力能源，电能可以十分经济又方便地进行输送和分配；电能可以很方便地与其他形式的能量互相转换；电能在使用中易于被操作和控制，使得其自动化生产、输送和在各个领域中的普及应用易于得到实现。电能以其极大的优越性，广泛应用于各个领域。本项目主要学习电力系统的基本组成，认识电力系统的主要结构。

| 能力训练目标 | 能力目标 | 相关支撑知识 | 学习建议 |
| --- | --- | --- | --- |
| 连接电力系统各部分 | 1. 理解电力网组成。<br>2. 能将发电厂到用户各部分连接起来 | 1. 电力系统概念。<br>2. 电力系统各部分作用。<br>3. 负荷分类 | 了解电力系统各部分之间的关系，将发电厂到用户之间的环节连接起来，构成最基本的系统 |

### 二、相关知识

（一）电力系统组成

电能的生产、输送、分配和使用组成了一个系统，称为电力系统，主要由发电厂、电力网、用户组成。图 1-1 是电力系统组成示意图。

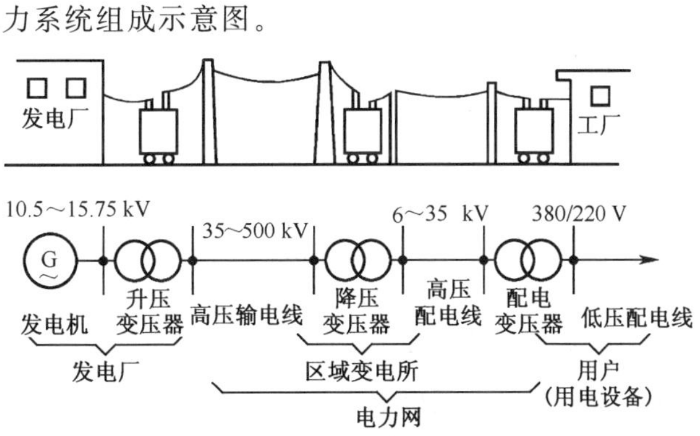


图 1-1　电力系统组成示意

1. 发电厂

发电厂是生产电能的工厂,它的生产原材料主要是煤、天然气、风能、水力、核能等能源,它的产品就是电能。也可以说,发电厂就是将煤、水力、核能等一次能源转换为电能——二次能源的工厂。按照发电厂所使用的一次能源不同,发电厂可分为如下几种。

(1)火力发电厂

火力发电厂又称火电站或火电厂。火电厂的能源有煤、石油或天然气。我国火电厂的主要能源是煤。有的火力发电厂除了供应电能外,还向电厂附近的工矿企业或居民区供应热能。这种兼供热能的发电厂称为热电厂。

(2)水力发电厂

水力发电厂又称水电站或水电厂。水力发电厂的能源是水,它是将水流的位能通过水轮发电机转换为电能。水电站又分为三类:堤坝式水电站(如长江三峡水电站)、引水式水电站(在具有相当坡度的河段上游筑一低坝,拦住河水,然后用引水道将水直接引到厂房内,通过水轮发电机将水的势能转换为电能)、混合式水电站(堤坝式和引水式水电站的组合)。

(3)核发电厂

核发电厂又称核电站或核电厂。它的发电原理和火力发电原理相类似,只是热能的产生方式不同而已。核电站能源是原子能燃料铀或钍,它利用原子能燃料裂变产生的大量热能进行发电。

火力发电和水力发电在我国电能生产中占有很大的比例,除此之外,还有风力、地热和太阳能发电等。

2. 电力网

电力网是电力系统的重要组成部分,担负着将发电厂和电能用户联结起来组成系统的任务,对于电力系统的可靠性和经济性运行有着重要的意义,图 1-2 是电力网组成示意。

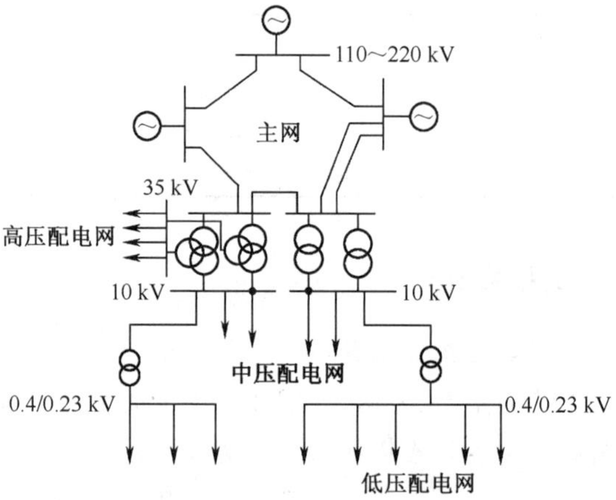


图 1-2　电力网组成示意

电力网由各种电压等级的输、配电线路和变(配)电站(所)组成。电力网的任务是将电能从发电厂输送和分配到电能用户。按其功能常分为输电网和配电网两大部分,输电网是由 220 kV 及以上的输电线路和与其相连接的变电所组成,是电力系统的主要网络,其作用是将电能输送到各个地区的配电网或直接输送给大型企业用户。配电网是由 110 kV 及以下的配电线路和与其相连接的配电所(或简单的配电变压器)组成,其作用是将电能输送到各类用户。配电网又分高压配电网(35～110 kV)、中压配电网(6～10 kV)和低压配电网(220/380 V)。

为了减少电流在输电网络上产生的电能损耗,在远距离的输电网中,一般采用超高压(330 kV 以上)输电方式。发电厂的发电机端电压不可能过高(一般为 6～10 kV),电能用户的电压也不可能很高(一般为 10 kV 及以下),因此,电力网还担负着改变电压等级的作用,这就是变、配电所(站)。变、配电所(站)由电力变压器和配电装置组成,它是改变电压和分配电能的场所;将电压升高的称为升压变电所(站);将电压降低的称为降压变电所(站);而配电所(站)只负担分配电能的任务。

3. 用户

用户主要包括工矿企业和居民区等。

按用户的重要程度和对供电可靠性的要求,用电负荷可分为三类,负荷等级不同的用户对供电可靠性的要求有所差别。

(1)一级负荷是用户负荷中对供电可靠性要求最高的负荷,这类负荷中断供电将造成人身伤亡、重要设备严重损坏、重要产品大量报废、生产秩序被打乱并长期不能恢复或使城市生活发生严重混乱,如炼钢厂、重要矿井、电气化铁路、铁路自动闭塞信号电源、城市重要照明等。对这类负荷,必须有两个以上的独立电源供电。电气化铁路的牵引供电系统即属于一级负荷。

(2)二级负荷;二级负荷中断,供电将造成产品产量及质量严重下降,如纺织厂、化工厂等。对这类负荷,应有两回路电源供电,且当任何一个电源失去后,能保证全部或大部分二级负荷的供电。当负荷较小或地区供电条件困难时,才允许由另一回路 6 kV 及以上的专用架空线供电。

(3)三级负荷是指不属于一级负荷和二级负荷的其他负荷,这类负荷对供电可靠性要求不高,可以允许非连续性供电,如附属车间、机修车间、小市镇及农村公共用电等,这类负荷通常用一个电源供电。

(二)电能质量指标

电力设备都是在一定频率的电压下工作的。电源的频率或电压偏差,都会影响用电设备的寿命和效率,甚至会直接损坏用电设备,供电部门应保证供电质量。电能的质量指标主要包括以下几个方面。

1. 供电频率

我国国家标准规定工业用交流电的额定频率为 50 Hz,这也是国际电工协会规定的工业用交流电的标准频率,简称工频 50 Hz。当电力系统的有功功率电源不足或缺乏备用容量时,往往会造成低周波运行。当供电频率低于额定频率运行时,将会造成很大的危害,如影响发电厂的安全运行,使电动机转速下降,影响企业产品的质量、影响电钟行走的准确性等。为此《全国供用电规则》规定:电网装机容量在 300 万 kW 及以上的,供电频率允许偏差 ±0.2 Hz;300 万 kW 以下的,允许偏差 ±0.5 Hz;电力系统非正常状况下,供电频率允许偏差不应超过 ±1.0 Hz。

为了不影响生产,大部分企业供电系统采用了低周减载的保护装置,当系统出现低于要求频率运行状态时,保护装置将自动切除部分负荷,以提高系统供电频率,保证系统供电电能的质量。

2. 电压偏差

额定电压就是发电机、变压器和电气设备等在正常运行时具有最大经济效益时的电压。国家规定了标准电压等级系列,有利于电器制造业的生产标准化和系列化,有利于设计的标准化和选型,有利于电器的互相连接和更换,有利于备件的生产和维修等,应选择最合适的额定电压等级。我国国家标准,规定额定电压等级分为三类。国家标准规定的电压见表 1-1～表 1-3。

表 1-1　第一类额定电压(V)

| 直流 | 交流 | |
|---|---|---|
| | 三相(线电压) | 单相 |
| 6 | — | — |
| 12 | — | 12 |
| 24 | — | — |
| — | 36 | 36 |
| 48 | — | — |

表 1-2　第二类额定电压(V)

| 用电设备 | | | 发电机 | | 变压器 | | | |
|---|---|---|---|---|---|---|---|---|
| 直流 | 三相交流 | | 直流 | 三相交流 | 交流 | | | |
| | | | | | 三相 | | 单相 | |
| | 线电压 | 相电压 | | 线电压 | 一次线圈 | 二次线圈 | 一次线圈 | 二次线圈 |
| 110 | — | — | 115 | | | | | |
| 220 | — | — | 230 | (230) | (220) | (230) | 220 | 230 |
| — | 380 | 220 | — | 400 | 380 | 400 | (380) | — |

注:表中(　)内电压等级尽量不采用。

表 1-3　第三类额定电压(kV)

| 电网和用电设备额定电压 | 交流发电机电压 | 变压器线圈电压 | |
|---|---|---|---|
| | | 一次线圈 | 二次线圈 |
| 3 | 3.15 | 3 及 3.15 | 3.15 及 3.3 |
| 6 | 6.3 | 6 及 6.3 | 6.3 及 6.6 |
| 10 | 10.5 | 10 及 10.5 | 10.5 及 11 |
| — | 13.8,15.75,18,20 | 13.8,15.75,18,20 | — |
| 35 | — | 35 | 38.5 |
| 66 | — | 66 | 72.6 |
| 110 | — | 110 | 121 |
| 220 | — | 220 | 242 |
| 330 | — | 330 | 363 |
| 500 | — | 500 | 550 |

注:铁道供电接触网额定电压为 25 kV;地下铁道直流接触网额定电压为 1 500 V(如:广州地铁、上海地铁)或 750 V(如:北京地铁)。此两种电压等级是行业特殊电压等级。

第一类额定电压是指 100 V 以下的电压,属于安全电压,主要用于安全照明、蓄电池组、直流控制、操作电源和实验室使用等。

第二类额定电压是指 100～1 000 V 的电压,称为低压,主要用于动力和照明设备。

第三类额定电压是指 1 000 V 及以上电压,称为高压,主要用于发电、变电、输电、配电和高压用电设备。

电气化铁路供电系统由地方电网供电,普速铁路牵引变电所外部电源电压一般为 110 kV,高速铁路牵引变电所外部电源电压一般为 220 kV。

当电流流过电力线路或变压器时将产生电压降和电能损耗,使受电端电压较送电端电压低一定的数值,在一般情况下,距离电源越远的用户受电电压越低。为了提高线路末端的电压，可采用提高送电端的电压，使送电端的运行电压高于其额定电压。由于负荷随时间不断变化，同一用电设备的受电电压也随时间而变化，即电压波动。电压的过分升高或降低都将影响设备的运行。

当电压过低时，照明设备不能正常发光。如白炽灯的运行电压低于其额定电压5%时，其发光效率将降低18%，当运行电压低于其额定电压10%时，其发光效率将降低35%。电动机运行电压低于其额定电压时，将使电动机的转矩下降，可能导致工厂产品报废。电压过低，造成电动机启动困难；运行中的电动机电压过低，绕组中电流增大温升超过允许值，加速了绝缘老化，甚至烧毁电动机。电压过低将增加电网中的电能损耗，且电气设备的容量不能被充分利用。当电力系统的电压下降30%左右时，可能会引起系统解列，造成大面积停电，是电力系统最严重的事故。

而当电力系统电压升高超出规定范围时，同样会造成严重的后果，如加速设备绝缘老化，缩短设备寿命，甚至直接烧毁设备。

因此国家规定了电压幅值要求的波动偏差：

(1)35 kV 及以上高压供电用户，电压偏差不超过额定值的±10%；

(2)10 kV 及以下的三相用户，电压偏差值不超过±7%；

(3)220 V 单相供电的用户，电压偏差值不超过(+7%，−10%)；

(4)铁路自动闭塞信号变压器的二次端子，其电压偏差值不超过额定电压的±10%；

(5)在电力系统非正常情况下，用户受电端的最大偏差值不应超过额定值的±10%。

3. 电压的不对称性和波形的非正弦性

电力系统中的用电负荷，有很大一部分是冲击性负荷和单相负荷(如轧钢机、电弧炉、电力机车等)它们除引起电压偏移和波动外，还造成三相电压的不对称，而引起三相系统的零点偏移现象，直接影响电气设备的运行。例如：电气化铁路采用单相牵引制，导致电力系统三相不对称运行。

理想状态的电力系统电压是50 Hz严格的正弦波，但系统中大量非线性电力元件(大型整流设备、荧光灯等气体放电灯等)的存在，导致高次谐波的出现，使得电压电流波形产生畸变，严重影响电气设备的运行。高次谐波已经成为公共电网的一大“公害”，国家对公共电网中的谐波也有明确的规定。

4. 供电的可靠性

供电中断将导致生产停顿和人们正常秩序生活被打乱，供电可靠性的衡量指标是以年平均供电小时占全年小时数(8 760 h)的百分数表示的。如有一企业全年停电时间为8.76 h，停电时间占全年小时数的0.1%，则其可靠性为99.9%，负荷等级不同的用户对供电可靠性的要求有所差别。

## 三、项目实施

(1)认识电力系统的组成。

(2)将图1-3中各部分连接起来，构成一个电力系统。

## 四、练习

1. 如果中断供电会造成人身伤亡、重要设备严重损坏、生产秩序被打乱，属于______负

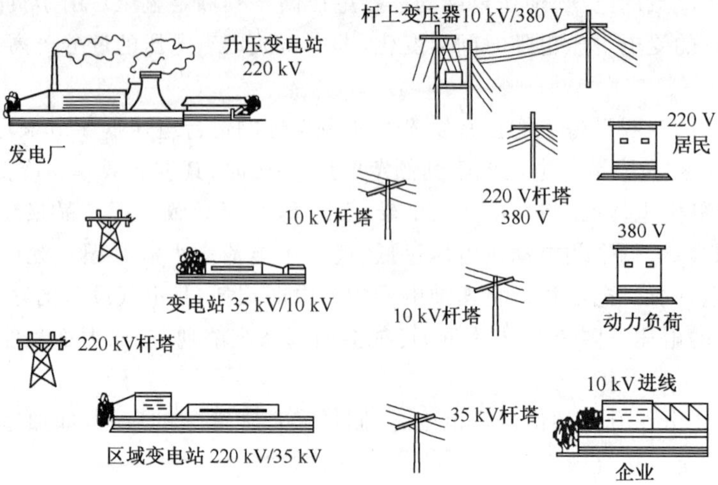


图 1-3　电力系统组成

荷,负荷必须有两个以上的______电源供电。

2. 电力系统是指电能的生产、______、______和使用组成了一个系统,主要由发电厂、______、电能用户组成。

3. 理想状态的电力系统电压是 50 Hz 严格的正弦波或______波,但系统中大量非线性电力元件(大型整流设备、荧光灯等气体放电灯等)的存在,导致______波的出现,使得电压电流波形产生畸变,严重影响电气设备的运行。

4. 安全电压是指人体接触后______危及人身安全的电压,实际应用主要有以下几种,即______V、______V、______V、______V、______V。

# 项目二　中性点运行方式

## 一、项目介绍

三相电力系统的发电机和变压器,当采用星形接线时,存在中性点的运行方式问题,电力系统的中性点运行方式主要表现为中性点是否接地及如何接地,一般有两种状态:

①中性点非直接接地系统,又称为小电流接地系统。中性点非直接接地系统分为中性点不接地和中性点经消弧线圈接地系统。

②中性点直接接地系统,又称为大电流接地系统。中性点直接接地系统分为中性点直接接地和中性点经电抗器接地系统。

本项目主要学习中性点几种运行方式的接线,了解各种运行方式的特点。

| 能力训练项目 | 能力目标 | 相关支撑知识 | 学习建议 |
| --- | --- | --- | --- |
| 低压系统连接 | 能画出负荷处,从负荷到变压器之间的连接关系 | 1. 中性点接地含义。<br>2. 高低压系统中性点各种接地方式 | 对比高低压系统各种接地方式、接线方式,理解保护的设置与中性点接地的关系,认识不同接地方式所带来的影响,归纳其特点及应用场合 |

## 二、相关知识

电力系统的中性点运行方式是一个比较复杂的综合性技术经济问题，对于电力系统供电的可靠性、绝缘设计、继电保护及自动装置的整定等有决定性的意义。当系统发生接地短路（特别是单相接地短路）时，中性点运行方式对系统有明显的影响。

（一）中性点非直接接地的三相电力系统

1. 中性点不接地的三相电力系统

中性点不接地的三相电力系统接线原理如图 1-4 所示。由于任何两个相互绝缘的导体之间都存在着一定的电容，因此三相导线之间和各相对地之间，沿线路全长有分布电容存在。在电压的作用下将有附加电容电流流过。由于三相导线型号、规格相同，各相对地电压的有效值相同，故认为三相沿线路对地分布电容量相等。为了讨论方便，沿线路导线对地均匀分布电容，以集中的等效对地电容 C 代替，而导线间的电容较小，略去不计。

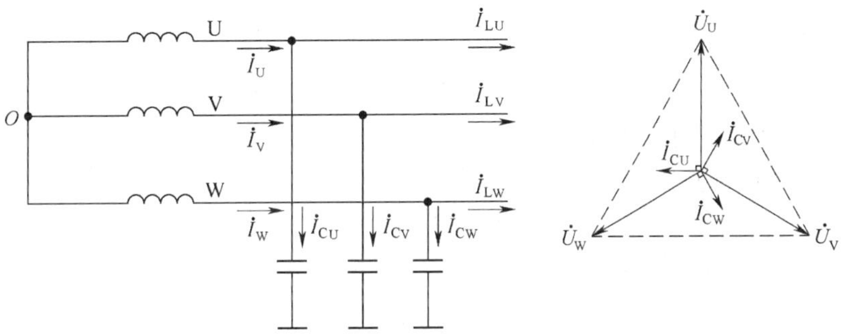


图 1-4　中性点不接地的系统示意

（1）三相系统正常运行状态

在系统正常运行时，三相系统是对称的，则各相对地电压 $\dot{U}_U$、$\dot{U}_V$、$\dot{U}_W$ 对称，中性点 $O$ 对地电位为零，各相对地电压等于相电压。电源各相电流 $\dot{I}_U$、$\dot{I}_V$、$\dot{I}_W$ 分别等于各相的负载电流 $\dot{I}_{LU}$、$\dot{I}_{LV}$、$\dot{I}_{LW}$ 与各相对地电容电流 $\dot{I}_{CU}$、$\dot{I}_{CV}$、$\dot{I}_{CW}$ 之和，即：$\dot{I}_U=\dot{I}_{LU}+\dot{I}_{CU}$，$\dot{I}_V-\dot{I}_{LV}+\dot{I}_{CV}$，$\dot{I}_W=\dot{I}_{LW}+\dot{I}_{CW}$。由于三相电压对称，三相线路对地电容相等，则三相电容电流对称，其矢量和等于零，故地中无电流流过。

（2）系统发生单相接地系统的变化

当网络的绝缘被破坏，发生单相接地时，将引起各相对地电压和电流产生变化。为了分析方便，认为系统运行在空载情况下发生单相短路，此时短路情况最严重。图 1-5 是单相（W 相）接地电流电压相量图。

①各相电压的变化。接地相（W 相）对地电压为零，中性点对地电压不为零，而变为 $(-\dot{U}_W)$，而非接地相（U、V 相）对地电压，变为该相相电压加上中性点对地电压 $(-\dot{U}_W)$，即

$$|\dot{U}'_W|=|\dot{U}_W+(-\dot{U}_W)|=0$$

$$|\dot{U}'_V|=|\dot{U}_V+(-\dot{U}_W)|=|\dot{U}_V-\dot{U}_W|=\sqrt{3}\dot{U}_V$$

$$|\dot{U}'_U|=|\dot{U}_U+(-\dot{U}_W)|=|\dot{U}_U-\dot{U}_W|=\sqrt{3}\dot{U}_U$$

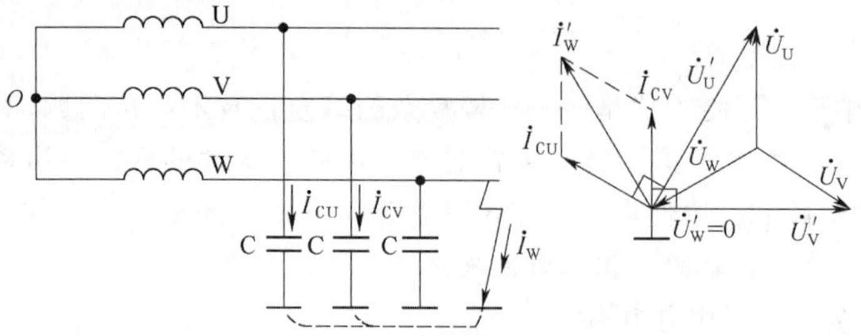


图 1-5　W 相接地电流电压相量示意

经分析得:三相相间电压对称关系没有改变,故障相对地电压为零,非故障相对地电压为相电压的 $\sqrt{3}$ 倍。

②电流的变化。接地相(W 相)对地电容被短接,非故障相对地电容上所加的电压为原来所加电压的 $\sqrt{3}$ 倍,所以,非故障相(U、V 相)对地电容电流 $\dot{I}_{CU}$、$\dot{I}_{CV}$ 为原来对地电容电流的 $\sqrt{3}$ 倍。

从图 1-5 可知,W 相接地电流 $\dot{I}'_W=-(\dot{I}_{CV}+\dot{I}_{CU})$,而 $\dot{U}'_V$ 与 $\dot{U}'_W$ 相位差是 60°,则 $\dot{I}_{CV}$ 与 $\dot{I}_{CU}$ 同样相差 60°( $\dot{I}_{CV}$ 引前 $\dot{U}'_V$ 90°, $\dot{I}_{CU}$ 超前 $\dot{U}'_U$ 90°)。所以, $\dot{I}'_W=\sqrt{3}\dot{I}_{CV}$ ,接地相(W 相)接地电流上升为原对地电容电流的 3 倍。

③结论。对于中性点不接地的三相电力系统,当发生单相接地时,系统的相间电压对称关系没有改变,对三相负载无影响,因此允许系统继续运行。但由于非故障相对地电压为原来对地电压的$\sqrt{3}$倍,故障相接地电流上升为原对地电容电流的 3 倍,如系统仍长期运行,可能引起非故障相对地绝缘薄弱处的绝缘被破坏而接地,导致两相接地短路故障,故只允许短期运行(有关规程规定:中性点不接地三相电力系统发生单相接地故障时可继续运行 2 h)。但此时系统应向值班人员发出警告。

当系统发生单相接地时,故障相接地电流上升为原对地电容电流的 3 倍,导致可能出现持续电弧或间歇电弧。持续电弧会引起相间短路,而间歇电弧会引起网络过电压。对于 6～10 kV 网络,当单相接地电流大于 30 A 时,其持续电弧较大不易熄灭,容易造成相间短路,而间歇电弧造成的危险并不显著;但对于 20 kV 以上的网络,当单相接地电流大于 10 A 时就会引起接地电弧。故一般当线路额定电压为 110 kV 以下、单相接地电流在 10 A 及以下;线路额定电压为 6～10 kV,单相接地电流在 30 A 及以下的网络,常采用中性点不接地的方式。

2. 中性点经消弧线圈接地的三相电力系统

当网络的线间电压为 110 kV 以下,单相接地电流又大于上述的数值时,为了防止单相接地时产生电弧,尤其是间歇电弧,应采取减少接地电流的措施。此时常采用中性点经消弧线圈接地的运行方式。图 1-6 为中性点经消弧线圈接地方式发生单相(图中为 W 相)接地时的系统图和电流相量图。

(1)工作原理

正常工作时,中性点 $O$ 对地电压为零,消弧线圈中无电流流过,当发生单相接地时,此时消弧线圈两端的外加电压就是电容电压 $\dot{U}_C$,流过的电流 $\dot{I}_L$,$\dot{I}_L$ 滞后 $\dot{U}_C$90°,而接地电流 $\dot{I}_C$ 超前 $\dot{U}_C$90°,故 $\dot{I}_L$ 与 $\dot{I}_C$ 方向相反。选择合适的消弧线圈,可使 $\dot{I}_L$ 与 $\dot{I}_C$ 相等,使接地电流 $\dot{I}_E=\dot{I}_C-\dot{I}_L=0$。这种原理称为电流补偿。

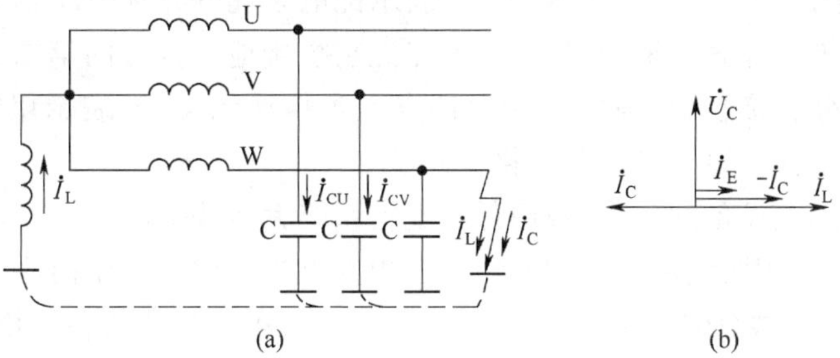


图 1-6　中性点经消弧线圈接地的系统单相接地示意

(2)$\dot{I}_L$ 与 $\dot{I}_C$ 的补偿关系

根据 $\dot{I}_L$ 与 $\dot{I}_C$ 的补偿关系，消弧线圈对接地电流的补偿分为三种。

①全补偿关系。当 $\dot{I}_L=\dot{I}_C$ 时，即 $\dfrac{1}{\omega L}=3\omega C$，此时系统单相接地电流为零，称为全补偿。从消弧的观点来讲这种方式是最好的，但此时 $X_L=X_C$，容易引起系统串联谐振产生谐振过电压，故不采用这种补偿方式。

②欠补偿关系。当 $\dot{I}_L<\dot{I}_C$，即 $\dfrac{1}{\omega L}<3\omega C$，此时有未补偿的容性电流。当部分电网被切除退出运行时，电网的电容 $C$ 减少，可能出现 $\dfrac{1}{\omega L}=3\omega C$ 的全补偿状态，故也不予采用。

③过补偿关系。当 $\dot{I}_L>\dot{I}_C$，即 $\dfrac{1}{\omega L}>3\omega C$，这是常用的补偿方式，发生单相接地时，有一定数值的电感电流流过接地点，应控制其不超过一定的数值。

(二)中性点直接接地的三相电力系统

这种系统发生单相接地时，故障相经接地点通过大地形成单相短路回路，单相短路电流很大，故又称为大电流接地系统，如图 1-7 所示。

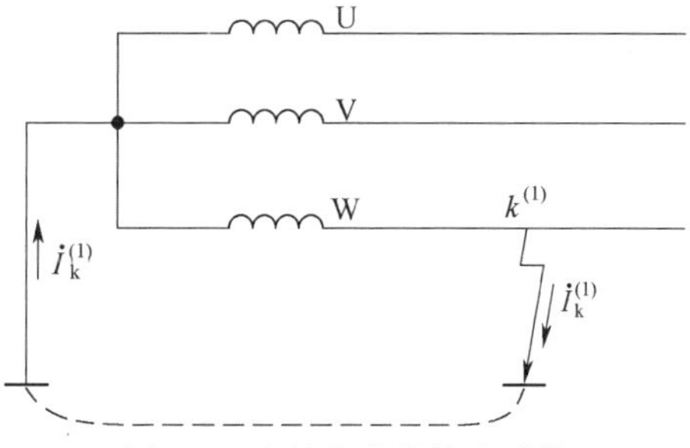


图 1-7　中性点直接接地系统

在大容量中性点直接接地的三相电力系统中，为了减少单相短路电流 $\dot{I}_E$ 的数值，可以采用中性点经电抗器接地、或只将系统中部分变压器的中性点直接接地，总的要求是使其单相接地电流不超过三相短路电流。

在中性点直接接地的系统中，发生单相接地时，短路电流很大，为了避免电气设备被破坏，必须通过保护装置断开故障线路。

中性点直接接地的电力系统主要特点是发生单相接地时，中性点的电位不变，因此，非故障相对地的电压也不变。故此时电压的对地绝缘水平决定于相电压，使电网造价大大降低，所以电压越高，其经济效益就越显著。我国 110 kV 及以上的电力系统多采用中性点直接接地或经电抗器接地的方式。

(三)低压配电系统中性点接地方式

在 380/220 V 的低压配电系统中，按配电系统和用电设备接地方式的不同组合分类，分为

TN、TT、IT 三种类型。符号的第一个字母 T 表示配电系统电源端中性点直接接地;I 表示配电系统电源端所有带电部分与地绝缘,或中性点经阻抗接地。符号的第二个字母 T 表示用电设备外露可导电部分直接接地,与电源端中性点是否接地无关;N 表示用电设备外露可导电部分直接和电源端中性接地点做电气连接。

为保障人身和用电设备的安全,我国低压配电系统大多数采用中性点直接接地方式,并从中性点引出线,构成三相四线制或三相五线制。中性点接地称为工作接地,从中性点引出线有三种:中性线(N)、保护线(PE)、保护中性线(PEN),这三种线的功能各不相同。

中性线(N):用来向单相用电设备提供电源;传导三相系统的单相电流和不均衡电流,减小负荷中性点的电位偏移。

保护线(PE):用来保障人身安全、防止触电事故的公共接地线。系统中的设备外露可导电部分(如金属构架、金属外壳等)可通过 PE 线接地形成接地保护,当设备发生接地故障时可降低设备金属外壳等带电电压,从而降低触电危险。

保护中性线(PEN):具有以上两种线的功能,也称"零线"或"地线"。

1. TN 系统

所有设备外壳都与保护线(PE)或保护中性线(PEN)连接,称为 TN 系统。TN 系统又分三种类型。

(1)TN-C 系统

系统中的 N 线与 PE 线合并为 PEN 线,可称为 TN-C 系统,如图 1-8 所示。TN-C 系统中性点引出 PEN 线,系统中设备的外露可导电部分均接 PEN 线。此种系统由于 N 线与 PE 线合二为一,节约了导线材料,比较经济。但由于 PEN 线中有电流通过,可对接 PEN 线的某些设备(特别是电子设备)产生电磁干扰,因此系统不适用于对抗电磁干扰要求高的场所。此外,如果 PEN 线断线,使得接 PEN 线的设备外露可导电部分可能带电而造成人身触电危险,因此 TN-C 系统也不适于安全要求高的场所。PEN 线断线,不仅导致人身触电危险,而且当系统发生单相接地短路时,会造成非故障相电压大大升高而烧毁单相用电设备,因此 PEN 线一定要连接牢固可靠,PEN 线上不得装设开关和熔断器,避免 PEN 线断开后造成事故。

(2)TN-S 系统

系统中 N 线与 PE 线全部分开,可称为 TN-S 系统(图 1-9)。其中性点分别引出 N 线和 PE 线,系统中设备的外露可导电部分接在 PE 线上。由于 PE 线与 N 线分开,PE 线中没有电流通过,因此不会对设备产生电磁干扰,所以这种系统适用于对抗电磁干扰要求高的数据处理、电磁检测等实验场所。由于 PE 线与 N 线分开,PE 线断线时不会使接 PE 线的设备外露可导电部分带电,因此比较安全,所以这种系统也适于安全要求较高的场所,如潮湿易触电的浴池等及居民生活住所。但由于 PE 线与 N 线分开,导线材料耗用较多,因此其建造投资比 TN-C 系统高。

(3)TN-C-S 系统

系统中前部分 N 线与 PE 线合为 PEN 线,后部分 N 线与 PE 线分开,称为 TN-C-S 系统(图 1-10)。其前面线路采用 TN-C 系统,而后面则部分或全部采用 TN-S 系统,设备的外露可导电部分接 PEN 线或 PE 线。此系统比较灵活,TN-S 系统适用于对安全要求较高及对抗电磁干扰要求较高的场所,其他情况下则采用 TN-C 系统。因此 TN-C-S 系统兼有 TN-C 系统和 TN-S 系统的优越性，经济实用。这种系统在现代企业中应用日益广泛。

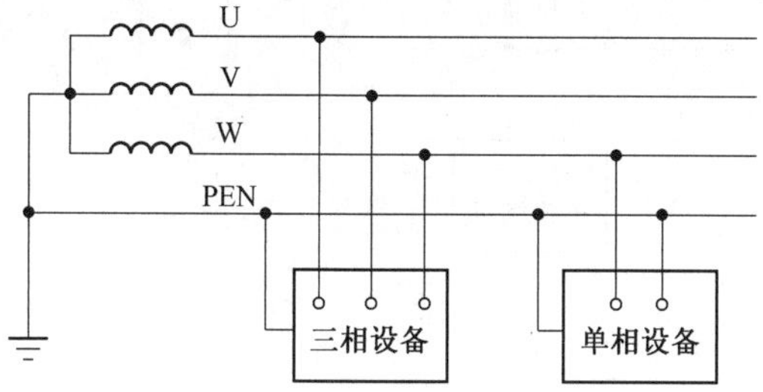


图 1-8　TN-C 系统

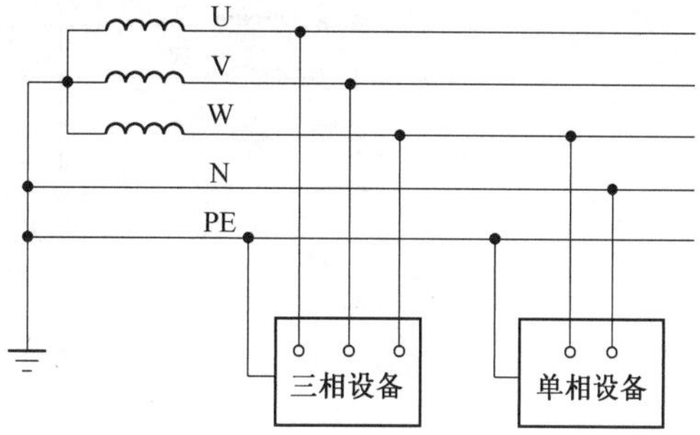


图 1-9　TN-S 系统

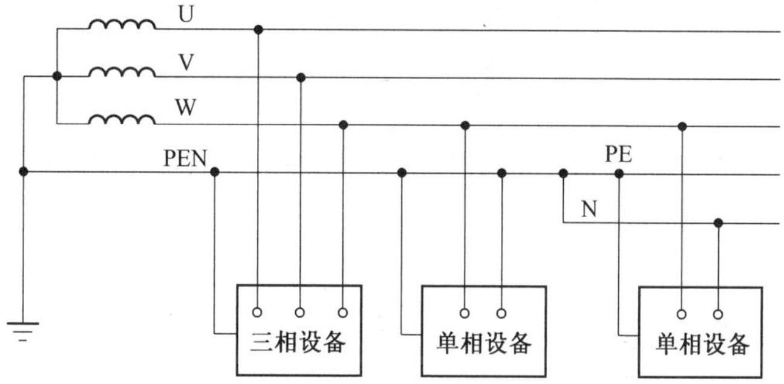


图 1-10　TN-C-S 系统

2. TT 系统

所有设备外壳各自经 PE 线单独接地，称为 TT 系统，如图 1-11 所示。TT 系统的电源中性点与 TN 系统一样，也直接接地，并同样从中性点引出的有中性线（N 线），但该系统中电气设备的外露可导电部分均经各自的 PE 线接地。由于各设备的 PE 线之间没有直接的电气联系，互相之间不会发生电磁干扰，因此这种系统适于对抗电磁干扰要求较高的场所。但这种系统若有设备因绝缘不良或损坏使其外露可导电部分带电时，由于其漏电电流一般很小往往不足以使线路的过电流保护装置动作，从而增加了触电危险，因此为保障人身安全，此种系统中必须装设灵敏的漏电保护装置。

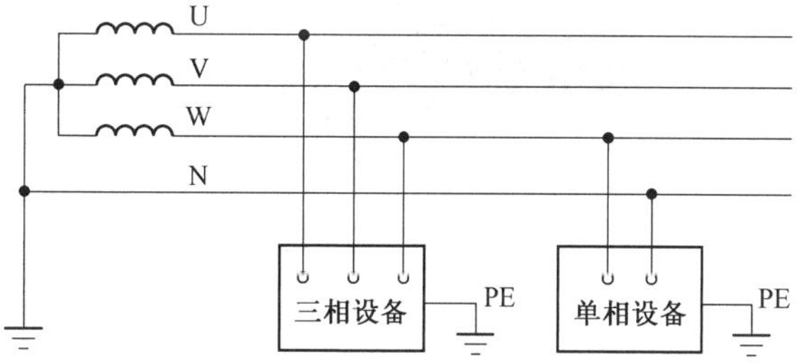


图 1-11　TT 系统

3. IT 系统

接法与 TT 系统基本相同，只是中性点需经 1 000 Ω 阻抗接地，通常不引出中性线，称为 IT 系统（图 1-12），也称为三相三线制系统。各设备之间也不会发生电磁干扰，而且在发生一相接地时，设备仍可继续运行，但需装设单相接地保护（如绝缘监察装置），以便在发生一相接地故障时发出报警信号。IT 系统主要用于对连续供电要求较高及有易燃易爆的场所，如矿山、井下等。

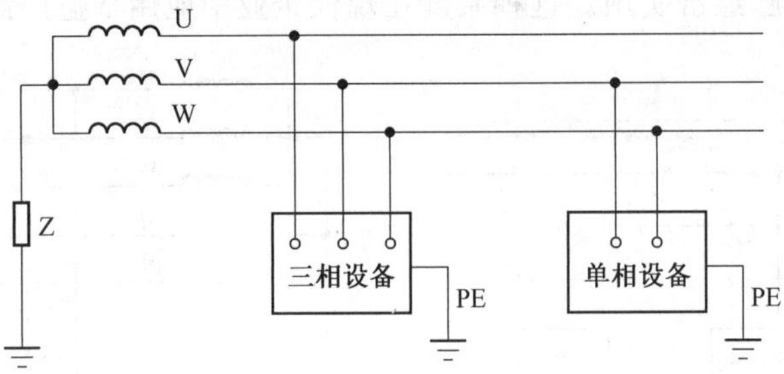


图 1-12　IT 系统

## 三、项目实施

画出低压各种系统的接线,并说明各系统的特点。

## 四、练习

1. 根据对低压接地系统的理解,将下列设备连接起来(变压器低压侧各级开关略),说明属于什么系统。

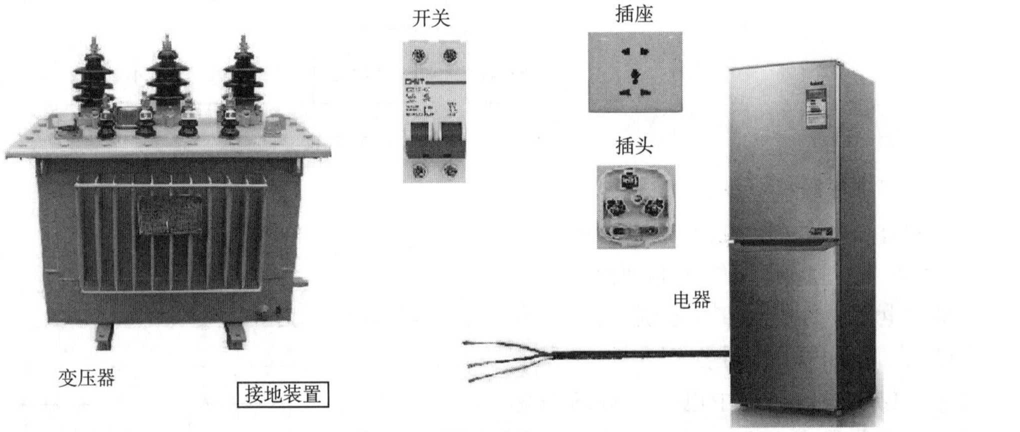


图 1-13　低压系统

2. 当电力系统 V 相发生单相接地时,发出警告信号,查看电压发现线电压没有改变,对三相负载无影响,此时系统仍在运行状态,属于________接地系统。此时________相对地电压为原来对地电压的 1.732 倍,这种状态下系统持续运行时间不应超过________h。

3. 高铁变电所低压交流系统一般采用________系统,其中性点分别引出________线和________线,系统中设备的外露可导电部分接在________线上。这种系统也适于其他安全要求较高的场所。

4. TT 系统的电气设备的金属外壳部分经________线直接接地,适于对抗电磁干扰要求较高的场所。若设备外壳带电时,由于其漏电电流一般不超过________A,电流太小,不足以使线路的________跳闸或________熔断,从而增加了触电危险,因此为保障人身安全,此种系统中必须装设灵敏的漏电保护装置。

5. 消弧线圈主要应用于________系统,用于补偿________电流,限制________过电压,电抗器主要应用于________________系统,用于限制________电流。

# 项目三　牵引供电系统的组成

## 一、项目介绍

电力牵引供电系统是指从电力系统或一次供电系统接受电能，通过变压、变相或换流（将工频交流变换为低频交流或直流电压）后，向电力机车负荷提供所需电流制式（交流或直流）的电能，并完成牵引电能传输、配电等全部功能的完整系统。本项目的目的是熟悉牵引供电系统的基本结构及其各部分作用。

| 能力训练项目 | 能力目标 | 相关支撑知识 | 学习建议 |
| --- | --- | --- | --- |
| 能绘制牵引供电系统图 | 能分析各种供电系统的供电方式 | 1. 牵引供电系统的组成。<br>2. 牵引供电系统各部分的作用 | 分组研讨、绘图，完成牵引供电系统图的连接 |

## 二、相关知识

电力牵引是一种新型的轨道运输动力形式。在干线铁路、城市交通运输和工矿轨道运输中有着广泛的应用。电力牵引是利用电能作为牵引动力，将电能转换为机械能，驱动铁路列车、电动车组和城市电动车辆等的轨道运输工具运行的一种运输形式。

电力牵引按其牵引网供电电流制式不同，分为工频单相交流制、低频单相交流制和直流制。我国电气化铁路采用工频单相交流制电力牵引，直流制电力牵引仅用于地下铁道、城市交通轨道运输系统和工矿轨道运输系统。

（一）电力牵引特点

电力牵引运输具有以下一系列优点：

1. 电力牵引机车身不带燃料

电力牵引机车本身不带燃料，可使用二次能源，为非自给式牵引动力，并由大容量全国电网电力系统供电，能源有保证。

2. 机车或动力车总功率大

机车或动力车总功率大，具有起动和加速快、过载能力强、运输能力大等特点，能满足各种现代交通运输对快速、大运输能力的需要。

3. 不造成污染

电力牵引不造成空气和环境（噪声）污染。

4. 电力牵引的总效率高，节约能源

我国的铁路机车牵引经历了采用蒸汽机车、内燃机车、电力机车和动车组列车的发展阶段，磁悬浮列车的发展处于起步阶段。统计资料表明，电力牵引在全部或部分为水电厂供电的情况下，包括发电厂、输变电和供电系统以及机车、电动车辆效率在内，比用内燃机为动力的内燃机车和汽车等运输工具的总效率要高出几个至几十个百分点。因而采用电力牵引可有效节约能源，并降低运营成本。

5. 安全性高

随着信息技术、微电子技术的广泛应用，电力机车可实现实时检测故障、自动驾驶、遥测及遥控等,电力牵引系统易于实现全面自动化和信息化,从而大力提高劳动生产率和经济效益。

当然,电力牵引也存在某些缺点,主要是其一次投资费用较同类运输工具要高些。

从上可知,电力牵引的综合优势是明显的,自 20 世纪 50 年代以来,铁路牵引动力电气化已成为世界范围内铁路技术革命的方向、铁路现代化的标志。许多大城市的公共交通运输模式,在经历了多种运输工具的运营实践、比较后,发展地下铁道和城市轻轨交通电力牵引,已日益引起人们的广泛重视。

(二)牵引供电系统的基本结构

工频交流单相电力牵引供电系统主要由牵引变电所和牵引网组成。牵引网实行单相供电,由馈电线(简称馈线)、接触网、轨道电路及回流线等组成。为使电能有效、可靠地供给电力机车,牵引网上还安装有分相绝缘器、分段绝缘器等设备,供电系统中还设有分区所、开闭所等。我国规定牵引网额定电压为 25 kV,额定频率为 50 Hz。交流电气化牵引供电系统组成结构如图 1-14 所示,牵引供电构成的回路是:牵引变电所—馈电线—接触网—电力机车—钢轨和大地—回流线—牵引变电所。

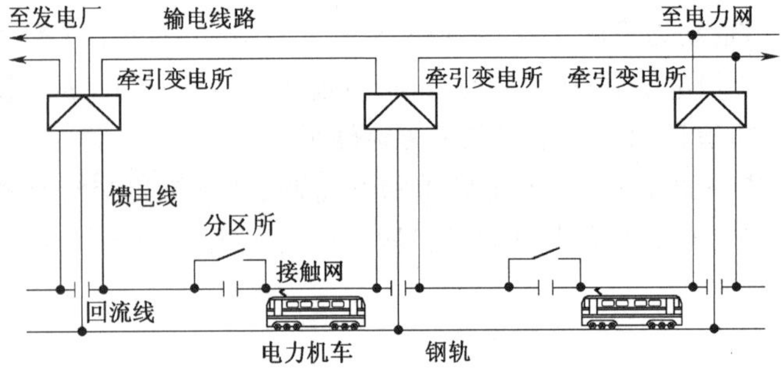


某线路牵引供电系统图

图 1-14 电气化铁道供电系统示意

地下铁道与城市轻轨交通的直流电力牵引供电系统则由主变电所、直流牵引变电所、牵引网等组成。

交流电力牵引供电系统,因牵引网对抑制通信干扰采取的技术措施不同而区分为直接供电方式、带回流导线的供电方式、带吸流变压器(BT)的供电方式,以及 2×25 kV 自耦变压器(AT)供电方式,不同供电方式的系统和装置结构有所不同。

(三)牵引供电系统各部分的作用

1. 牵引变电所

牵引变电所是交流工频单相电力牵引供变电系统的重要环节,它完成变压、变相和向牵引网供电等功能,并实现三相交流一次供电系统与单相电力牵引系统的接口与系统变换。牵引变电所停电后,可由相邻变电所实现越区供电,但牵引网电压水平将下降。

根据交流牵引网的不同供电方式和牵引变电所为抑制单相牵引负荷造成电力系统的不对称影响,可采用不同接线方式与结构的主变压器,区分为三相牵引变电所(一般 Y/△-11 接线主变压器)、单相牵引变电所(含 V/V 形接线方式主变压器),三相—二相牵引变电所(采用特种接线方式,用以变相的平衡变压器)。相对于牵引网不同供电方式而言,则区分为一般(直供、BT 方式)供电方式牵引变电所和自耦变压器(AT)供电方式牵引变电所。

2. 接触网

按电力机车集电方式的不同，接触网可分为：架空单线式、架空复线式和第三轨 3 种方式。交流电气化铁路一般均采用架空单线式；城市无轨电车则采用架空复线式，第三轨方式则普遍应用于地下铁道。

架空接触网是一种悬挂在电气化铁路钢轨上方并和轨面保持一定距离的链型或单导线系统，专为电力机车或电动车组提供电力的特殊供电回路，机车通过受电弓与接触网滑动接触取得电能。正常供电时，由牵引变电所馈线到接触网末端的一段供电线路，称为供电分区，也称供电臂。由于牵引负荷常处于运动之中，对于接触网的要求除了提供数量足够并符合质量标准的电能外，还应保证牵引负荷受流的稳定性。

3. 馈电线

馈电线是连接牵引变电所和接触网的导线，也称馈出线。馈电线一般采用钢芯铝绞线或铜导线，可采用架空或电缆敷设方式将变电所的电能输送给接触网。

4. 回流线

回流线是牵引供电回路中的一部分，是将轨道和牵引变电所主变压器接地相之间连接的导线，通过其将流经电力机车的负荷电流引入变电所。

5. 轨道

轨道除了作为电力机车的导轨外，轨道同时是牵引供电系统中回流电路的一部分，在供给机车的电流中有一部分是流入大地的，轨道的作用就是将大地中的回流导入变电所。

6. 分区所

交流电气化铁路上为了增加供电的灵活性，提高运行的可靠性，在两个牵引变电所的供电区中间常加设分区所，分区所原理如图 1-15 所示。分区所的作用可简述如下：

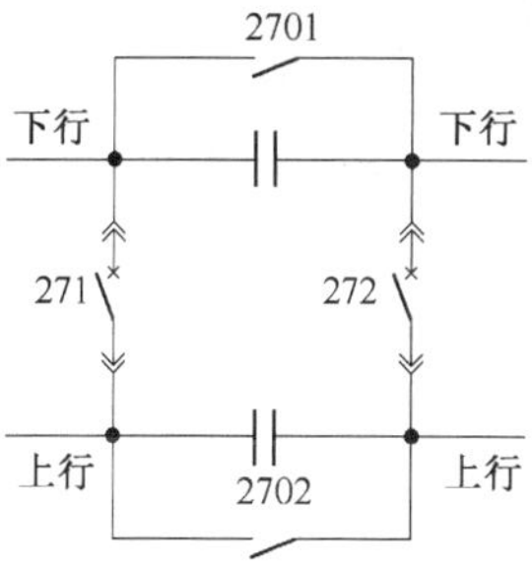


图 1-15　分区所工作原理

(1)可以使两相邻的供电区段实现并联工作或单独工作。当实现并联工作时，分区所的断路器闭合，否则打开。

(2)当相邻牵引变电所发生故障而不能继续供电时，可以闭合分区所的断路器，由非故障牵引变电所实行越区供电。

(3)双边供电的供电区内发生牵引网短路事故时，可由分区所的断路器切除事故点所在处的一半供电区，非事故段仍可照常工作。

7. 开闭所

交流电力牵引系统开闭所，实际上是起配电作用的开关站，在牵引网有分支引出时，为不影响电力牵引安全，保证可靠供电而设置带保护跳闸断路器等设施的控制场所。在离牵引变电所较远的铁路枢纽地区，由于站线多，接触网相应复杂，客货运交会、编组和

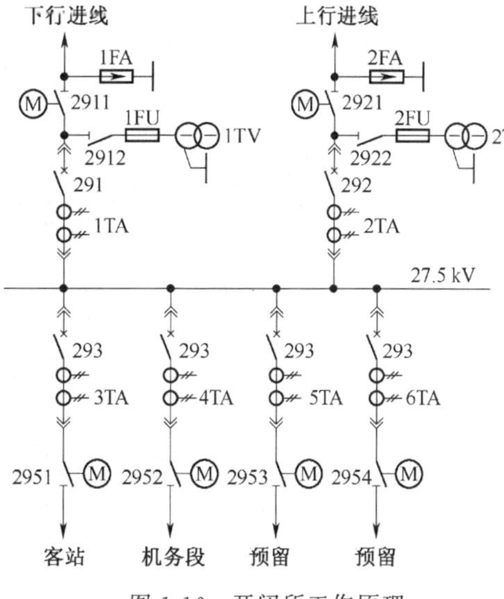


图 1-16　开闭所工作原理

机车整备作业繁忙，致使该地区故障概率增多。为保证枢纽供电可靠性，缩小事故范围，一般将接触网横向分组及分区供电，由开闭所的多路馈线向接触网各分组和分区供电，如图 1-16 所示。因此一般在枢纽站、编组场、电力机务段和折返段等处设置开闭所。

此外，在复线 AT 牵引网中，由于 AT 供电方式供电电压增高(2×25 kV)，供电臂距离增长，可达 40～50 km，为提高供电灵活性，有时为了进一步缩小接触网事故停电范围和降低牵引网电压损失和电能损失，也可在分区所与牵引变电所之间增设开闭所，也称辅助分区所。

开闭所的主要设备是断路器。电源进线一般设两回路，复线时可由上、下行牵引网各引一回路，出线则按需要设置。当出线数量较多时，也可将开闭所母线实行分段。单线时如就近无法获得第二电源也可只引一回电源。

8. 自耦变压器站

自耦变压器站简称 AT 所，是 AT 牵引网的重要组成部分，是高速铁路供电系统沿线设置的重要设备。将自耦变压器(AT)按一定间隔距离跨接在 AT 牵引网的接触网、正馈线和钢轨间，如图 1-17 所示，起着支撑 2×25 kV 馈电系统的作用，图 1-18 是自耦变压器外形。

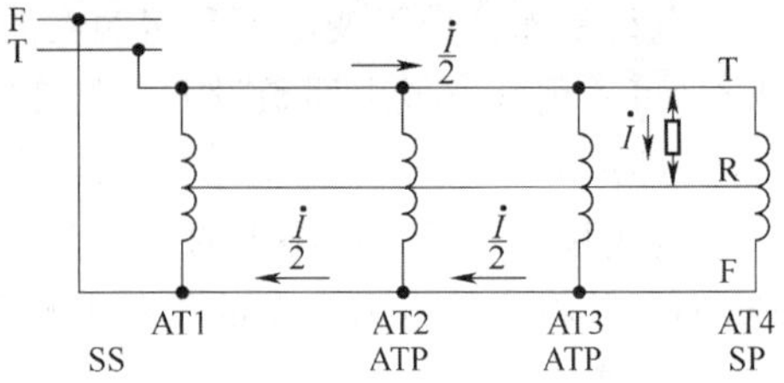


图 1-17　AT 牵引网构成

T—接触网；F—正馈线；R—钢轨；SS—牵引变电所；AT—自耦变压器；ATP—AT 所；SP—分区所

工频单相交流电气化铁路如采用自耦变压器(AT)供电方式时，在沿线需每隔 10～15 km 设置一台自耦变压器。大致和铁路区间的距离一样，自耦变压器设于沿铁路的各站场上。同时将分区所和开闭所合并，以利运行管理。

图 1-18　自耦变压器外形

9. 分相绝缘器和分段绝缘器

分相绝缘器又称电分相，串联在接触网上，目的是把两相不同的供电区分开，并使列车光滑过渡，主要用在牵引变电所出口处和分区所处。分段绝缘器又称电分段，分为纵向电分段和横向电分段，前者用于线路接触网上，后者用于站场各条接触网之间。通过其上的隔离开关将有关接触网进行电气连通或断开，以保证供电的可靠性、灵活性和缩小停电范围等。

## 三、项目实施

(1)画出牵引供电系统的基本结构。

(2)认识牵引供电系统各部分的作用。

## 四、练习

1. 将下图连接，构成牵引供电系统。

图 1-19　牵引供电系统

2. 高铁供电的基本回路是地方电网供电到牵引变电所，经________供电到________，列车通过________取电，经________和________回流到牵引变电所。

3. 分相绝缘器________联在接触网上，将两相不同的供电区分开，并使列车光滑过渡，主要用在________出口处和__________处。

4. 自耦变压器是高速铁路供电系统沿线设置的重要设备。一般每隔________ km 设置一台自耦变压器，其 3 个引出线端分别接________、________和________。

5. 交流电气化铁道上为了增加供电的灵活性，提高运行的可靠性，在两个牵引变电所的供电区中间常加设分区亭，正常运行时，分区所开关设备________，实行________供电，当相邻牵引变电所发生故障而不能继续供电时，闭合分区亭的断路器，实行________供电。

6. 轨道除了作为电力机车的导轨外，同时也是牵引供电系统中________电路的一部分，在供给机车的电流中有一部分是流入大地的,轨道的作用就是将大地中的回流导入变电所,此外,钢轨还是________电路通道。

# 项目四　认识牵引供电方式

## 一、项目介绍

前面已提到,交流电力牵引供电系统因牵引网对抑制通信干扰采取的技术措施不同而采取不同的供电方式。牵引供电系统的供电方式主要包括直接供电方式、带回流导线的供电方式、带吸流变压器(BT)的供电方式,以及 2×25 kV 自耦变压器(AT)供电方式;牵引网的供电方式则包括单边供电、上下行并联供电和双边供电方式,下面认识各种供电方式的结构。

| 能力训练项目 | 能力目标 | 相关支撑知识 | 学习建议 |
| --- | --- | --- | --- |
| 画出 AT 供电方式及直接供电方式图 | 能说明高铁供电方式与普速铁路、地铁供电方式的区别 | 1. 各种供电方式接线。<br>2. 单边供电与双边供电方式。<br>3. AT 所、分区所的作用 | 分组研讨、绘图,对比单边供电与双边供电的区别,对比交流牵引供电与直流供电的不同,完成 AT 供电方式的连接 |

## 二、相关知识

铁路沿线敷设有长途通信、地区通信、区段通信和站场通信等铁路信号系统,附近可能设有如邮电系统的各级通信干线或通信线路、军事系统中的军用通信干线和军工工厂用通信线路、城市广播系统的有线广播网络和设备或大型工厂的通信线路等。电气化铁道牵引网是单相高压交流电网,在运行过程中,由于线路负荷变化大,交变磁场将会对沿线路线架设的通信线路产生杂音干扰影响,严重时,通过静电感应和电磁感应,将在邻近通信线路上产生危险电压,破坏设备绝缘,甚至威胁人员安全。

由于电气化铁道接触网带电时,在其周围空间将产生一个工频高压电场,从而使通信线上的各点产生相应的静电感应,或当机车运行时,接触网和钢轨网电流所产生的感应电势在通信线上不能抵消,在通信线上也将产生电磁感应电势,同时由于一部分牵引电流经大地返回牵引变电所,使大地在不同地点出现不同的电位干扰。

牵引网运行时是不对称系统,各次谐波电流将在通信线中产生一系列谐波感应电压,其主要成分都处于音频带,所以谐波感应电压在通信线路中造成的杂音对于通信特别不利,产生干扰。

在工频下,牵引网的高压电场和交变磁场在通信线和其他设备上产生工频的静电感应电压和电磁感应电压,它们及其合成可能对人身安全和设备构成威胁。

所以设计牵引供电方式时,因考虑供电系统对通信产生的干扰,需采取必要的措施减弱或消除不良影响。

### (一)牵引供电系统的供电方式

#### 1. 直接供电方式(TR 供电方式)

直接供电方式是在牵引网中不增加特殊防护措施的一种供电方式,属于结构上最简单的一种。电气化铁路最早大都采用这种供电方式,一根馈线接在接触网(T)上,另一根馈线接在钢轨(R)上,如图 1-20 所示。这种供电方式结构简单,投资最省,牵引网阻损较小,能耗也较低。供电距离单线一般为 30 km 左右,复线一般为 25 km 左右。电气化铁路是单相负荷,机车由接触网取得的电流经钢轨流回牵引变电所。由于钢轨与大地是不绝缘的,一部分回流电流由钢轨流入大地,因此对通信线路产生较大电磁干扰。这是直接供电方式的缺点。它一般采用在铁路沿线无架空通信线路或通信线路已改用地下屏蔽电线的区段。

2. 吸流变压器供电方式(BT 供电方式)

BT 供电方式是在牵引网中架设有吸流变压器——回流线装置的一种供电方式。与直接供电方式相比,是在系统中增加了吸流变压器设备。此种方式目前在我国电气化铁路上采用较广。吸流变压器是变比为 1∶1 的变压器,它的一次绕组串接在接触网(T)上,二次绕组串接在专为牵引电流流回牵引变电所而特设的回流线(NF)上,所以也称吸流变压器——回流线供电方式,如图 1-21 所示。

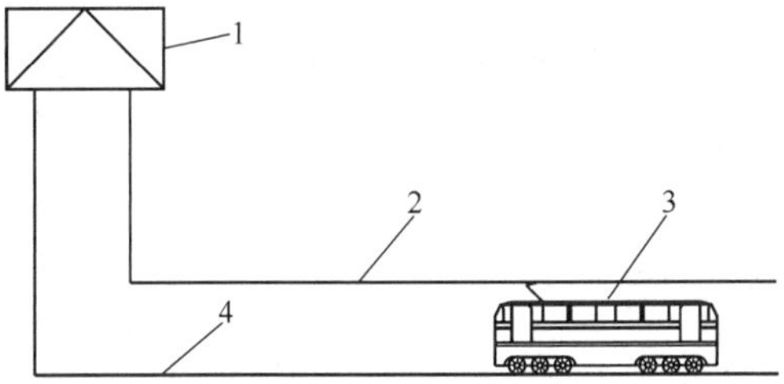


图 1-20　直接供电方式原理

1—牵引变电所;2—接触网;3—机车;4—钢轨

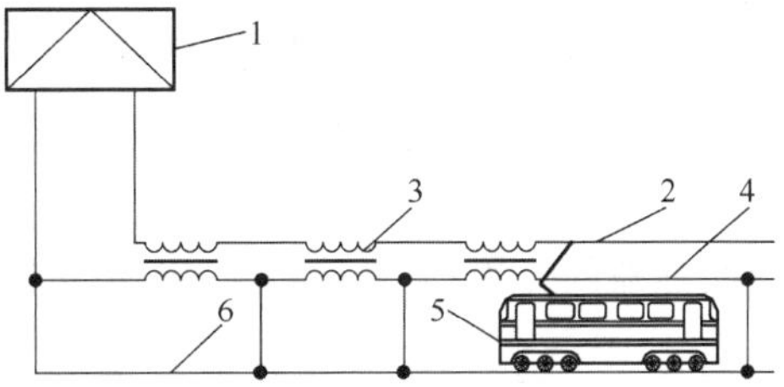


图 1-21　BT 供电方式原理

1—牵引变电所;2—接触网(T);3—吸流变压器(BT);4—回流线(NF);5—机车;6—钢轨(R)

吸流变压器供电方式的工作原理:由于吸流变压器的变比为 1∶1,当吸流变压器的一次绕组流过牵引电流时,在其二次绕组中强制回流,然后通过吸上线流入回流线。由于接触网与回流线中流过的电流大致相等,方向相反,因此对邻近的通信线路的电磁感应绝大部分被抵消,从而降低了对通信线路的干扰。这种供电方式由于在牵引网中串联了吸流变压器,牵引网的阻抗比直接供电方式约大 50%,能耗也较大,供电距离也较短,单线一般为 25 km 左右,复线一般为 20 km 左右,投资也比直接供电方式大。

3. 带回流线的直接供电方式(DN 供电方式)

DN 供电方式是在接触网支柱上架一条与钢轨并联的回流线,如图 1-22 所示。这种供电方式取消了吸流变压器,保留了回流线。利用接触网与回流线之间的互感作用,使钢轨中的回流尽可能地由回流线流回牵引变电所。因而能部分抵消接触网对邻近通信线路的干扰,但其防干扰效果不如 BT 供电方式。由于取消了吸流变压器,只保留了回流线,因此牵引网阻抗比直接供电方式低一些,供电性能好一些,造价也比 BT 供电方式低。目前,这种供电方式在我国电气化铁路上得到了广泛应用。

4. 自耦变压器供电方式(AT 供电方式)

AT 供电方式是 20 世纪 70 年代才发展起来的一种供电方式。它既能有效地减轻牵引网对通信线的干扰,又能适应高速、大功率电力机车运行,故近年来,在我国得到了迅速发展,目前我国高速铁路主要采用 AT 供电方式。这种供电方式是每隔 10 km 左右在接触网与正馈线之间并联接入一台自耦变压器,绕组的中点与钢轨相接。自耦变压器将牵引网的供电电压提高一倍,而供给电力机车的电压仍为 25 kV,其工作原理如图 1-23 所示。

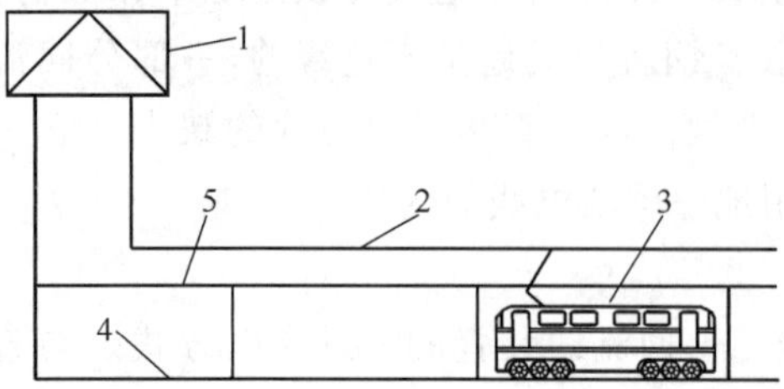


图 1-22　DN 供电方式原理

1—牵引变电所;2—接触网(T);3—机车;
4—钢轨(R);5—回流线(NF)

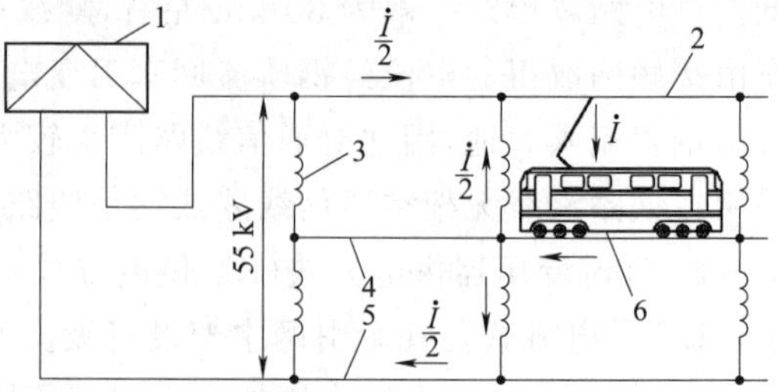


图 1-23　AT 供电方式原理

1—牵引变电所;2—接触网(T);3—自耦变压器(AT);
4—钢轨(R);5—正馈线(F);6—机车

电力机车由接触网(T)受电后,牵引电流一般由钢轨(R)流回,由于自耦变压器的作用,钢轨流回的电流经自耦变压器绕组和正馈线(F)流回变电所。当自耦变压器的一个绕组流过牵引电流时,其另一个绕组的感应电流供给电力机车,因此实际上当机车负荷电流为 $\dot{I}$ 时,由于自耦变压器的作用,流经接触网(T)和正馈线(F)的电流为 $\frac{\dot{I}}{2}$。

自耦变压器供电方式牵引网阻抗很小,约为直接供电方式的 1/4,因此电压损失小,电能损耗低,供电能力大,供电距离长,可达 40～50 km。由于牵引变电所间的距离加大,减少了牵引变电所数量,也减少了电力系统对电气化铁路供电的工程和投资。但由于牵引变电所和牵引网比较复杂,加大了电气化铁路自身的投资。自耦变压器供电方式一般在重载、高速等负荷大的电气化铁路上采用。在电力系统较薄弱的地区,为了减少电源部分的投资,经技术经济比较也可采用这种供电方式。

由于牵引负荷电流在接触网(T)和正馈线(F)中方向相反,因而对邻近的通信线路干扰很小,其防干扰效果与 BT 供电方式相当。

我国 AT 供电正常运行时采用全并联 AT 供电方式,全并联供电方式是在复线 AT 供电方式的基础上,在变电所出线处及 AT 所处,将上下行牵引网的接触线、钢轨和正馈线,通过横联线并联起来,可以减小牵引网单位长度阻抗,减少电压损失和增强供电能力,改善供电质量,如图 1-24 所示。

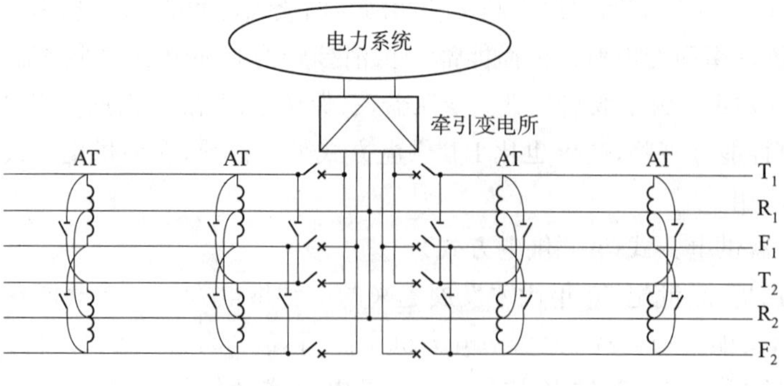


图 1-24　全并联 AT 供电原理

5. 同轴电力电缆供电方式(CC 供电方式)

CC 供电方式是一种新型的供电方式。同轴电力电缆沿铁路线路敷设,其内部芯线作为馈电线与接触网连接,外部导体作为回流线与钢轨相接。每隔 5～10 km 作一个分段,如图 1-25 所示。由于馈电线与回流线在同一电缆中,间隔很小,而且同轴布置,互感系数增大,所以同轴电力电缆的阻抗比接触网和钢轨的阻抗小得多,牵引电流和回流几乎全部经由同轴电力电缆中流过。因此电缆芯线与外部导体电流相等,方向相反,二者形成的磁场相互抵消,对邻近的通信线路几乎无干扰。由于阻抗小,因而供电距离长。但由于同轴电力电缆造价高,投资大,现仅在一些特别困难的区段采用。

(二)认识牵引网的供电方式

1. 单边供电

我国单线电气化铁路全部采用单边供电,如图 1-26 所示。在复线区段当馈电线较短时也可采用单边供电。单边供电与其他区段无联系,继电保护设置简单。

2. 上下行并联供电

在复线电气化区段的供电臂末端设有分区所,将上下行接触网通过断路器实行并联供电,如图 1-27 所示。这种供电方式的优点是,它能均衡上下行供电臂的电流,降低接触网损耗,提高电压水平,在有轻重车方向和线路有较大坡道情况下,效果更为显著。我国复线电气化铁路大多采用这种供电方式。

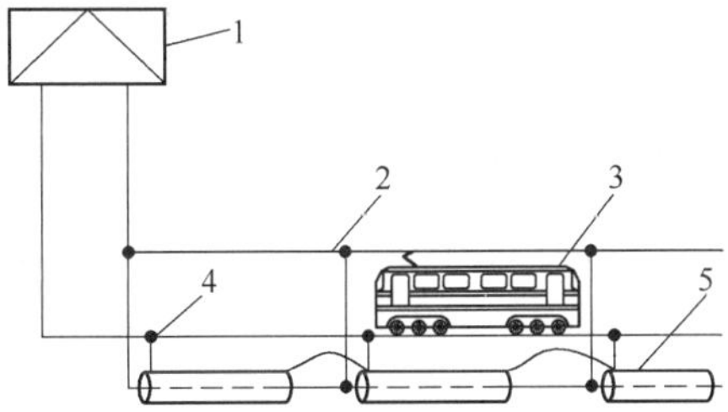


图 1-25　CC 供电方式原理

1—牵引变电所;2—接触网;3—机车;4—钢轨;5—同轴电缆

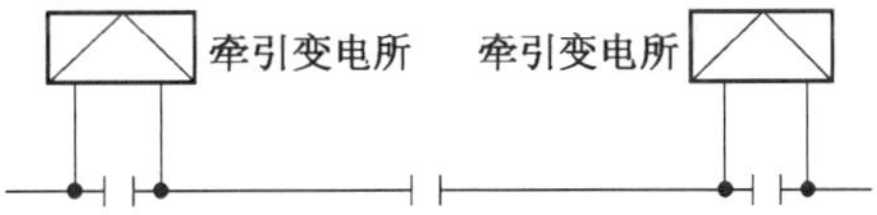


图 1-26　单边供电方式原理

3. 双边供电

双边供电是由相邻两个牵引变电所同时向其间的接触网供电,在供电臂的末端由分区所连接起来,如图 1-28 所示。其优点是由两个牵引变电所供电,均衡了负荷,降低了接触网损耗,提高了电压水平。但这种供电方式还存在一些问题,如牵引变电所低压侧双边供电,对电力系统来说,相当于在低压侧联网,若不是同一个电力系统供电的牵引变电所,低压侧绝对禁止联网。即使同一个电力系统供电,接触网双边供电后形成环网,当牵引变电所电源侧线路发生故障,由低压向高压有反馈,会造成继电保护设置困难。严重时,一次侧电压会升高,造成设备损坏。目前在我国交流电气化铁路还未采用这种供电方式,双边供电方式多用在城市轨道交通的直流牵引供电系统中。

## 三、项目实施

(1)认识牵引供电系统的供电方式。

(2)认识牵引网的供电方式。

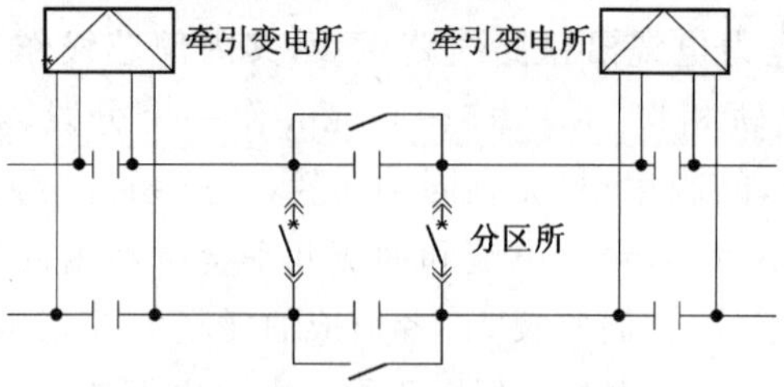

图 1-27 上下行并联供电方式原理

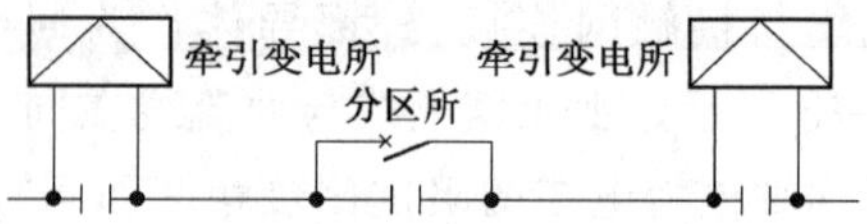

图 1-28 双边供电方式原理

**四、练习**

1. 电力牵引是________相高压交流电网,运行时线路负荷变化________,交变磁场将会对沿线路线架设的________产生杂音干扰影响,通过静电感应和电磁感应,将会破坏设备绝缘,甚至威胁人员安全。

2. 自耦变压器供电方式牵引网阻抗很小,约为直接供电方式的 1/4,因此________小,电能损耗低,供电能力大,供电距离________,主要应用于________铁路系统。

3. 我国复线电气化铁路大多采用上下行并联供电方式。就是在________线电气化区段的供电臂末端设有________,将________接触网通过断路器实行________供电。

4. DN 供电方式是在接触网支柱上架有一条与钢轨并联的________,其电流与接触网电流产生的互感作用,可以抵消接触网对邻近________线路的干扰。

5. 画出 AT 供电一个区间的供电示意图(包括两个牵引变电所、AT 所、分区所、上下行接触网)。

## 模 块 小 结

**一、电力牵引特点**

电力牵引是一种新型的轨道运输动力形式。电力牵引按其牵引网供电电流制式不同,分为工频单相交流制、低频单相交流制和直流制。我国电气化铁路采用工频单相交流制电力牵引,直流制电力牵引仅用于地下铁道、城市交通轨道运输系统和工矿轨道运输系统。电力牵引运输具有一系列优点：使用二次能源；机车功率大，具有起动和加速快、过载能力强、运输能力大，能满足各种现代交通运输对快速、大运输能力的需要；不造成环境污染；电力牵引的总效率高，并且安全性高。

## 二、电力系统的组成

电能的生产、输送、分配和使用组成了一个系统，称为电力系统，主要由发电厂、电力网、电能用户组成。用户按重要程度和对供电可靠性的要求，可分为三类，即一级负荷、二级负荷和三级负荷，负荷等级不同的工矿企业对供电可靠性的要求有所差别。电能的质量指标主要包括供电频率、电压偏差、电压的不对称性和波形的非正弦性和供电的可靠性。

电力系统的中性点运行方式一般有两种状态：中性点非直接接地系统，又称为小电流接地系统，中性点非直接接地系统分为中性点不接地和中性点经消弧线圈接地系统；中性点直接接地系统，又称为大电流接地系统，中性点直接接地系统分为中性点直接接地和中性点经电抗器接地系统。

380/220 V 的低压配电系统中，按配电系统和用电设备接地方式的不同组合分类，分为 TN、TT、IT 三种类型。我国低压配电系统大多数采用中性点直接接地方式，并从中性点引出线，构成三相四线制或三相五线制。

## 三、牵引供电系统的组成及供电方式

电力牵引供变电系统是指从电力系统或一次供电系统接受电能，通过变压、变相或换流（将工频交流变换为低频交流或直流电压）后，向电力机车负荷提供所需电流制式（交流或直流）的电能，并完成牵引电能传输、配电等全部功能的完整系统。工频交流单相电力牵引供电系统主要由牵引变电所和牵引网组成。牵引网实行单相供电，由馈电线（简称馈线）、接触网、轨道电路及回流线等组成。牵引网上还安装有分相绝缘器、分段绝缘器等设备，供电系统中还设有分区所、开闭所等。

牵引变电所是交流工频单相电力牵引供变电系统的重要环节，它完成变压、变相和向牵引网供电等功能，并实现三相交流一次供电系统与单相电力牵引系统的接口与系统变换。

架空接触网是一种悬挂在电气化铁路钢轨上方并和轨面保持一定距离的链型或单导线系统，专为电力机车或电动车组提供电力的特殊供电回路，机车通过受电弓与接触网滑动接触取得电能。

交流电力牵引供电系统，因牵引网对抑制通信干扰采取的技术措施不同而采取不同的供电方式。牵引供电系统的供电方式主要包括直接供电方式、带回流导线的供电方式、带吸流变压器（BT）的供电方式，以及 2×25 kV 自耦变压器（AT）供电方式；牵引网的供电方式则包括单边供电、上下行并联供电和双边供电方式。

# 拓 展 阅 读

### 中国高速铁路的崛起

高速铁路具有安全、快速、正点、舒适、环保等优点，为人们出行提供了极大的方便。尽管中国高铁起步较晚,但在党和国家的重视下,通过引进、消化、吸收和创新,用短短十多年的时间走出了一条具有中国特色的高铁发展之路,中国成为世界上高铁发展速度最快、系统技术最全、集成能力最强、运营里程最长、在建规模最大的国家,已建成世界上高铁运营里程规模最大、运营速度最高、年发送旅客最多、舒适度最好、具有完全知识产权的高铁网络,取得了迅猛的发展及举世瞩目的成就。

截至 2022 年底,我国国家铁路营业里程达到 15.5 万公里。其中,高铁 4.2 万里,建成了世界最大的高速铁路网和先进的铁路网,130 多个县结束了不通铁路的历史。

中共中央、国务院印发的《国家综合立体交通网规划纲要》中提出,到 2035 年,中国铁路网总规模将达到 20 万公里左右,其中高铁(包含部分城际铁路)将达到 7 万公里左右,建设"八纵八横"高铁主通道,以及区域性高铁,形成高效的现代化高铁网。

中国高铁坚持自立自强,不断创新,正引领全球高铁市场的发展。中国高铁运营速度高、建设环境复杂、运营场景多样,高铁技术先进,但要不断总结经验,继续努力,争取更大发展。

在高铁研发过程中,中国开展了大量的基础研究、设计探索、仿真优化、台架试验及长期线路跟踪试验,积累了大量宝贵数据与经验,自主攻克了大量 核心技术难题,解决了一系列重大技术问题,形成了自主研发能力。

中国高铁异军突起,成为自主创新的范例,能率先快速建成现代化高标准高铁网,是中国特色社会主义体制优越性的体现。

历史已经并将继续证明,世界铁路史上的"中国世纪"必将到来并走向世界。

## 复习思考题

1. 电力牵引有哪些特点？我国电气化铁路采用的牵引供电制式和国外有何不同？
2. 电力系统由哪些部分组成？电力负荷如何分级？电力牵引负荷属于哪一类？
3. 电力牵引供电系统由哪些部分组成？各部分作用是什么？
4. 牵引变电所的作用是什么？
5. 接触网的作用是什么？
6. 牵引网的供电方式有哪些？
7. 什么是 BT 供电、AT 供电和直接供电？

## 在线测试

模块一在线测试一　模块一在线测试二　模块一在线测试三　模块一在线测试四

# 模块二　牵引供电系统主要电气设备

本模块主要内容包括：牵引供电系统一次设备的基本概念；牵引变压器、电流互感器和电压互感器的作用、原理及其应用；高压断路器的作用和结构特点；高压隔离开关的作用及结构特点；高压断路器、隔离开关和负荷开关的区别；避雷器、放电保护装置、抗雷线圈和电抗器；常用高低压熔断器；功率补偿装置的工作原理、补偿方式及其特点；高、低压成套开关柜的结构及特点，GIS及各类电气设备的运行与维护。

## 项目一　认识各类电气设备

变电所室外设备3D视频

### 一、项目介绍

变配电系统的电气设备可分为一次设备和二次设备两大类，一次设备是变配电系统的主体，二次设备是变配电系统安全可靠运行的重要保障，二者缺一不可，共同协调工作才能保证变配电系统安全可靠地运行。本项目对电气设备进行分类和认识。

| 能力训练项目 | 能力目标 | 相关支撑知识 | 学习建议 |
|---|---|---|---|
| 认识变电所室外设备 | 1. 一次设备感性认识。<br>2. 对一次设备外形及特征有基本的认识 | 1. 电气设备的分类。<br>2. 对电气设备的基本要求 | 结合对电力系统的理解，通过图片、现场参观等形式，辨别一次电气设备 |

### 二、相关知识

在变配电所中，直接用来接受电能、改变电能电压和分配电能以及相关的所有设备，均称为一次设备，或称为主设备。由一次设备构成的电路相应称为一次电路或主电路。本模块提到的牵引供电系统主要电气设备是指一次设备。

图2-1是某变电所一次设备局部实物示意图，从图中可以看到变电所一次设备的概貌，根据各设备的功能大致可分为以下类型：

1. 开关电器

开关电器是指用于正常控制主电路通、断的设备。主要有断路器、隔离开关和负荷开关等。

2. 变换电器

变换电器是指用于变配电系统中改变电压或电流的设备。主要有电力变压器、电流互感器和电压互感器等。

图 2-1　一次设备实物

3. 保护电器

保护电器是指用于变配电系统中进行过电流保护、过电压保护或其他方式保护的设备。如熔断器、限流电抗器、抗雷线圈、阻波器和避雷器等都属于保护电器。

4. 补偿电器

补偿电器是指用于变配电系统中补偿无功功率、提高功率因数的设备。主要有电力电容器和同步补偿机等。

5. 成套装置和组合电器

根据一次电路的要求,将各种一次设备(如断路器、隔离开关和互感器等)组合为一个整体的电气装置称为成套装置。主要有各种成套的配电装置,如高压开关柜、低压成套电器装置(含有简单的保护装置)以及气体绝缘金属封闭组合电器 GIS 等。

随着变电所综合自动化技术的发展,按单元(如一条电源进线或一条馈出回路)将一次设备(如断路器、隔离开关和互感器等)和二次设备(如保护、测量等)组合为一个整体电气装置,成为新型的成套装置,在现代化变配电系统中得到越来越广泛的使用。

## 三、项目实施

### (一)认识变电所室外电气设备

对变电所室外电气设备,如变压器、电流互感器和电压互感器、高压断路器、高压隔离开关避雷器等设备进行辨认,加强感性认识。

### (二)认识变电所室内电气设备

认识室内高压开关柜、二次电气设备的外观、结构,了解其基本功能。

### (三)说明对一次电气设备的基本要求

一次电气设备是变配电系统的主体,设备故障可能导致停电甚至发生重大安全事故,在对电气设备进行设计和选择时,应考虑安全、可靠和经济等多方面的因素,并应满足以下基本要求:

(1)能长期承受工频最高工作电压、短期承受内部过电压和外部过电压的作用而不被击穿;

(2)能长期承受额定电流、短期过载电流的作用,温升在允许范围之内;

(3)能承受短路电动力效应和热效应的作用而不被损坏;

(4)开关电器的断流能力应符合有关的规定;

(5)供测量和保护用的变换电器应符合规定的精度要求；

(6)在规定的使用环境中能承受一定外界条件的影响并安全可靠地运行。

(四)熟悉电气设备一般巡视项目

(1)绝缘体应清洁、无破损和裂纹、无放电痕迹及现象，瓷釉剥落面积不得超过 300 $mm^2$。

(2)电气连接部分(引线、二次接线)应连接牢固，接触良好，无过热、断股和散股、过紧或过松。

(3)设备音响正常，无异味。

(4)充油设备的油标、油阀、油位、油温、油色应正常，充油、充胶、充气设备应无渗漏、喷油现象。充气设备气压和气体状态应正常。

(5)设备安装牢固，无倾斜，外壳无严重锈蚀，接地良好，基础、支架应无严重破损和剥落。设备室和围栅应完好并锁闭。

## 四、练习

认识高铁变电所设备，请在空格中填写设备的名称。

1. 短路时，电流会对电气设备产生__________和__________两方面的危害。

2. 电气设备瓷釉剥落面积不得超过__________$mm^2$。

3. 高压开关电气设备主要有__________、__________、__________。

4. 一次设备的主要功能是__________________________________。

5. 变配电系统的电气设备可分为__________和__________两大类，变压器和互感器属于__________设备，指示灯、电流表属于__________设备。

# 项目二　变压器结构及维护

## 一、项目介绍

电力变压器是变电所中最重要的一次设备，其主要功能是变换电压和传输电能，将一次侧的电能通过电磁能量转换的方式传输到二次侧，同时根据应用的需要将电压升高或降低，完成电能的输送和分配。本项目学习变压器的功能，熟悉其主要部件，学习变压器巡视、维护基本技能。

| 能力训练项目 | 能力目标 | 相关支撑知识 | 学习建议 |
| --- | --- | --- | --- |
| 巡视变压器 | 1. 能完成变压器巡视工作。<br>2. 在变压器出现异常情况会处理。<br>3. 变压器的常见故障能检修 | 1. 变压器的构成及作用。<br>2. 变压器的铭牌参数的意义。<br>3. 变压器巡视项目与标准。<br>4. 变压器常见故障及处理 | 分组进行实物参观，观察变压器，认识各部件，检查变压器，填写巡视记录 |

## 二、相关知识

(一)变压器的分类

通常根据其用途和结构进行分类，常用的几种分类方式如下。

(1)按相数分：单相变压器和三相变压器。

(2)按用途分：普通用途的变压器可分为升压变压器和降压变压器两大类。升压变压器主要用于输送端，降压变压器主要用于负荷端。此类变压器的工作

变压器的简介

目的是升压或降压后传输电能。

其他特殊用途的变压器有电炉变压器、电焊变压器、整流变压器、调压变压器和试验变压器等。

(3)按铁芯结构分:心式变压器和壳式变压器。心式变压器是绕组包围铁芯,而壳式变压器是铁芯包围绕组。

(4)按绕组数目分:单绕组变压器(自耦变压器)、双绕组变压器、三绕组变压器和多绕组变压器。

(5)按绕组材质分:铝绕组变压器和铜绕组变压器。

(6)按冷却介质和冷却方式分:油浸式变压器和干式变压器。

大容量变压器一般选用油浸式变压器,具有造价低制造技术成熟的优点,油浸式变压器的冷却方式主要有油浸自冷、油浸风冷、油浸水冷、强迫油循环水冷和强迫油循环风冷。多数变电所的主变压器采用油浸自冷方式,而有的大型变压器则采用强迫油循环水冷或风冷的冷却方式。

中小型变压器可根据使用条件的需要选用干式变压器,它主要采用环氧树脂浇注绝缘或充气绝缘(气体变压器,将绕组置于空气或六氟化硫气体当中),其主要特点是安全,无火灾或爆炸危险,主要用于人口密集区或地下,例如:高层建筑和地下铁道常采用干式变压器。

(7)按调压方式分:有载调压变压器和无载调压变压器。调压的目的是保证用户电压的质量要求,例如:为了保证铁路企业的自动闭塞信号电源电压,必须采用调压变压器对信号电源电压进行调节。

(二)变压器结构及其作用

变压器属于静止元件,实质上是一种旋转速度为零的电机,变压器在传输电能的过程中会有损耗,但目前变压器在设计、结构和工艺方面都有较成熟的技术,所以工作效率有较大提高,中小型变压器的效率一般不低于 95%,大型变压器的效率更可达 98%以上。

变压器的关键部分是绕组和铁芯,为了保证变压器能安全可靠地运行,其结构更加复杂,变压器的结构如图 2-2 所示。油浸式电力变压器包括以下几部分:

图 2-2　高铁变电所 220 kV 油浸变压器

1. 油箱

油箱包括油箱本体及其附件等。

油箱作为变压器的外壳和盛装绝缘油的容器,同时又是中小型变压器运行时的散热冷却装置。油箱外形主要有平顶油箱和椭圆形油箱。平顶油箱主要用于容量为 6 300 kV·A 以下的变压器,椭圆形油箱机械强度较高,多用于容量为 8 000 kV·A 以上的变压器。

油箱通常用钢板焊成，变压器的铁芯和线圈装在油箱内部。油箱内装有变压器油，整个铁芯与线圈都浸没在变压器油里面。

2. 器身

器身主要包括铁芯、绕组、绝缘及引线（包括调压装置、引线夹件等）。

（1）铁芯

变压器是利用电磁的关系来实现电能的转换和传输的，铁芯是构成磁的通路，而绕组则是电的通路，铁芯和绕组是变压器的核心部分，如图 2-3 所示。

图 2-3　变压器铁芯和绕组

变压器铁芯常用材料是两面涂有绝缘用的硅钢片漆，厚度为 0.35 mm 或 0.5 mm 的硅钢片。硅钢片有热轧硅钢片和冷轧硅钢片，冷轧硅钢片优于热轧硅钢片，因此应用越来越广泛。常用全斜接缝叠装法等低损耗结构，以便降低空载损耗。硅钢片经过一定的工艺叠装后成为铁芯，铁芯中套绕组部分称为铁芯柱，连接铁芯柱的部分称为铁轭。铁芯由铁芯柱和铁轭构成一个完整的闭合磁路，变压器的一次绕组和二次绕组都绕在铁芯柱上。一次、二次绕组、铁芯的磁路关系如图 2-4 所示。

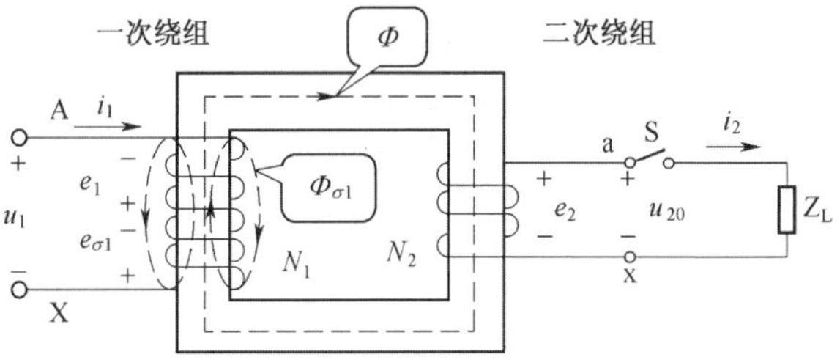


$$e_1=-N_1\frac{\mathrm{d}\Phi}{\mathrm{d}t}\qquad e_{\sigma1}=-N_1\frac{\mathrm{d}\Phi_{\sigma1}}{\mathrm{d}t}\qquad e_2=-N_2\frac{\mathrm{d}\Phi}{\mathrm{d}t}$$

图 2-4　变压器磁路结构示意

处于线圈对地电场中的铁芯，具有对地悬浮电位，所以要单点接地。铁芯是通过接地套管引出接地，这样可以方便检测铁芯的接地电阻。

(2)绕组

绕组是变压器的电路部分,主要采用机械强度较高的绝缘铝线或铜线绕制,并套在铁芯柱上。为便于绕组和铁芯的绝缘,通常把低压绕组放在里面,高压绕组套在低压绕组的外面。为保护绕组,低压绕组可采取加厚的绝缘。同时采取紧固措施,提高线圈的动稳定性。

(3)绝缘

变压器绝缘材料主要有变压器油、电缆纸和电话纸等。

变压器油抗电强度约 200~250 kV/cm,是空气的 4~7 倍,同时作为变压器的冷却介质。电缆纸和电话纸常用于绕组的匝间绝缘、层间绝缘及其他部件的绝缘等。变压器的绝缘可分为内绝缘和外绝缘,如图 2-5 所示。

(4)调压装置

电压水平是电能的重要质量指标之一,调压装置为达到此目的而进行设置。为了保证电压波动在一定范围之内,常用调压方式有两种,即有载调压和无载调压。调压通过分接开关切换来完成,有载调压通过有载分接开关,在负载电流不被切断的情况下切换至另一挡位;无载调压(无激磁调压)在进行调压时,必须切断负载,再通过无载分接开关切换至另一挡位。

不管采用的有载调压或无载调压方式,其所采用的原理是一样的,即通过分接开关的切换来改变高压侧绕组的匝数,以实现调压的目的。但有载调压分接开关由于带负荷进行切换,易于实现自动调压,所以对其要求较高,其结构也较为复杂。

无载调压分接开关的调压原理如图 2-6 所示。

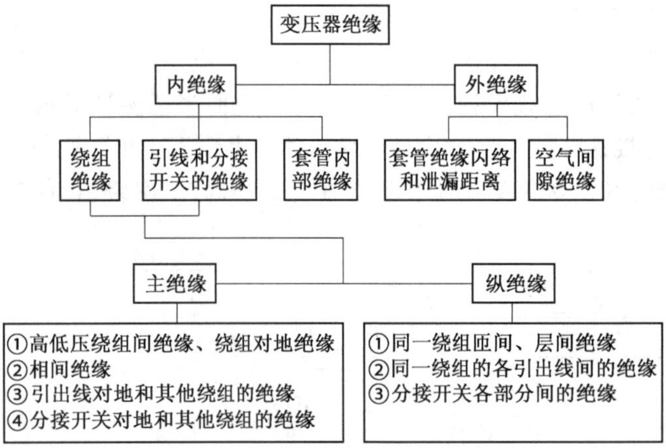


图 2-5　变压器绝缘分类

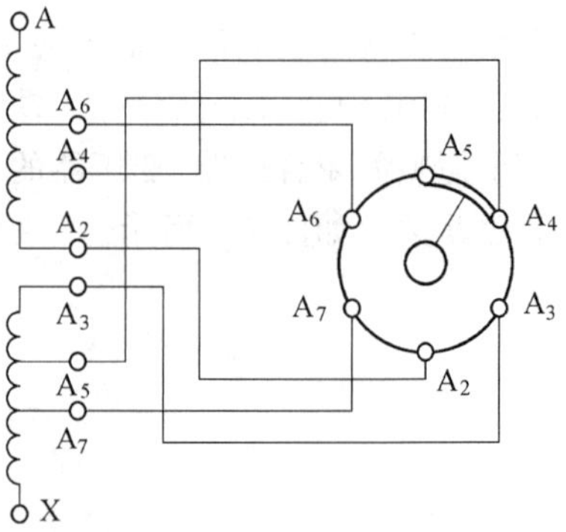


图 2-6　无载调压分接开关原理

3. 冷却装置

包括散热器和冷却器等。

变压器运行时产生大量的热量,对于小容量(20 kV·A 以下)变压器,平顶油箱散热面已足够。对于容量稍大的变压器,需在油箱上装设圆管形或扁形散热器。较大容量的变压器,则装设有专门的冷却装置,如采用风冷或水冷。为进一步加强散热效果,可采用强迫油循环的冷却方式。图 2-7 为具有风冷装置的变压器散热器外形。

4. 保护装置

油变压器保护装置包括储油柜、吸湿器、净油器、测温装置、油标、气体继电器、防爆管等。

(1)油枕(储油柜)的作用是当变压器运行时,接纳因受热膨胀的油箱中的油;变压器停止运行或温度降低油冷缩时,使油回流到油箱中,始终保证油箱里的油是充满的;防止变压器油与空气接触,减轻变压器油受氧化和潮湿的影响。油枕容量通常约为变压器油箱总容量的 8%~10%。大型变压器常采用隔膜密封式油枕,如图 2-8 所示。

图 2-7　变压器散热外形

变电所使用的另一种油枕,称为金属波纹密封式储油柜,适用于各种油浸式电力变压器及其他油浸式电力设备,由储油柜芯体、防护罩、抽真空排气管路、注油管、油位指示板、气体(瓦斯)继电器连接管等部分组成。其结构新颖,全密封、免维护。与变压器及其他油浸式电力设备同寿命,补偿量大,动作灵敏,储油过程可靠平稳,油位指示清晰、直观。油温发生变化时,上下升降正常,无卡滞、无假油位,是目前使用的隔膜、胶囊式储油柜比较理想的更新替代产品。图 2-9 是金属波纹密封式储油柜。

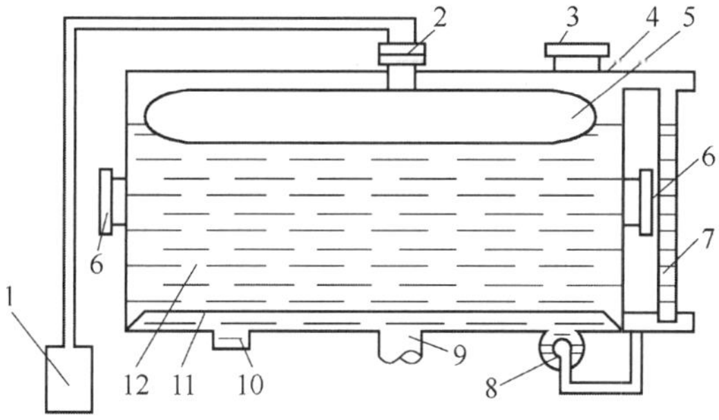


图 2-8　隔膜密封式油枕

1—吸湿器;2—呼吸器;3—注油孔;4—油枕;5—隔膜袋;
6—安装孔;7—油位计;8—压油袋;9—油箱连管;
10—沉积器(集污盒);11—护架;12—变压器油

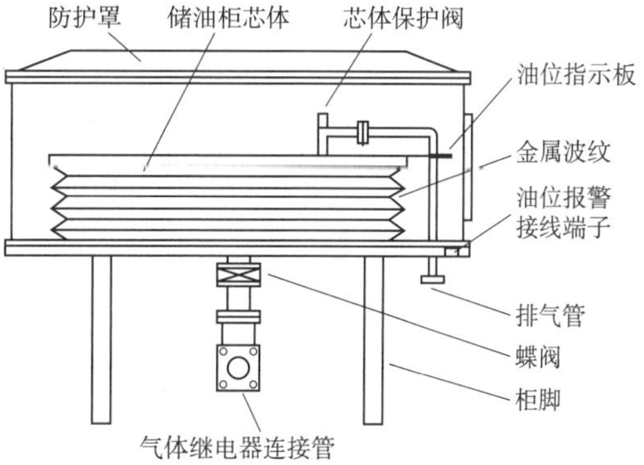


图 2-9　金属波纹密封式储油柜

(2)吸湿器(呼吸器)的作用是吸收进入油枕内的空气的水分。吸湿器中装有干燥剂(变色硅胶),在干燥状态下呈现蓝色,吸湿受潮后逐渐变为粉红色。硅胶变色后将失去吸湿功能应进行更换。图 2-10 为吸湿器的结构,图 2-11 为吸湿器实物。

(3)净油器的作用是对运行中的变压器油进行过滤净化,延缓变压器油老化的装置。其结构如图 2-12 所示。变压器运行时由于上下层的温度差,变压器油将从上向下经过净油器形成对流,净油器中的吸附剂将吸收油中的水分与其他杂质,保证油的清洁,延长了油的使用寿命。

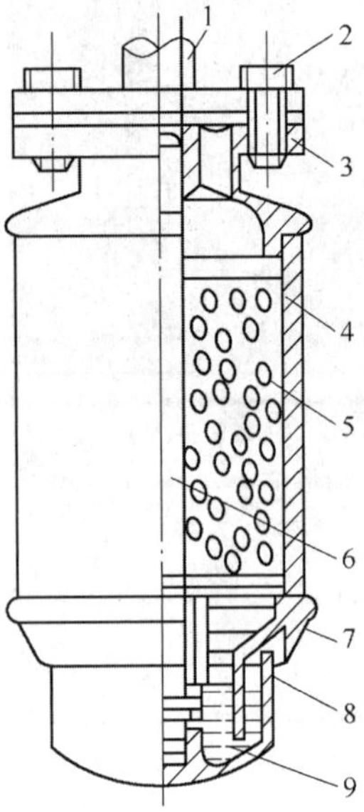


图 2-10　吸湿器结构

1—连接管;2—螺钉;3—法兰盘;4—玻璃管;5—硅胶;6—螺杆;7—底座;8—底罩;9—变压器油

图 2-11　吸湿器实物

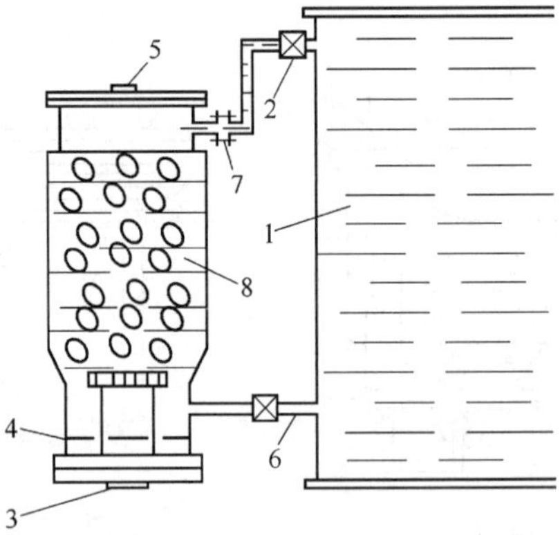


图 2-12　净油器的结构

1—油箱;2—油阀门;3—放油塞;4—集污器;5—放气塞;6—连管;7—连接法兰;8—净油罐

(4)测温装置的作用是监视变压器油箱内的上层油温,常用的测温装置有水银式温度计、气压式温度计和电阻式温度计。

(5)油标(油位计)的作用是指示油面的高度,便于运行人员了解油面的高度。

(6)气体继电器(瓦斯继电器)是油浸式变压器内部故障的主要保护装置,装在油箱与油枕的连接管上,如图 2-13 所示。其工作原理在变压器保护中详细介绍。

(7)防爆管(安全气道)的作用是当油箱内压力过高时,使变压器油喷出到指定范围并释放压力。图 2-14 为普通防爆管的结构。

图 2-13　瓦斯继电器

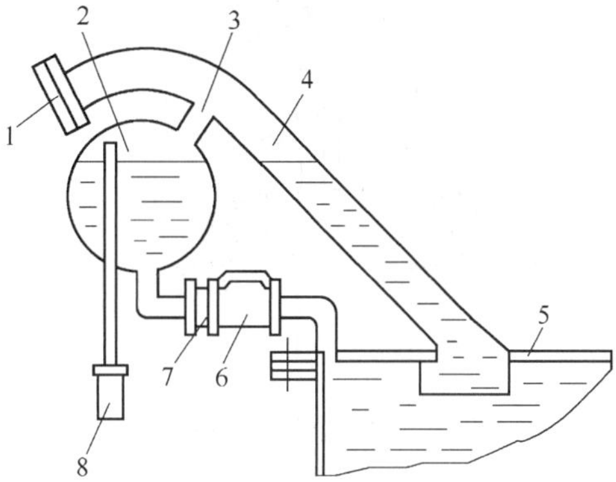


图 2-14　普通防爆管的结构

1—防爆膜;2—油枕;3—油枕与安全气道的连通管;4—防爆管;5—箱盖;6—瓦斯继电器;7—蝶形阀;8—吸湿器

5. 引出线装置

变压器引出线装置主要是绝缘套管。

绝缘套管的作用主要是把变压器绕组引线引出油箱外,便于与线路进行连接,同时保证相间的绝缘和相对地的绝缘。引出线装置是变压器短路故障多发处,所以绝缘套管应有足够的电气强度和机械强度。常用的绝缘套管主要有纯瓷质套管、冲油式套管和电容式套管,如图 2-15 所示,图 2-16 为 220 kV 变压器套管。

(三)变压器主要技术参数

变压器的主要技术参数均标示在铭牌上,主要有下面 9 项:

1. 额定容量 $S_N$

额定容量是变压器在额定工作状态下连续输出的视在功率,表示变压器传输电能的能力。

2. 额定电压 $U_N$

额定电压是高压侧所接电网的额定线电压,铭牌上同时还给出低压侧的电压。

3. 额定电流 $I_N$

额定电流是变压器额定工作状态时长期允许通过的线电流,分高压侧、低压侧的额定电流。

4. 空载损耗 $\Delta P_b$

空载损耗是变压器在空载的情况下吸取电网的有功功率称为空载损耗。空载时电流较小,如果忽略变压器绕组的电阻损耗部分,则空载损耗就是变压器的铁芯损耗,铁芯损耗包括铁芯的磁滞损耗和涡流损耗两部分。

5. 短路损耗 $\Delta P_k$

短路损耗是将变压器二次侧短接后,在一次绕组中通过额定电流时变压器吸取电网的有功功率。此时电压较低,铁芯损耗较小,如果忽略铁芯损耗,则变压器的短路损耗就是变压器的铜耗(电阻损耗)。

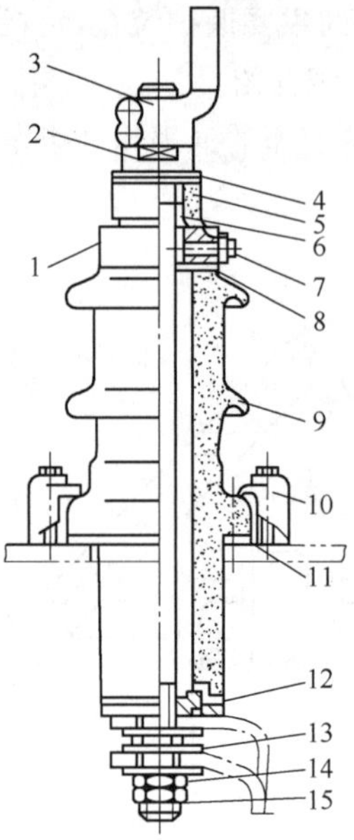


图 2-15　变压器的纯瓷套管

1—罩;2—圆螺母;3—接线头;4、12—衬垫;5—瓷盖;6—封环;7—放气盖;8、11—密封垫圈;9—瓷套;10—压钉;13—垫圈;14—螺母;15—导电杆或电缆接头

图 2-16　220 kV 变压器套管

6. 阻抗电压百分比 $U_k\%$

阻抗电压百分比表明变压器阻抗大小的参数,表示变压器通过额定电流在变压器绕组上产生的电压损耗百分值。其主要作用是计算短路电流和衡量变压器多台变压器是否可以并联运行。两台变压器的阻抗电压百分比相差超过 10%则不能并联运行。

7. 连接组别

连接组别表示变压器一次绕组和二次绕组连接方法和电压的相位关系。如 $Y_N$,d11,表示一次侧是星形接法,中性点引出,二次侧是三角形接法,数字 11 表示一次电压与二次电压的相位角关系。

8. 冷却方式

冷却方式表示变压器的冷却系统,用变压器冷却介质和循环方式表示。如 ONAF 表示油浸风冷。

9. 型号

国产电力变压器产品型号的含义如下:

[1] [2] [3] [4] [5] [6] [7] — [8] / [9]

1——D 单相,S 三相;

2——C 成型固体绝缘,K 空气绝缘,油浸绝缘不标注;

3——油浸自冷不标注,F 油浸风冷,W 油浸水冷;

4——P 强迫循环,D 强油导向,N 自然循环;

5——S 三绕组,双绕组不标注;

6——Z 有载调压,无励磁调压不标注;

7——设计序号；

8——额定容量(kV·A)；

9——高压绕组额定线电压(kV)。

通常变压器型号只标出相数、冷却方式、设计序号、容量和高压侧电压等级。如：SF7-20000/110 表示额定容量为 20 000 kV·A、高压侧额定电压为 110 kV 的油浸风冷三相双绕组电力变压器。

(四)干式变压器

干式变压器的铁芯和绕组不浸渍在绝缘油中，绕组一般采用环氧树脂绝缘浇注，采用自然冷却或风冷的一种电力变压器，图 2-17 为干式变压器。

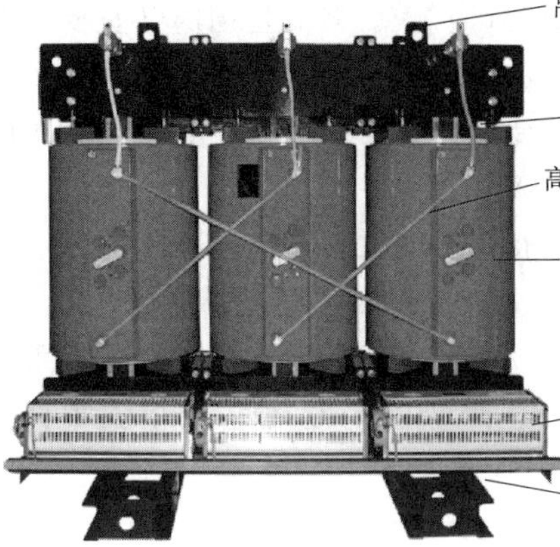

图 2-17　干式变压器

干式变压器具有维护容易、占地小、防火性能好，没有火灾、爆炸、污染等问题，不要求置于单独房间内等优点，尤其适用于建筑内部安装。适用于轨道交通、工厂车间、高层建筑、商业中心、机场、码头、地铁、石油平台等场所的输变电系统。

冷却方式分为自然空气冷却(AN)和强迫空气冷却(AF)，自然空冷时，变压器可在额定容量下长期连续运行。强迫风冷时，变压器输出容量可提高 50%。适用于断续过负荷运行，或应急事故过负荷运行，由于过负荷时负载损耗和阻抗电压增幅较大，处于非经济运行状态，故不应使其处于长时间连续过负荷运行。

干式变压器允许温度较油浸变压器高，一般油浸变压器属 A 级绝缘，极限工作温度在 105 ℃，常用干式变压器 F 级绝缘，极限工作温度在 155 ℃，H 级绝缘，极限工作温度在 180 ℃，C 级绝缘可达 180 ℃以上。

干式变压器设置了温度保护，变压器正常运行时的温控器，可根据实际情况设置控制风机启停、高温报警、超高温跳闸等。

图 2-18 为高铁变电所中采用的干式变压器，作为变电所自用电变压器，正常供电时，高压侧从 27.5 kV 的 T 母线接入，正常运行时单相 27.5 kV 自用变压器向两段 220 V 单相母线供电。

图 2-18　27.5 kV 干式变压器

(五)牵引变压器的类型

牵引变压器(主变压器)属于电力变压器，其部件及功能与普通电力变压器相同,一般安装在室外,采用油浸变压器。但由于牵引负荷属于不对称负荷,因此有些牵引变压器的绕组接线较为特殊。牵引变压器的功能是将三相 110 kV(或 220 kV)电力降压并转换为单相 27.5 kV(或 55 kV)电力,向单相牵引负荷供电,高速铁路主要采用 220 kV,普速铁路一般采用110 kV。常见且国内已安装的牵引变压器有:单相变压器(包括 V/V 接线和 V/x 接线变压器),三相双绕组变压器,斯科特结线变压器和阻抗匹配平衡变压器。V/x 接线和斯科特结线变压器主要用于 AT 供电方式的牵引变电所。

1. V/V 接线

在单相牵引变电所中,一般采用两台单相变压器 V/V 接线,如图 2-19 所示。两台单相变压器的一次绕组和二次绕组都连成 V 形接线。原绕组的两个开口端和公共端接入 110 kV 三相电力系统,二次绕组的公共端接地和钢轨,两个开口端分别接入接触网相邻的两个区段。由于这两开口端对地电压相位不同,相邻的两接触网区段中间必须用分相绝缘器断开。

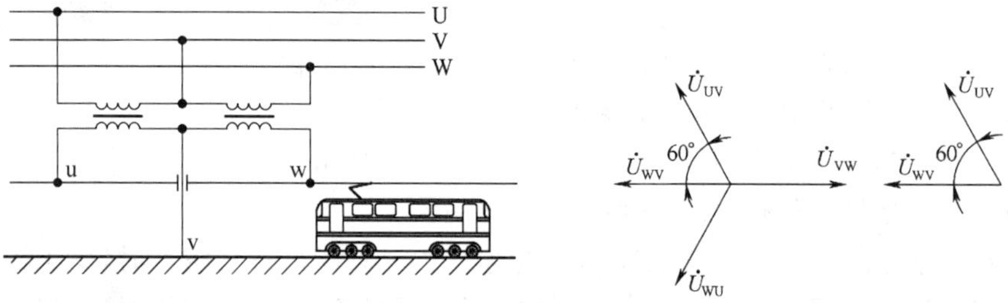


图 2-19　V/V 接线

2. YNd11 接线

三相牵引变电所中,一般采用两台三相双绕组 YNd11 接线的变压器,固定全备用,变压器的星形一次绕组接入三相电力系统,三角形二次绕组一角接地和钢轨,另两角分别接入接触网的两个相邻区段,如图 2-20 所示。相邻两接触网对地电压相位不同,故这两相邻接触网区段间也必须加分相绝缘器。

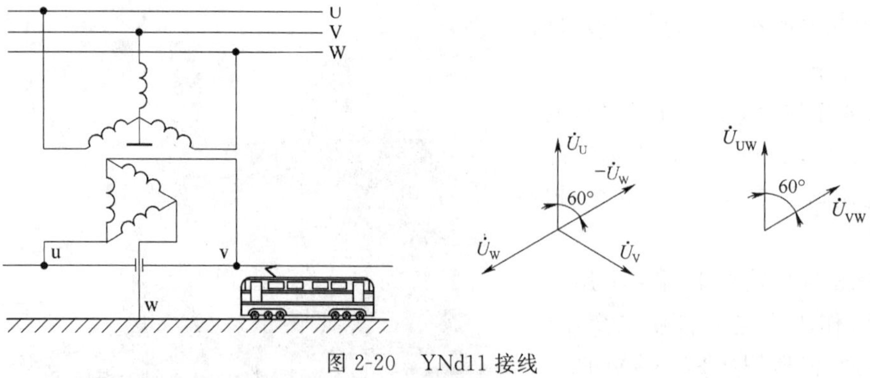


图 2-20　YNd11 接线

3. ⊥/L 接线

如图 2-21 所示,是一种称为斯科特(Scott)接线(⊥/L 接线)的三相—二相变压器。变压器一次绕组连成倒 T 形接入三相电力系统。两个二次绕组间相位差为 90°,额定电压为 55 kV,若两个二次绕组连成 V 形,公共端接钢轨和地,开口两端分别接入相邻的接触网两区段,由于相邻两接触网对地电压相位不同,故相邻两接触网区段间须用分相绝缘器断开,构成普通牵引变电所；若两个二次绕组分别与两台自耦变压器并联后再接入接触网，自耦变压器绕组的中间抽头接钢轨，则构成 AT 牵引变电所。

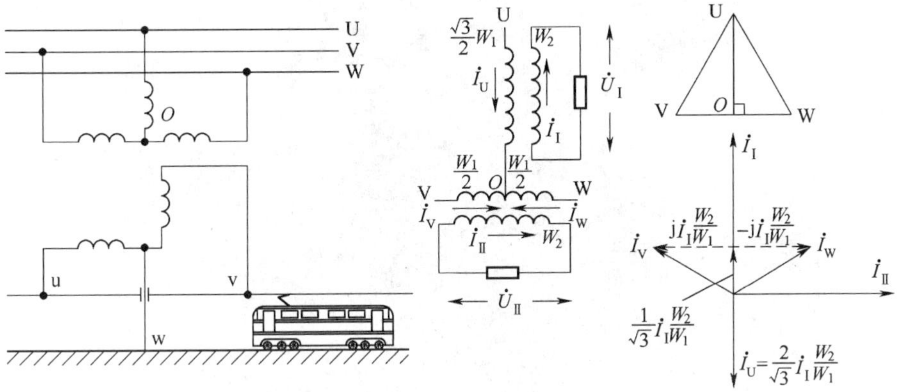


图 2-21　⊥/L(Scott)接线

4. YN，V 接线

采用 YN，V 接线的变压器称为阻抗匹配平衡变压器，其接线如图 2-22 所示。变压器一次侧三角形绕组接入三相电力系统，二次绕组接线的结构特点是在普通三相三柱式 YNd11 接线变压器的基础上，在中间主副绕组两端各增加一个平衡绕组，分别与三角形绕组串联组成，利用绕组阻抗匹配达到单相牵引负荷对称分配到一次侧三相电力系统。该变压器二次绕组一角接钢轨和地，另两角经平衡绕组接入相邻两接触网区段。接触网与钢轨间相位差为 90°，额定电压为 27.5 kV。图 2-23 为某牵引变电所的阻抗匹配平衡变压器外形。

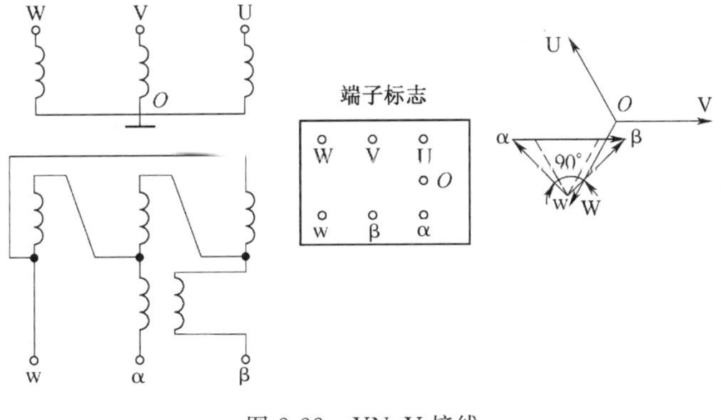


图 2-22　YN，V 接线

5. V/x 接线

V/x 牵引变压器具有较高的容量利用率和接线方式简单的特点，目前在国内高铁变电所中得到广泛应用。V/x 牵引变压器由两台单相三绕组的变压器构成，分别为左右供电臂供电。二次侧两个绕组的两个端子连接一起，形成公共端抽出并接地，另两个端子分别与 T 母线和 F 母线相连，TF 之间电压为 55 kV，两个绕组电压各为 27.5 kV，主要用于 AT 供电方式，图 2-24 为 V/x 牵引变压器的接线原理图，V/x 接线变压器与系统的连接如图 2-25 所示。

图 2-23　牵引变电所的阻抗匹配平衡变压器外形

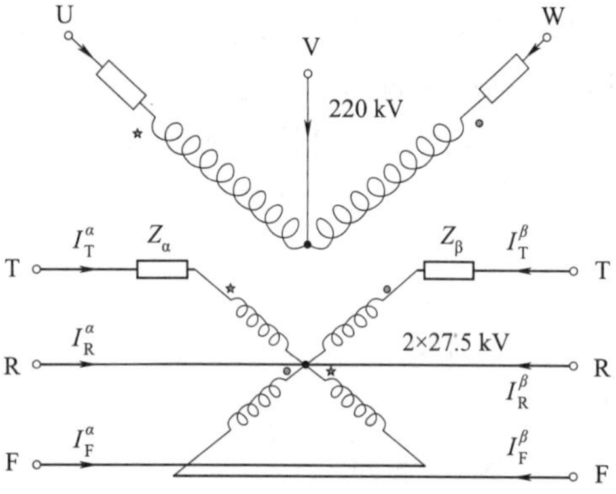


图 2-24　V/x 接线

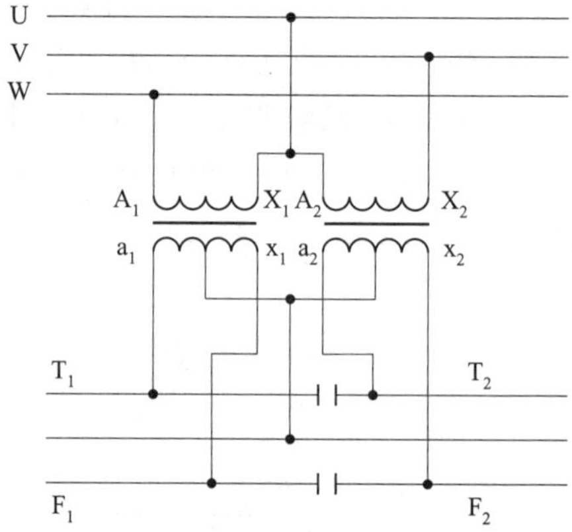


图 2-25　V/x 接线变压器与系统的连接

## 三、项目实施

(一)检查牵引变压器运行情况

(1)长期停用和检修后的变压器,在投入运行前除按正常巡视项目检查外,还要检查下列各项:

①分接开关位置应合适且三相一致,有载调压开关位置应符合要求,相位符合要求。

②各散热器、油枕、热虹吸装置、防爆管等处阀门应打开,散热器、油箱上部残存的空气应排除。

③按规定试验合格。

④保护装置应正常。

⑤检修时所做的安全设施应拆除,变压器顶部应无遗留工具和杂物等。

(2)变压器并联运行的条件如下:

牵引变压器并联运行的三个条件是接线组别相同,电压比相同,短路电压相同。

对电压比和短路电压不相同的变压器,在任何一台都不会过负荷的情况下可以并联运行。

当短路电压不相同的变压器并联运行时，应适当提高短路电压较大的变压器的二次电压，以充分利用变压器容量。

(3)在正常情况下允许的牵引变压器过负荷值，根据制造厂规定的技术条件及负荷情况由铁路局(集团公司)制定。

在事故情况下允许的变压器过负荷值可参照表 2-1 执行。

**表 2-1　事故情况下允许变压器过负荷值参照表**

| 过负荷(%) | | 30 | 60 | 75 | 100 | 140 | 200 |
|---|---|---|---|---|---|---|---|
| 持续时间(min) | 牵引变压器 | 120 | 45 | 20 | 10 | 5 | 2 |
| | 其他变压器 | 120 | 30 | 15 | 7.5 | 3.5 | 1.5 |

当变压器过负荷运行时，对有关设备要加强检查。

①监视仪表，记录过负荷的数值和持续时间。

②监视变压器音响和油温、油位及冷却装置的运行状况。

③检查运行的变压器、断路器、隔离开关、母线及引线等有无过热现象。

④注意保护装置的运行情况。

(4)当变更变压器分接开关的位置后，必须检查回路完整性和三相电阻的均一性，并将变更前后分接开关的位置及有关情况记入有关记录中。

(5)变压器在换油、滤油后，一般情况下，应待绝缘油中的气泡消除后方可运行。

(6)运行中的油浸自冷、风冷式变压器，其上层油浸不应超过 85 ℃；风冷式变压器当其上层油温超过 55 ℃时应启动风扇。

当变压器油温超过规定值时，值班人员要检查原因，采取措施降低油温，一般应进行下列工作：

①检查变压器负荷和温度，并与正常情况下的油温核对。

②核对油温表。

③检查变压器冷却装置及通风情况。

(7)当变压器有下列情况之一者须立即停止运行：

①变压器音响很大且不均匀或有爆裂声。

②油枕、防爆管或压力释放器喷油。

③冷却及油温测量系统正常但油温较平素在相同条件下运行时高出 10 ℃以上或不断上升时。

④套管严重破损和放电。

⑤由于漏油致使油位不断下降或低于下限。

⑥油色不正常(隔膜式油枕除外)或油内有碳质等杂物。

⑦变压器着火。

⑧重瓦斯保护动作。

⑨因变压器内部故障引起差动保护动作。

(二)巡视牵引变压器并记录

(1)检查储油柜及充油套管内油位、油色。

(2)检查变压器的响声。

(3)检查变压器的套管。

(4)检查冷却装置。

(5)检查变压器的吸湿器。

(6)检查防爆管上的防爆膜。

(7)检查漏油现象。

(8)检查外壳接地情况。

**小提示**

**"1+X"证书变配电运维职业技能**

**变压器巡视技能**

| 工作领域 | 工作任务 | 职业技能要求 |
|---|---|---|
| 设备巡视 | 变压器巡视 | 1. 能检查本体及套管运行监控信号、灯光指示、运行数据是否正常;声响均匀、正常;各部位是否渗油、漏油;套管外部有无异常现象;外壳、铁芯和夹件接地是否良好。<br>2. 能检查分接开关分接挡位指示与监控系统是否一致;机构箱电源指示、油位油色、在线滤油装置是否正常。<br>3. 能检查冷却系统冷却器风扇、油泵运转是否正常;油流继电器工作是否正常;冷却装置控制箱电源投切方式指示是否正常;冷却器外观是否正常;是否存在渗漏油。<br>4. 能检查非电量保护装置温度计外观、指示是否正常;表盘密封是否良好;气体继电器是否存在气体。<br>5. 能检查本体及有载调压开关储油柜的油位是否正常;吸湿器呼吸是否正常、完好、符合要求。<br>6. 能检查各控制箱、端子箱和机构箱是否密封良好;加热、驱潮等装置运行是否正常;变压器导线、接头、母线上是否无异物;各种标志是否齐全明显 |

## 四、练习

巡视变压器,按作业程序步骤,扫描作业程序栏的二维码,根据具体内容栏检查设备,在检查结果栏中填写检查结果。

| 序号 | 作业程序 | 具体内容 | 检查结果<br>(扫码后填写) | 分值 | 项目分值<br>说明 | 得分 |
|---|---|---|---|---|---|---|
| 1 | 穿戴防护用具<br>防护用具 | 穿戴防护用具:戴安全帽,穿绝缘靴 | 安全帽完好:<br>绝缘靴完好: | 6 | 未检查扣6分,检查与实际状态不符扣3分 | |
| 2 | 检查主变进出线<br>主变进出线 | 导线无断股、散股,弛度适中,线夹连接牢固 | 进线:<br>出线: | 8 | 未检查扣8分,状态填写错误每项扣3分 | |

续上表

| 序号 | 作业程序 | 具体内容 | 检查结果（扫码后填写） | 分值 | 项目分值说明 | 得分 |
|---|---|---|---|---|---|---|
| 3 | 检查高低压套管<br>高低压套管 | 高低压套管各连接部分应紧固，套管清洁，无破损，无裂纹，无放电痕迹油位指示应正常 | 高压套管：<br>低压套管： | 8 | 未检查扣8分，状态填写错误每项扣3分 | |
| 4 | 检查压力释放阀<br>压力释放阀 | 压力释放阀完好，无喷油痕迹 | 外观： | 6 | 未检查扣6分，状态填写错误每项扣3分 | |
| 5 | 检查变压器本体<br>变压器本体 | 变压器本体、附件连接处应无渗漏油，各部件状态良好，无锈蚀，无破损变压器运行时应为均匀的嗡嗡声 | 外观：<br>渗漏：<br>锈蚀：<br>声音： | 6 | 未检查扣6分，状态填写错误每项扣1.5分 | |
| 6 | 检查变压器油枕<br>油枕 | 油枕外观完好，无变形及渗漏，油位计指示正常 | 变形：<br>渗漏：<br>油位计： | 6 | 未检查扣6分，状态填写错误每项扣2分 | |
| 7 | 检查瓦斯继电器<br>瓦斯继电器 | 瓦斯继电器内应无气体，油为透明淡黄色 | 外观：<br>引出线：<br>油色： | 6 | 未检查扣6分，状态填写错误每项扣2分 | |
| 8 | 检查温度指示器<br>温度指示器 | 油温在正常，指示正常刻度范围之内 | 温度显示： | 6 | 未检查扣6分，状态填写错误扣3分 | |
| 9 | 检查呼吸器<br>呼吸器 | 呼吸器内干燥剂颜色应正常，正常时为蓝色 | 干燥剂颜色： | 6 | 未填写扣6分，填写错误扣4 | |

续上表

| 序号 | 作业程序 | 具体内容 | 检查结果<br>(扫码后填写) | 分值 | 项目分值<br>说明 | 得分 |
|---|---|---|---|---|---|---|
| 10 | 检查散热装置<br>散热器 | 散热器外观完好,散热风扇正常 | 外观: | 6 | 未填写扣6分,填写错误扣4 | |
| 11 | 检查接地端子<br>接地端子 | 接地标志清晰,外观良好,接地牢固 | 外观: | 6 | 未填写扣6分,填写错误扣4 | |
| 12 | 检查放油阀<br>放油阀 | 放油阀外观良好,无锈蚀,无渗漏 | 锈蚀:<br>渗漏: | 6 | 未填写扣6分,填写错误每项扣2分 | |
| 13 | 检查端子箱<br>端子箱 | 箱内状态良好,二次接线紧固 | 端子箱缺陷: | 6 | 未检查扣6分,状态填写错误扣3分 | |
| 14 | 检查穿墙套管<br>穿墙套管 | 穿墙套管无闪络、放电现象 | 外观:<br>放电痕迹: | 6 | 未检查扣6分,状态填写错误每项扣2分 | |
| 15 | 检查主变基础<br>主变基础 | 基础牢固,无锈蚀 | 基础是否松动:<br>锈蚀: | 6 | 未检查扣6分,状态填写错误扣3分 | |
| 16 | 巡视完毕 | 回收防护用具 | 回收用具放置地点: | 6 | 未填写扣6分,填写错误扣4分 | |

# 项目三　互感器结构及维护

## 一、项目介绍

互感器(仪用互感器)是一次电路(主电路)和二次设备(测量、保护及监控电路)之间的联络设备。本项目学习电流互感器和电压互感器的结构及运行要求,学会巡视互感器并检查异常情况。

| 能力训练项目 | 能力目标 | 相关支撑知识 | 学习建议 |
|---|---|---|---|
| 巡视互感器 | 1. 能正确巡视互感器。<br>2. 会互感器一般检查项目 | 1. 互感器作用、工作原理特性、技术参数意义。<br>2. 常见互感器的类型和结构特点,互感器接线方式及原理。<br>3. 互感器使用注意事项。<br>4. 互感器的常见故障及处理 | 巡视互感器并记录,条件充裕等进行互感器极性、绝缘电阻、直流电阻测量等 |

## 二、相关知识

### (一)互感器的作用

1. 将二次电气设备(仪表、继电器线圈等)与高压、大电流的一次电路隔离,解决绝缘问题,保证操作人员和二次设备的安全。

2. 将高压、大电流统一变换成标准的低压、小电流,作为二次设备的交流电源。同时便于安装标准化的仪表、继电器。

变电所中装设的互感器有电压互感器和电流互感器,前者将高电压变为标准的低电压(电压互感器二次额定电压 $U_{2N}$ 为 100 V 或 $\frac{100}{\sqrt{3}}$ V),后者将高、低压大电流变为标准小电流(电流互感器二次额定电流 $I_{2N}$ 为 5 A 或 1 A),配合测量仪表,测量变电所进、出线等处的电压、电流参数,与继电保护配合,保护所内设备和牵引网。

电流互感器和电压互感器的接线原理示意如图 2-26 所示。从图中可以看到,电流互感器的一次线圈串联在一次主电路中;其二次侧接入的继电器和仪表的电流线圈也全部是串联的。电压互感器的一次线圈并联在一次主电路中;其二次侧接入的继电器和仪表的电压线圈全部是并联的。

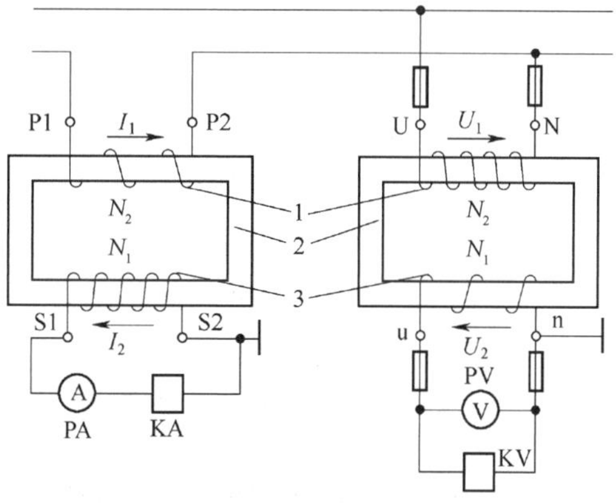


图 2-26　互感器接线原理示意

1—一次绕组;2—铁芯;3—二次绕组

### (二)电流互感器

1. 电流互感器原理

变电所中装设的电流互感器,由于一次主电路电流很大,所以电流互感器一次绕组匝数极少,绕组截面粗,直接串接于主电路中;二次绕组外接测量仪表和继电保护装置的电流绕组,负荷阻抗极小。所以电流互感器相当于一台容量很小、工作状态近似二次侧短路的变压器,结构上也类似变压器。电流互感器又称为变流器,或简称为“流互”,其符号用“TA”表示(现场习惯用“CT”表示)。

电流互感器的主要作用是变换电流,一次电流 $I_1$ 与二次电流 $I_2$ 的关系如下

$$I_1 \approx \frac{W_2}{W_1} I_2 \approx K_i I_2$$

式中 $K_i$——电流互感器的变比,其值 $K_i = \frac{I_{1N}}{I_{2N}} = \frac{W_2}{W_1}$,$W_1$ 和 $W_2$ 分别为电流互感器一次绕组和二次绕组的匝数。

2. 电流互感器主要技术参数

电流互感器的主要技术参数有互感器变比、输出容量、角误差和比值误差、准确度、动稳定倍数与热稳定倍数、10%倍数等。

(1)变比

电流互感器二次侧额定值都为 1 A 或 5 A,所以其变比取决于一次额定电流。

(2)比值误差与角误差

比值误差 $\Delta I\%$ 是指电流互感器二次侧测得的一次电流近似值 $K_i I_2$ 和一次电流的额定值 $I_{1N}$ 之差对一次电流额定值 $I_{1N}$ 的百分比。与变压器一样,电磁式电流互感器也存在励磁电流,比值误差因此而产生。其数学表达式如下

$$\Delta I\% = \frac{K_i I_2 - I_{1N}}{I_{1N}} \times 100\%$$

角误差是指旋转 180°后的二次电流矢量 $\dot{I}_2$ 与一次电流矢量 $\dot{I}_1$ 之间的夹角 $\delta$。

电流互感器铭牌上还标出了复合误差。在稳态下,当一次电流和二次电流的正方向与端子标志的规定一致时,一次电流瞬时值与实际二次电流瞬时值乘以额定变比,这两者之差的方均根值为复合误差。

复合误差通常是用一次电流方均根值的百分数表示的,其值为

$$\varepsilon_c = \frac{\sqrt{\frac{1}{T}\int_0^T (k_r \times i_s - i_p)^2 \mathrm{d}t}}{I_p} \times 100\%$$

式中 $k_r$——额定变比;

$I_p$——一次电流方均根值;

$i_p$——一次电流瞬时值;

$i_s$——二次电流瞬时值;

$T$——个周波的时间。

如 5P15:表示电流互感器流过电流不超过其额定电流的 15 倍时,其复合误差不超过 5%。

(3)准确度

电磁式电流互感器的比值误差与角误差是不可避免的,所以在应用中必然存在准确度问题。电流互感器的准确度根据一定运行条件下的最大比值误差确定,准确度在数值上等于此比值误差限值的百分数。例如:准确度为 0.5 级的 TA,当一次主电路的电流 $I_1$ =(100%~120%)$I_{1N}$(一次主电路额定电流),TA 二次负载 $Z_2$ =(25%~100%)$Z_{2N}$(TA 二次额定负

载)，$\cos\alpha_2=0.8$ 时，TA 的最大比值误差为±0.5%。电流互感器的准确度级次有 0.2、0.5、1、3、10 级和 D 级。精密测量选用 0.2 级，电能计量选用 0.5 级，一般监视仪表选用 1 级，继电保护选用 3、10 级，差动保护选用 D 级。表 2-2 为电流互感器的准确级次和误差限值。

**表 2-2　电流互感器的准确级次和误差限值**

| 准确级次 | 一次电流为额定电流的百分数(%) | 误差限值 | | 二次负载变化范围 |
|---|---|---|---|---|
| | | 比值误差(%) | 角误差(分) | |
| 0.2 | 10 | ±0.5 | ±20 | $(0.25\sim1)S_N$ |
| | 20 | ±0.35 | ±15 | |
| | 100～120 | ±0.2 | ±10 | |
| 0.5 | 10 | ±1 | ±60 | $(0.25\sim1)S_N$ |
| | 20 | ±0.75 | ±45 | |
| | 100～120 | ±0.5 | ±30 | |
| 1 | 10 | ±2 | ±120 | $(0.25\sim1)S_N$ |
| | 20 | ±1.5 | ±90 | |
| | 100～120 | ±1 | ±60 | |
| 3 | 50～120 | ±3.0 | 无规定 | $(0.25\sim1)S_N$ |
| 10 | 50～120 | ±10 | 无规定 | $(0.25\sim1)S_N$ |
| D | 100 | ±3 | 无规定 | $S_N$ |
| | $100n$($n$ 为额定 10%倍数) | −10 | | |

准确度是互感器的重要技术参数，选择不当将导致测量数据不准、继电保护误动作，使用中的 TA 需定期进行准确度校对。

(4)容量

TA 的二次容量 $S_N=I_{2N}^2\cdot Z_2$，因为二次额定电流为 5A(或 1A)是定值，电流互感器容量也可以用二次负载阻抗 $Z_2(\Omega)$来表示。使用时应注意使其二次负载不超过其额定负载，否则准确度等级降级，例如：准确度为 0.2 级的 TA，$S_N=10\ \text{V}\cdot\text{A}$，当 $S_N=15\ \text{V}\cdot\text{A}$ 时，准确度等级降为 0.5 级。

(5)动稳定倍数与热稳定倍数

动稳定电流是指一次主电路发生短路时，互感器能承受的无机械损伤的最大一次电流峰值。动稳定倍数就是动稳定电流与电流互感器一次额定电流的比值。动稳定倍数的大小表示了电流互感器承受短路电流电动力作用的能力。

热稳定电流就是指互感器二次绕组短路时，在规定时间内承受短路电流热作用而无损伤的一次电流值。热稳定倍数就是热稳定电流与电流互感器一次电流额定值的比值。热稳定倍数的大小表示了电流互感器承受短路电流热作用的能力。

(6)10%倍数

当电流互感器一次电流成倍增长时，其铁芯磁通将会饱和，励磁电流急剧增加，因此误差也迅速增加。为了保证继电保护装置在主电路出现短路故障时可靠动作，规定用于保护的 TA 比值误差最大不超过 10%，角误差不超过 7°。

用于继电保护的 TA 必须具有良好的过电流性能，通常继电保护装置在电流互感器的比值误差不超过10%都能可靠动作。当通过电流互感器一次绕组的电流达到电流互感器一次额定电流的 $n$ 倍,而此时比值误差正好达到10%,则 $n$ 称为10%倍数,$n$ 越大表示互感器过电流性能越好。图2-27是某电流互感器的10%倍数曲线。

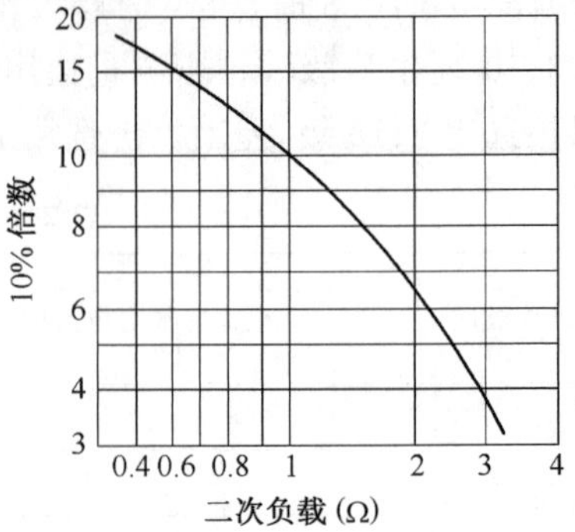


图2-27 电流互感器10%倍数曲线

(7)型号

国产电流互感器的产品型号含义如下:

[1] [2] [3] [4] [5] - [6] / [7]

1——L表示电流互感器。

2——A穿墙式,B支持式,C瓷套式,D单匝贯穿式,F多匝贯穿式,M母线式,Q线圈式,R装入式,Z支柱式。

3——C瓷绝缘,Z浇注绝缘,W户外式,L电缆型。

4——D或C差动保护用,B过电流保护用,J加大容量,Q加强型。

5——设计序号。

6——额定电压(kV)。

7——额定电流(A)。

如:LFZ2-10表示10 kV多匝贯穿式环氧树脂浇注绝缘电流互感器;LCWB6-110型表示电压等级为110 kV的户外油浸瓷套式过流保护用的电流互感器。

110kV干式电流互感器简介

常用的电流互感器按其安装方式可分为单独安装的和设备附属的两大类。按绝缘和冷却方式分则有油浸式和浇注绝缘干式两大类。单装电流互感器其结构多为油浸式,常安装于室外。设备附属式的电流互感器其结构则多为环氧树脂浇注绝缘式,常安装于室内。

3. 牵引变电所常用电流互感器

(1)接地相(轨回流测量用)电流互感器

图2-28是LMZJ1-0.5型变比系列为500~800/5 A的电流互感器外形图,浇注绝缘。其本身不带一次绕组,安装时将母线穿过其铁芯就作为互感器的一次绕组,即其一次绕组只有1匝。牵引变电所中牵引变压器接地、钢轨回流电流值的测量可采用该型电流互感器。

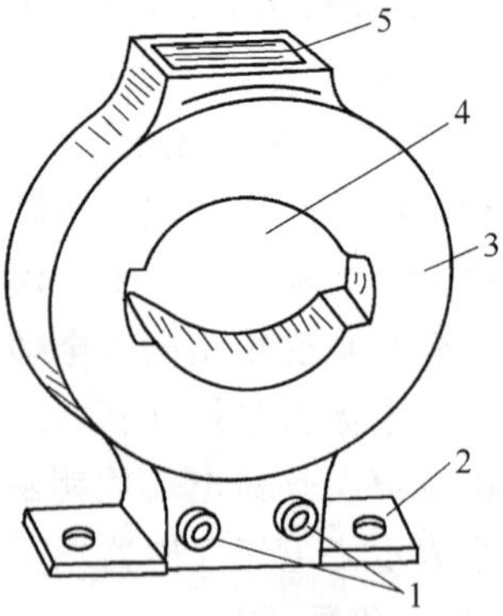


图2-28 LMZJ1-0.5型电流互感器外形

1—二次接线端子;2—安装板;3—铁芯;4—一次母线从此穿过;5—铭牌

(2)牵引侧电流互感器

牵引侧室内真空断路器上采用的电流互感器为环氧树脂浇注绝缘,作为附属件安装于ZN-27.5型真空断路器上供测量和保护用。图2-29为27.5 kV真空断路器所配电流互感器的外形。

牵引侧也有采用油浸式电流互感器,如LCWD1-35型电流互感器为户外式油浸绝缘,用于普通牵引变电所牵引侧馈线及牵引变压器的保护、电流测量及电能计量,LCWD1-35型户外式电流互感器的外形与LWCB6-110型相似。

图 2-29　真空断路器上安装的电流互感器

(3)110 kV(220 kV)侧电流互感器

110 kV 侧采用的 LWCB6-110 型电流互感器外形如图 2-30 所示。该互感器为油浸式全密封电容绝缘结构，一次绕组为“U”字形，器身固定在托架上，器身及托架固定在油箱内部。主绝缘为电容型油纸绝缘，用高压电缆纸包绕在一次绕组的线圈上，其中设若干电容屏，内屏接高电位，外屏(称末屏或地屏)可靠接地。二次出线板采用防潮性能较好的环氧玻璃布板制成。

图 2-30　LWCB6-110 型电流互感器外形

油箱上部装有瓷套,瓷套顶部置有储油柜,一次出线端在储油柜上,串并联为外换接装置,即在储油柜外便可以换接,一次接线端子尺寸均按标准规定。电流互感器采用了"波纹式膨胀器"作为油保护装置,且是密封装置,保证了油的质量。产品的油面指示是通过膨胀器上端盖(涂有红漆)随油温变化而上下运动表示出来。油箱上装有标明技术数据的名牌及线圈排列示意图,并有4个供起吊产品用的吊攀,油箱底部装有放油阀门及接地螺栓。互感器具有4个二次绕组(三个10P级和一个测量级),2×600 A级以上的互感器的0.5级二次绕组有抽头,具有两种电流比,二次额定电流分别为5 A和1 A。一次绕组分为两段,通过串联或并联以改变电流比。一次绕组出线端由瓷套上部的储油柜壁上引出,调整其外部连接板的位置,便可改变一次绕组的串、并联方式。

图2-31为高铁变电所220 kV电流互感器外形。

4. 电流互感器使用注意事项

(1) 电流互感器二次侧必须有一端接地

电流互感器一次和二次绕组如果发生绝缘击穿,一次高压将窜入二次侧,危及人身安全和二次设备安全,因此二次侧必须一端接地以限制二次电压的升高。

图2-31 高铁变电所220 kV电流互感器外形

(2) 电流互感器连接时应注意一、二次端子的极性

电流互感器一次端子一般用P1和P2标注,二次侧用S1和S2标注,P1与S1同极性(同名端),P2与S2同极性。极性不能接错,否则可能导致保护装置无法工作甚至烧毁测量仪表。

(3) 电流互感器的二次负载不能超过其额定值

一定的准确度对应一定的二次额定负载,二次负载增加,则互感器的准确度下降,因此二次侧所接仪表不能太多。

(4) 运行中的电流互感器二次侧不能开路

运行中的电流互感器,若二次绕组开路,二次绕组将感应数千伏的高压,危及人身和设备的安全,同时铁芯剧烈发热,导致电流互感器损坏。因此运行中的电流互感器禁止将其二次侧开路,电流互感器二次绕组不允许安装熔断器,不接负载的二次绕组都必须将其短接。

(三)电压互感器

1. 电压互感器原理

变电所中装设的电压互感器,由于一次主电路电压很高,所以一次绕组匝数较多,直接并联于一次电路中;二次绕组匝数较少,直接和测量仪表及继电保护装置的电压绕组相连,负荷阻抗很大。因此,电压互感器相当于一台容量很小、工作状态近似二次侧开路的变压器,结构上也类似变压器。电压互感器又称为"压互",其符号用"TV"表示(现场习惯用

“PT”表示）。

电压互感器的主要作用是变换电压，一次电压 $U_1$ 与二次电压 $U_2$ 的关系如下

$$U_1 \approx \frac{W_1}{W_2}U_2 \approx K_u U_2$$

式中　$K_u$——电压互感器的变比，其值 $K_u=\frac{U_{1N}}{U_{2N}}=\frac{W_1}{W_2}$，$W_1$ 和 $W_2$ 分别为电压互感器一次绕组和二次绕组的匝数。

2. 电压互感器主要技术参数

电压互感器的主要技术参数有互感器变比、输出容量、比值误差和角误差、准确度等。

(1)变比

电压互感器二次侧额定值为 100 V 或 $\frac{100}{\sqrt{3}}$ V，所以其变比取决于一次额定电压。通常在电压互感器铭牌上标示着一次绕组和二次绕组的额定电压。

(2)比值误差与角误差

比值误差 $\Delta U\%$ 是指电压互感器二次边测得的一次电压近似值 $K_u U_2$ 和一次电压的额定值 $U_{1N}$ 之差对一次电压额定值 $U_{1N}$ 的百分比。其数学表达式如下

$$\Delta U\% = \frac{K_u U_2 - U_{1N}}{U_{1N}} \times 100\%$$

角误差是指旋转 180°后的二次电压相量 $\dot{U}_2$ 与一次电压相量 $\dot{U}_1$ 之间的夹角 $\delta$。

(3)容量

电压互感器的容量(VA)是指二次绕组允许接入的负载功率，与电流互感器一样，其准确度也会随着二次负载的变化而变化。其容量分为额定容量和最大容量两种情况，额定容量是指对应于最高准确级次的容量，最大容量是允许发热条件规定的容量，除了特殊情况和瞬时需要，一般不应达到最大容量。

(4)准确度

电压互感器准确度等级的确定与电流互感器一样，准确度在数值上等于比值误差限值的百分数。电压互感器的准确级次主要有 0.2、0.5、1 级和 3 级几种，0.2 级常用于精密测量，0.5 级常用于电能计量，一般监视仪表可选用 1 级或 3 级，继电保护所用 TV 不低于 3 级。电压互感器的准确级次和误差限值见表 2-3。

**表 2-3　电压互感器的准确级次和误差限值**

| 准确级次 | 误差限值 | | 一次电压变化范围 | 二次负荷变化范围 |
|---|---|---|---|---|
| | 比值误差(%) | 角误差(分) | | |
| 0.2 | ±0.2 | ±10 | $(0.85\sim1.15)U_{1N}$<br>$U_{1N}$ 为电压互感器一次绕组额定电压 | $(0.85\sim1.15)S_{2N}$<br>$S_{2N}$ 为电压互感器二次绕组额定负载 |
| 0.5 | ±0.5 | ±20 | | |
| 1 | ±1.0 | ±40 | | |
| 3 | ±3.0 | 无规定 | | |

(5)型号

电压互感器的产品型号含义如下：

220 kV 电容式电压互感器简介

1 2 3 4 - 5

1——J 表示电压互感器。

2——D 单相，S 三相。

3——J 油浸式，G 干式，Z 浇注式，C 瓷箱式，R 电容分压式。

4——B 三相带补偿线圈，W 五柱三绕组，J 接地保护用。

5——额定电压(kV)。

如：JDZ-10 表示是 10 kV 单相双绕组环氧树脂浇注绝缘的电压互感器。

3. 常用电压互感器

变电所中的电压互感器有电磁感应式和电容式两大类，按绝缘和冷却方式分则有油浸式和浇注绝缘干式两大类。电磁感应式实质上相当于一台容量很小(几百伏安)、内阻抗电压降可以忽略的空载变压器，结构与变压器类似。电容式则是一种利用电容分压进行测量的成套设备，主要用于电压等级较高的场合，其实质是一电容分压器，结构上与电磁式有较大的区别。

(1)JCC6-110 型电压互感器。图 2-32 是 JCC6-110 型电压互感器外形。互感器为油浸式全密封型单相串级绝缘结构。器身部分置于高压瓷箱内，一次绕组的“N”端，二次绕组的出线均由底座上小瓷套引出，互感器采用金属膨胀器作油补偿装置。本型电压互感器为三绕组结构，由两个二次绕组和一个一次绕组组成，一次绕组采用单丝漆包线绕制。瓷套上设有波纹片式膨胀器，膨胀器能使互感器内的变压器油可靠地与大气隔离，在其外罩上设有观察窗，可以看到随油位变化而上下移动的油位指示线。

图 2-32　JCC6-110 型电压互感器外形

(2)YDR-110 电容式电压互感器。该型电压互感器的特点是在牵引变电所中，除可用于一次侧高压计测牵引变压器和 110 kV 进线线路保护外，还可供电力线载波通信用。

该型互感器主要由电容分压器、电磁装置、阻尼器等组成，如图 2-33 所示。互感器采用单柱式叠装结构，上部为电容分压器，下部为电磁装置及安装装置，阻尼器为单独单元，可在同一支架上安装。电容分压器瓷套内注有电容器油，为补偿液体体积随温度而变化，瓷套内芯子上方设有膨胀器。

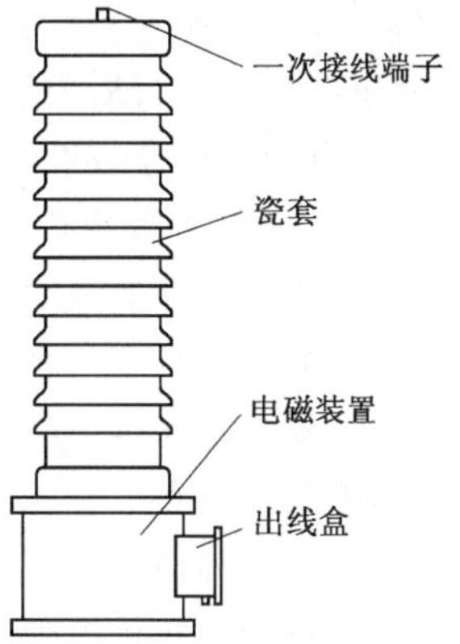

图 2-33　YDR-110 电容式电压互感器外形

电容式电压互感器的电容分压器同时可用作高频耦合电容器，构成高频通道，以供电力线路载波通信装置使用。

图 2-34 为高铁变电所 220 kV 电压互感器外形。

4. 电压互感器使用注意事项

(1)电压互感器二次侧必须有一端接地

电压互感器一次和二次绕组如果发生绝缘击穿，一次高压将窜入二次侧，危及人身安全和二次设备安全，因此二次侧必须一端接地以限制二次电压的升高。

(2)电压互感器连接时应注意一、二次端子的极性

单相电压互感器一次端子一般用 U 和 N 标注，二次侧用 u 和 n 标注，U 与 u 同极性(同名端)，N 与 n 同极性。三相电压互感器一次端子用 U、V、W、N 表示，二次侧其对应的同名端用 u、v、w、n 表示，不能接错，否则测量有误。

(3)电压互感器的二次负载不要超过其额定容量

同电流互感器一样，电压互感器一定的准确度对应一定的二次额定容量，二次负载增加，则电压互感器的准确度下降，因此二次侧所接仪表不能太多，以免超过其额定容量。

(4)运行中的电压互感器二次侧不能短路

电压互感器的二次负载主要是仪表和电压继电器线圈，其阻抗很大，电压互感器运行时近似于变压器二次侧开路。电压互感器在运行时，若二次绕组出现短路的情况，则产生过电流，导致电压互感器损坏。因此除放电用电压互感器外，所有电压互感器一次和二次绕组均须安装熔断器保护。

图 2-34　高铁变电所 220 kV 电压互感器外形

## 三、项目实施

### (一)互感器投入前检查

互感器在投入运行前要检查一、二次接地端子及外壳接地应良好，对电流互感器还应保证二次侧无开路，电压互感器应保证二次侧无短路，并检查其高低压熔断器是否完好。

(二)互感器投入后检查

互感器投入运行后要检查有关表计,指示应正确。

切换电压互感器或断开其二次熔断器时,应采取措施防止有关保护装置误动作。

(三)运行中互感器有下列情况之一者,须立即停止运行

(1)高压侧熔断器连续烧断两次。

(2)声响很大且不均匀或有爆裂声。

(3)有异味或冒烟。

(4)喷油或着火。

(5)由于漏油使油位不断下降或低于下限。

(6)严重的火花放电现象。

(四)巡视检查互感器并记录结果

1. 巡视检查电压互感器

(1)检查绝缘子。

(2)检查运行中的电压互感器发出的响声。

(3)检查油色和油位,吸湿器的硅胶是否变色。

(4)检查一、二次回路接线、二次侧接地情况。

(5)检查一、二次熔断器。

2. 巡视检查电流互感器

(1)检查电流互感器各接头。

(2)检查电流互感器的二次侧接线。

(3)检查油色、油位,吸湿器的硅胶是否变色。

(4)检查绝缘子。

(5)检查运行中电流互感器发出的响声。

**小提示**

**"1+X"证书变配电运维职业技能**

**变压器巡视技能**

| 工作领域 | 工作任务 | 职业技能要求 |
|---|---|---|
| 设备巡视 | 互感器巡视 | 1. 能检查出厂铭牌、设备标识牌、相序标识、接地标识是否齐全、清晰;底座接地是否可靠,有无锈蚀、脱焊现象,整体有无倾斜。<br>2. 能检查互感器有无异常振动、异常声响及异味;金属部位有无锈蚀,底座、支架、基础有无倾斜变形。<br>3. 能检查油浸电流互感器油位指示是否正常,各部位有无渗漏油现象;金属膨胀器有无变形,膨胀位置指示正常。<br>4. 能检查油浸电压互感器油色、油位指示是否正常,各部位有无渗漏油现象;金属膨胀器有无变形,膨胀位置指示正常。<br>5. 能检查 $SF_6$ 电流互感器压力表指示是否在规定范围,有无漏气现象,密度继电器是否正常,防爆膜有无破裂。<br>6. 能检查互感器各连接引线及接头有无发热、变色迹象,引线有无断股、散股;外绝缘表面是否完整,有无裂纹、放电、老化迹象,防污闪涂料是否完整、有无脱落 |

## 四、练习

巡视室外电流互感器，按作业程序步骤，扫描作业程序栏的二维码，根据具体内容栏检查设备，在检查结果栏中填写检查结果。

| 序号 | 作业程序 | 具体内容 | 检查结果<br>（扫码后填写） | 分值 | 说明 | 得分 |
|---|---|---|---|---|---|---|
| 1 | 准备开始<br>防护用具 | 穿戴防护用具：戴安全帽，穿绝缘靴 | 安全帽完好：<br>绝缘靴完好： | 10 | 未检查扣10分，检查与实际不符每项扣3分 | |
| 2 | 检查电流互感器支持瓷瓶<br>电流互感器支持瓷瓶 | 电流互感器支持瓷瓶外表清洁，无破损，无裂纹，无放电痕迹，无异响 | 表面污秽：<br>裂纹：<br>放电痕迹：<br>异响： | 20 | 未检查扣20分，设备状态填写错误每项扣4分 | |
| 3 | 检查电流互感器引线及连接<br>电流互感器引线及连接 | 电流互感器进出线接触良好，张力适当；无松股，无断股 | 外观：<br>接触不良：<br>断线：<br>松股： | 20 | 未检查扣20分，状态填写错误每项扣5分 | |
| 4 | 检查电流互感器基础支架<br>电流互感器基础支架 | 电流互感器基础支架牢固，无破损，无剥落，无锈蚀，接地良好 | 外观：<br>松散：<br>锈蚀：<br>剥落： | 10 | 未检查扣10分，状态填写错误每项扣2分 | |
| 5 | 检查电流互感器二次接线盒<br>电流互感器二次接线盒 | 电流互感器二次接线盒关闭紧密，电缆进出口密封良好 | 外观：<br>密封： | 20 | 未检查扣20分，状态填写错误扣8分 | |
| 6 | 检查电流互感器接地装置<br>电流互感器接地装置 | 电流互感器接地装置接地良好 | 接地标志清晰：<br>接地端子外观： | 10 | 未检查扣10分，状态填写错误扣每项4分 | |
| 7 | 检查结束 | 回收安全用具 | 回收用具放置地点： | 10 | 未填写扣10分，填写错误扣6分 | |

# 项目四 高压断路器结构及维护

## 一、项目介绍

高压开关电器主要用于高压电路中的分、合电路。其种类较多,主要包括高压断路器、高压隔离开关和高压负荷开关等。高压断路器在现场常称为“开关”,而高压隔离开关常称为“刀”或“刀闸”。其中断路器结构最为复杂、性能最为完善、地位也最为重要。本项目重点学习真空断路器、六氟化硫断路器的结构及维护。

| 能力训练项目 | 能力目标 | 相关支撑知识 | 学习建议 |
|---|---|---|---|
| 巡视断路器 | 1. 能完成断路器巡视工作。<br>2. 能及时处理断路器出现的异常情况。<br>3. 能检修断路器的常见故障。<br>4. 能对操作机构进行调试和检修 | 1. 真空、$SF_6$ 断路器的构成及作用。<br>2. 断路器的名牌参数的意义。<br>3. 断路器灭弧原理及特点。<br>4. 了解断路器操作机构动作原理及特点 | 至少完成巡视断路器并记录基本要求,根据实际情况开展真空断路器拆装、试验等训练项目 |

## 二、相关知识

### (一)高压断路器的作用

高压断路器在结构特点上具有专门的灭弧装置,具备很强的灭弧能力,是一种具有开关和保护双重作用、性能完善的高压开关。其作用概述如下:

1. 高压断路器可通断正常负荷

根据经济运行、改变运行方式或设备检修的需要,通过高压断路器与隔离开关配合进行倒闸作业,通断一次电路。因此高压线路和设备的停、送电操作常通过高压断路器来实现。

2. 高压断路器与继电保护装置或自动装置配合

高压断路器与继电保护装置配合,快速切除故障设备及故障线路,达到保护一次设备和缩小事故范围的目的;高压断路器与自动装置配合,可实现快速重合闸,提高供电可靠性。

因此高压断路器不但用于正常的主电路开合控制操作,也用于开断短路电流,快速切除故障。

### (二)高压断路器主要技术参数

(1)额定电压 $U_N$:断路器长期正常工作允许外加的电压。

(2)额定电流 $I_N$:断路器长期正常工作允许通过的电流。

(3)额定开断电流 $I_{NOFF}$:额定电压下,断路器能可靠切断的最大电流,表明断路器的开断能力。

(4)额定断流容量 $S_{NOFF}$:三相电路的额定断流容量 $S_{NOFF}=\sqrt{3}U_N \cdot I_{NOFF}$。因为 $U_N$ 和 $I_{NOFF}$ 不具有同时发生的条件,额定断流容量 $S_{NOFF}$ 没有实际的物理意义。国际电工委员会(IEC)规定,只把额定开断电流 $I_{NOFF}$ 作为高压断路器开断能力的唯一技术参数,额定断流容量 $S_{NOFF}$ 仅作为描述断路器开断能力特性的一个参数。

(5)动稳定电流 $I_d$:断路器不被机械性破坏所能承受的最大短路电流峰值(极限通过电流峰值)或有效值,即断路器承受电动力的能力。

(6)热稳定电流 $I_t$：断路器满足热稳定条件在规定时间(1、4、5、10 s)内允许通过的最大短路电流。

(7)断路时间 $t_{oc}$：包括断路器固有分闸时间和燃弧时间，断路器技术数据一般给出固有分闸时间。

(三)高压断路器的类型

根据高压断路器采用的灭弧介质和方式来分，目前变配电所中装设的高压断路器主要有以下几种：

(1)少油断路器：利用绝缘油(变压器油)作为灭弧和触头开断后弧隙绝缘介质。

(2)六氟化硫($SF_6$)断路器：采用规定压力的、具有优良灭弧性能和绝缘性能的 $SF_6$ 气体作为灭弧介质和弧隙绝缘介质。

(3)真空断路器：灭弧室为 $133.3\times10^{-6}\sim133.3\times10^{-4}$ Pa 的高真空，利用真空中带电质点良好的扩散能力和良好的绝缘性能灭弧。

(4)压缩空气断路器：利用压缩空气的压力迅速开断。其开断能力很大，速度快，检修方便；但结构较复杂，噪声大，需要专门的空压机系统作为操动机构。适合于 110 kV 及以上大容量的发电站、变电站、发动机保护用或频繁操作的场合。

(5)磁吹断路器：采用磁吹灭弧的方式灭弧。特别适合于频繁操作，但结构较复杂，而且电压等级受限制，一般在不超过 20 kV 的场合下使用。

高压断路器的型号表示如下：

[1] [2] [3] - [4] [5] / [6] - [7]

1——S 少油，Z 真空，L 六氟化硫。

2——N 户内，W 户外。

3——设计序号。

4——额定电压(kV)。

5——补充标注(Ⅰ Ⅱ Ⅲ)。

6——额定电流(A)。

7——开断电流(kA)或断流容量(MV·A)。

如：SW4-35/1 000 表示 35 kV 三相户外用的少油断路器，其额定电流为 1 000 A。

(四)高压断路器的基本构成及其操动机构

高压断路器的类型虽然很多，但在结构上都是由开断元件、支撑绝缘元件、传动元件、底座和操动机构五个基本部分组成，如图 2-35 所示。其中动、静触头与灭弧室等零部件组成的开断元件是断路器的核心部分。

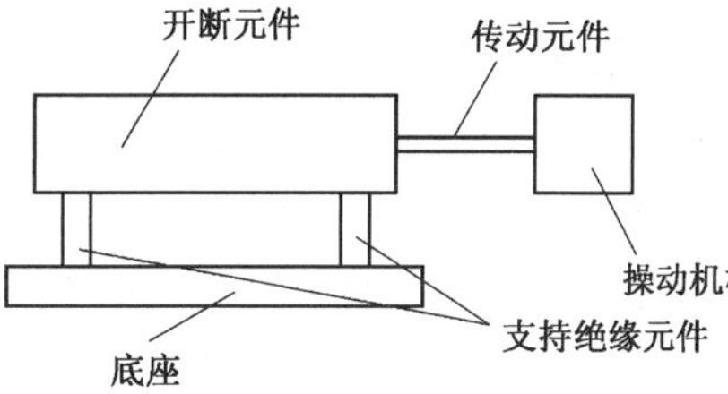

图 2-35　高压断路器的基本结构示意

断路器的分、合闸操作功率大，必须由专门的操动机构完成。断路器操动机构结构复杂，传动速度较高，操作功率大，是断路器必备的配件。各种断路器配置不同的操动机构，断路器的各种自动化操作是通过操动机构与控制电路联合实现的。

高压断路器的操动机构主要有手动式、电磁式、弹簧式、液压式和气动式几种。下面介绍变配电系统中常用的电磁操动机构和弹簧操动机构。

1. 电磁操动机构

电磁操动机构主要包括电气部分和机械部分组成。电气部分主要包括分闸线圈、合闸线圈、合闸接触器、辅助开关等;机械部分主要包括分闸弹簧、各种拐臂、连杆、转轴等分、合闸保持机构和传动机构。图 2-36 为 CD10 型电磁操动机构的结构示意,图 2-37 为机构实物。

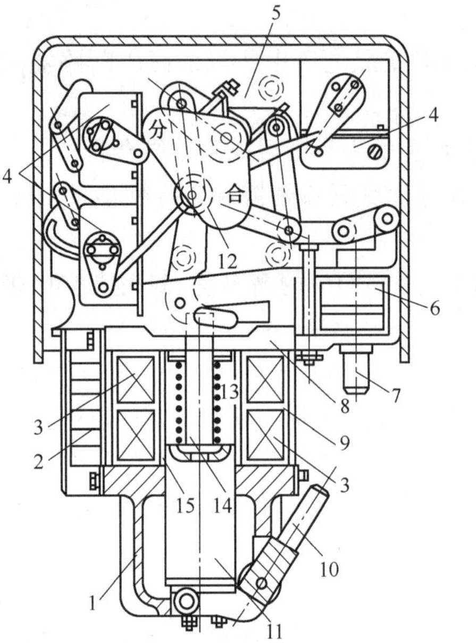


图 2-36　CD10 型电磁操动机构的结构示意
1—缓冲法兰;2—接线板;3—合闸线圈;
4—辅助开关;5—主转轴;6—分闸线圈;
7—分闸铁芯;8—铸铁支架;9—外铁筒;
10—操作手柄;11—合闸铁芯;12—分、合闸指示牌;
13—复位弹簧;14—顶杆;15—内圆筒

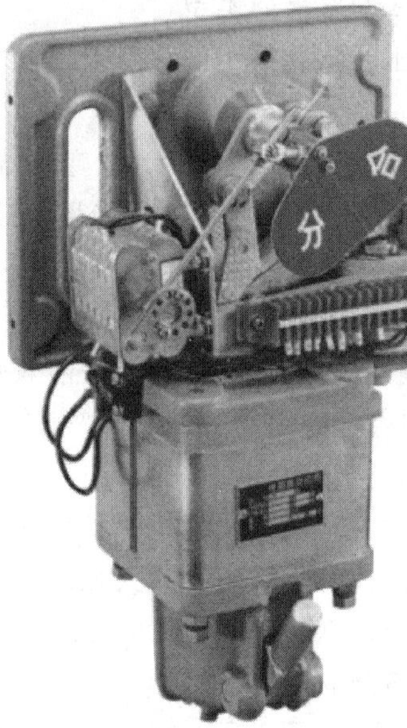


图 2-37　电磁操动机构实物

合闸时,合闸线圈受电(合闸线圈由合闸接触器控制,图中未画出合闸接触器),合闸铁芯被吸起,驱动传动机构使断路器合闸,合闸线圈失电后合闸铁芯自动落下,但断路器的合闸状态通过合闸保持机构得以维持。

分闸时,分闸线圈受电,分闸铁芯被吸起,此时分闸弹簧(图中未画出)驱动断路器高速分闸,同时断路器保持分闸状态。

电磁型操动机构也可手动控制,用钢管套入合闸手柄后,用力向下压即可使断路器合闸;用钢管向上轻轻敲击分闸铁芯即可实现断路器手动分闸。高压断路器在带电的情况下一般禁止手动机构操作断路器。

电磁操动机构的优点是结构简单、体积小,但缺点是合闸电流较大,达到 100 A 或更高需要配备专门的大容量直流合闸电源,其应用将逐渐被弹簧操动机构代替。

2. 弹簧操动机构

弹簧操动机构是以弹簧储能来实现断路器分、合闸操作的一种机构,如图 2-38 所示。其储能由电动机实现,断路器每次合闸后均须启动电动机给合闸弹簧储能,否则下次不能操作合闸,储能完毕通过行程开关自动切断储能电动机的电源;而合闸的过程当中已经给分闸弹簧储能,因此分闸后不需启动电动机储能。弹簧操动机构同时也提供了手动储能的方式,可以通过摇臂给操动机构储能。

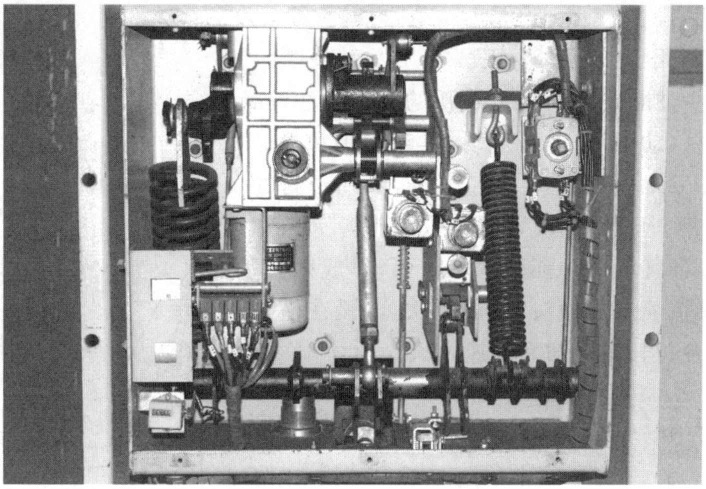

图 2-38　27.5 kV 弹簧操动机构

弹簧操动机构的优点是速度快，工作稳定，其储能过程中电动机电流不大（几安培），因此对直流电源要求不高，无须配备专门的合闸电源。其特点比较适合自动化操作的要求，因此应用很广。但其缺点是部件较多，制造工艺要求高，检修难度较大，本体输出力特性与断路器负载特性配合较差等。

由于弹簧式操动机构的合闸电流比电磁式机构要小得多，因此已得到广泛应用。而电磁式对合闸电源要求较高，合闸电流较大，其应用主要在电压等级较低的情况下。目前室内手车式断路器多采用性能好的弹簧操动机构。

3. 液压操动机构

在电压等级较高的场合，常采用液压机构，其工作原理如图 2-39 所示。蓄能器、电机与油泵属于储能元件。液压机构的压力由油压开关监视，压力下降到规定数值时电机启动，压缩储能器中上部的氮气储能。控制阀由分、合闸线圈控制。合闸时，控制阀使高压油进入工作缸活塞的左侧，使活塞向右侧运动，通过操动杆驱使断路器合闸；分闸时，控制阀使工作缸活塞左侧的高压油泄至低压油箱，高压油进入工作缸活塞右侧，通过操动杆驱使断路器分闸。

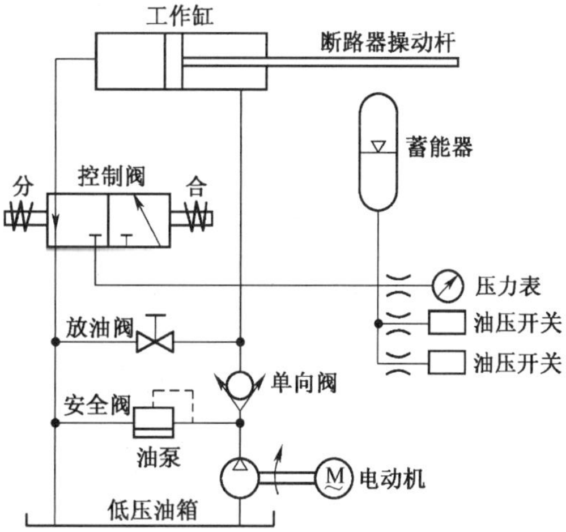


图 2-39　液压机构工作原理

（五）常用断路器的结构

1. 少油断路器

（1）特点

少油断路器结构简单，造价较低，适用于各电压等级的变配电所，110 kV 及以上电压等级的少油断路器仍在变电所得到应用。但少油断路器燃弧时间较长，动作速度较慢，体积相对较大，制约了其在 35 kV 及以下电压等级的应用，最终被性能更加优良的六氟化硫断路器和真空断路器取代。

(2)灭弧原理

少油断路器利用绝缘油作为灭弧介质及触头断口间的绝缘介质。少油断路器采用了吹弧的灭弧方法,断路器分闸时导电杆(动触头)向下运动,在动触头和静触头之间产生电弧,灭弧室的温度迅速上升,油在密封的灭弧室里受热分解,压力剧增,导电杆依次打开灭弧室各横断口时,高压油气混合物强烈吹向电弧,形成横吹;分断后期,部分油流喷向静触头,形成纵吹,电弧在横吹和纵吹的作用下被拉长和冷却而迅速熄灭。

(3)结构

图 2-40 是 SN10-10 型少油断路器的结构图,电压等级较高的少油断路器,其灭弧室常采用多断口结构,以降低每个断口承受的电压,从而达到降低自重、减小体积、降低造价的目的。如 110 kV 电压等级户外用的少油断路器 $SW_6$-110,其整体采用"Y"字形结构,具有两个串联的断口,并在每个断口上并联电容器,使其电压分布均匀,"Y"字形少油断路器的外形如图 2-41 所示。由于操作功率较大,断路器常配用 CY3 型液压操动机构。

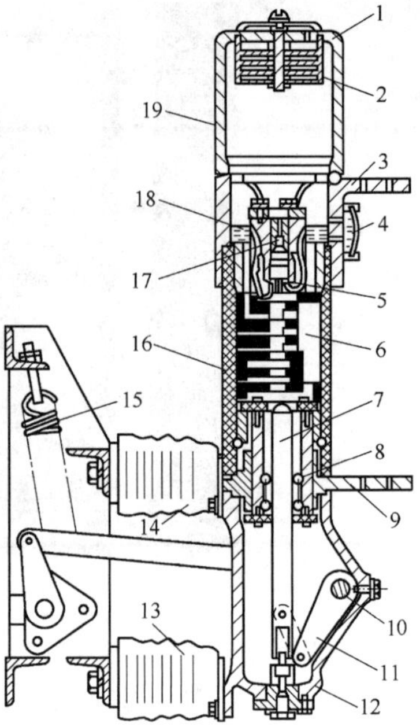


图 2-40　少油断路器结构

1—注油螺钉;2—油气分离器;3—上接线板;4—油标;5—静触头;6—灭弧室;7—导电杆;8—滚动触头;9—下接线板;10—转轴;11—拐臂;12—基座;13—下支柱绝缘子;14—上支柱绝缘子;15—分闸弹簧;16—绝缘筒;17—逆止阀;18—绝缘油;19—铸铁帽

2. 六氟化硫($SF_6$)断路器

$SF_6$ 气体是一种无色、无味、无毒(但在高温下与水作用会生成毒性物质)、不可燃、不助燃的惰性气体,分子量大,热容量大,化学性能稳定,具有很强的负电性,因此具有优良的灭弧和绝缘性能,其绝缘能力约为空气的 2.5～3 倍,灭弧能力则约是空气的 100 倍。

图 2-41　$SW_6$-110 的少油断路器外形

(1)特点

六氟化硫($SF_6$)断路器具有使用寿命长、操作噪声小、开断性能好、灭弧性能优良、断流容量大、体积小、无火灾危险等优点,属于开断性能优良的品种。但制造工艺要求高,充放气过程复杂,传动系统复杂,调整较困难,造价较高。六氟化硫($SF_6$)断路器是高压、大容量、频繁操作场合较为合适的产品,应用越来越广泛。近年来 $SF_6$ 全封闭组合电器得到了快速发展,表明 $SF_6$ 断路器在高压断路器领域中将扮演着重要角色。

(2)灭弧原理

六氟化硫($SF_6$)断路器常采用单压气吹式原理灭弧,即在单一气压的 $SF_6$ 气体中,采用与触头并联的活塞装置,在分断的过程中,在喷口处形成气流,吹熄电弧。吹弧后 $SF_6$ 气体不能排向大气,即 $SF_6$ 气体必须处于一封闭的系统中。其灭弧室结构如图 2-42 所示,静触头和活塞部分是固定不动的,分闸时,操动机构带着动触头、绝缘喷口和压气缸一起运动,这样活塞就压缩气缸中的气体,使气体压力升高,高速气流吹向喷口,使电弧迅速熄灭。目前灭弧方式有较大发展,高压大容量的六氟化硫($SF_6$)断路器多采用混合式灭弧方式。

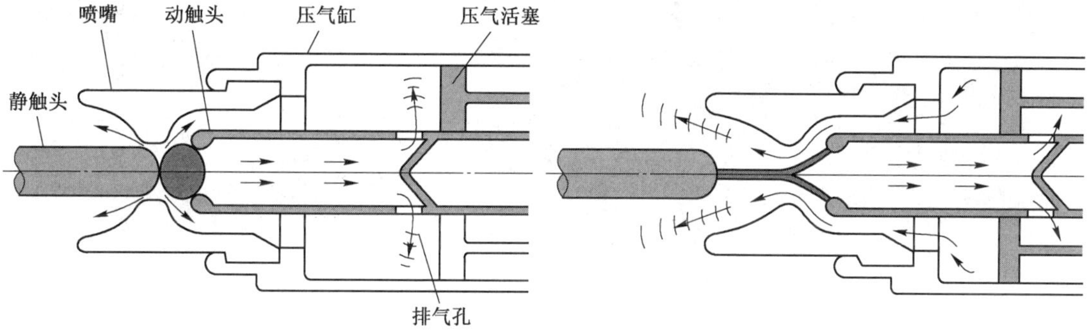


图 2-42　六氟化硫断路器灭弧室结构示意

(3)结构

变电所中采用的 $SF_6$ 断路器通常有三种布置方式。

①绝缘子支柱式:此类断路器的结构特点是将触头和灭弧室安装在金属筒或绝缘筒内,其对地绝缘由支持绝缘子保证。这种结构可以将多个断口串联和加长支持绝缘子来组成更高电压等级的断路器。绝缘子支柱式断路器的耐压水平高,结构简单,容易制造成系列性产品。不足之处是断路器重心高,抗震能力差,而且电流互感器不能安装在断路器本体上,需要单独安装。图 2-43 是绝缘子支柱式 $SF_6$ 断路器的外形。图 2-44 是高铁变电所 220 kV $SF_6$ 断路器外形。

②落地罐式:其触头和灭弧室安装在接地金属罐中,使用套管引出线,高压部分与外壳之间的绝缘主要由 $SF_6$ 气体和环氧树脂浇注绝缘子承担。其优点是可以在进出线套管上安装电流互感器,同时利用出线套管的电容制成电容式分压器,获得电压信号,也可以和其他设备组合成复合式开关设备,抗振性强。不足之处是制造工艺复杂,消耗金属材料较多,价格较贵。其外形如图 2-45 所示。

③手车式:35 kV 及以下电压等级的六氟化硫($SF_6$)断路器安装在可移动的小车内,结构轻巧,方便检修和备用,很适合在室内使用。如 LN2-10 型六氟化硫($SF_6$)断路器就安装在手车上。

图 2-43　绝缘子支柱式 $SF_6$ 断路器外形

图 2-44　高铁变电所 220 kV $SF_6$ 断路器外形

图 2-45　落地罐式 $SF_6$ 断路器外形

电压等级较高的回路多采用瓷瓶支柱式和落地罐式，适合于户外安装，电压等级较低的多采用手车式，适合于室内安装。

图 2-46 是 LN2-10 型六氟化硫（$SF_6$）断路器安装在手车上的外形。

3. 真空断路器

(1)特点

真空断路器具有动作快（固有分闸时间不超过 0.06 s，固有合闸时间不超过 0.2 s）、体积小、维修工作量小（灭弧室不需检修）、防火防爆性能好及操作噪声小的主要优点，适合于频繁操作（真空断路器机械寿命多达几万次）。目前真空断路器广泛应用在 35 kV 及以下的系统中，是该电压等级中性能最优良的品种。但具有制造工艺要求较高、造价较高、灭弧室真空度变化难以监测等不足之处。

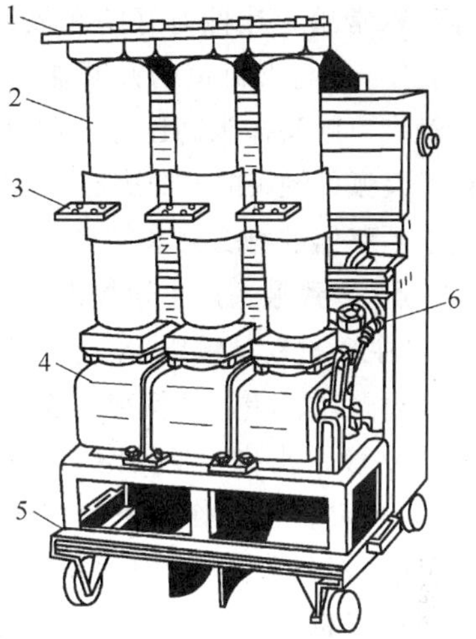

图 2-46　LN2-10 型六氟化硫断路器外形

1—上接线端；2—绝缘筒；3—下接线端；4—操动机构；5—小车；6—分闸弹簧

(2)灭弧原理

真空断路器利用具有很高绝缘强度和扩散能力的高真空作为绝缘介质和灭弧介质。真空灭弧室中动触头和静触头分离时，将产生电弧，由于灭弧室中气体较为稀薄，因此电弧主要由金属蒸汽形成。金属蒸汽电弧在气体稀薄的真空中扩散速度极高，扩散的金属蒸汽微粒吸附在屏蔽罩上，因而电弧在过零时容易熄灭。

真空电弧主要有聚集型和扩散型两种，聚集型电弧容易使触头表面局部过热，降低断路器的使用寿命，扩散型电弧则可避免这种情况。真空断路器的触头表面由于采用了特殊结构，使电弧在触头表面高速旋转，避免烧损触头，延长了触头的寿命。

真空断路器在开断较小的交流电弧时，由于真空的优良灭弧性能，真空电弧可能在交流电弧自然过零前突然熄灭，即电流由某一数值突变为零，此过程称为截流。根据能量守恒的关系，此时磁场能量会转变为电场能量。因此截流现象会引起过电压，危及真空断路器的绝缘。

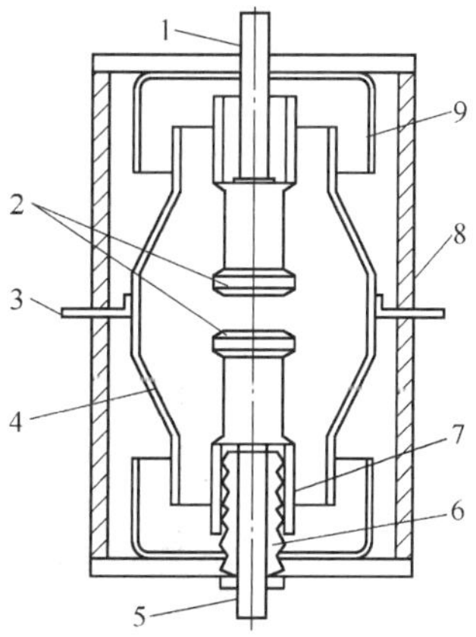

图 2-47　真空灭弧室结构示意

1—静触头；2—电极；3—屏蔽法兰；4—屏蔽罩；5—动触头；6—波纹管；7—波纹管屏蔽罩；8—绝缘外壳；9—屏蔽

(3)结构

真空断路器的关键部件是真空灭弧室。图 2-47 是真空灭弧室结构，灭弧室的各主要零部件均封装在玻璃外壳中，主要包括以下几部分：

①外壳。外壳是真空灭弧室的密封容器，容纳和支承灭弧室内的各种部件，当断路器触头处于开断时起绝缘作用。因此对外壳的要求首先是密封良好，不漏气，同时要有足够的机械强度和绝缘强度。

外壳一般采用硬质玻璃和高氧化铝瓷等材料，或采用微晶玻璃。外壳端盖部分常用不锈钢、无氧铜、可伐合金等金属制成。

也有的真空灭弧室外壳用金属材料制成外部圆筒，再以无机材料制成绝缘端盖。此时金属圆筒又起屏蔽罩的作用。

②屏蔽罩。屏蔽罩的作用是吸附金属蒸汽电弧的生成物,防止绝缘外壳受污染而降低绝缘强度,缩短灭弧室的寿命。同时生成物被吸附后不再返回电弧间隙,有利于灭弧。

屏蔽罩常用导热性能好的无氧铜、不锈钢、镍合金等材料制成。以利于电弧生成物在其表面冷却凝结,提高灭弧室的开断能力。

③触头。触头作为高压导电部分,要求通流能力强,接触电阻小。其表面结构在触头开断后应有利于灭弧。触头的寿命决定了真空灭弧室的开断能力和电气寿命,是灭弧室中最重要的部件。

真空断路器的触头并非简单的平板形状,因为平板形状在开断大电流时电弧容易集中在平板的某一点,导致触头产生熔焊点,不利于电流的开断。所以,真空断路器触头常用中接式螺旋槽触头,其主要材料是铜铬合金。其原理是利用电弧本身产生横向磁场的作用,触头开断时电弧会在其表面高速旋转。其特殊的表面结构可以避免上述不良情况出现,开断能力可达 40 kA。

④波纹管。波纹管是真空灭弧室动态密封的弹性元件,随真空断路器动触头的动作而伸缩,保证在操动机构的作用下完成分、合闸操作而不破坏灭弧室的真空度。其常用材料是不锈钢、磷青铜、铍青铜等。真空灭弧室的寿命取决于波纹管的使用寿命。

真空断路器安装常采用手车式结构,操作灵活、轻巧。图 2-48 为牵引变电所中安装在手车上的 27.5 kV 真空断路器外形。

图 2-48　27.5 kV 真空断路器外形

## 三、项目实施

### (一)检查断路器是否满足运行基本要求

断路器要建立专门记录,逐台统计其自动跳闸次数,当自动跳闸次数达到规定数值时应进行检修。

发现断路器拒动时应立即停止运行。

断路器跳闸时,发生严重喷油、喷瓦斯或发现油内含碳量很高或气体颜色极不正常、气压低于下限值、触头严重烧伤、不对位时应立即停止使用。

断路器每次自动跳闸后，要查明原因，采取措施尽快恢复供电。同时值班人员要对断路器及其回路上连接的有关设备均须进行检查，具体项目和要求如下。

油断路器：是否喷油，油位、油色是否正常。

气体断路器：气体的颜色、压力是否正常；对处于分闸状态的断路器应检查其触头的烧伤情况。

真空断路器：真空灭弧室是否有损坏。

（二）巡视并记录结果

（1）检查断路器油色、油位。

（2）检查瓷套管。

（3）检查各连接头接触状态。

（4）检查绝缘拉杆、拉杆绝缘子及连接软铜片。

（5）检查分、合闸机械指示器。

（6）检查室外操动机构箱的门盖，检查操动机构的连杆、拉杆绝缘子、弹簧。

（7）检查端子箱内二次线端子。

（8）检查真空断路器的真空包。

（三）检查真空断路器，检查弹簧操动机构

（1）拆装真空断路器灭弧室。

（2）拆开操动机构面板，检查机构部件。

（3）检查操动机构手动储能。

（4）测量和调节断路器行程。

**小提示**

**“1＋X”证书变配电运维职业技能**

**断路器巡视技能**

| 工作领域 | 工作任务 | 职业技能要求 |
| --- | --- | --- |
| 设备巡视 | 断路器巡视 | 1. 能检查本体外观是否清洁、有无异物、有无异常声响；外绝缘有无裂纹、破损及放电现象；引线弧垂是否满足要求，有无散股、断股，两端线夹有无松动、裂纹、变色现象；传动部分有无明显变形、锈蚀，轴销是否齐全。<br>2. 能检查分、合闸指示是否正确，与实际位置相符；$SF_6$ 继电器（压力表）指示是否正常、外观有无破损或渗漏。<br>3. 能检查操动机构液压、气动操动机构压力表指示是否正常；液压操动机构油位、油色是否正常；弹簧操作机构、永磁机构、弹簧储能机构储能是否正常。<br>4. 能检查断路器名称、编号、铭牌是否齐全、清晰，相序标志是否明显；机构箱、汇控柜箱门是否平整，无变形、锈蚀，机构箱锁具是否完好。<br>5. 能检查接地引下线标志有无脱落，接地引下线是否可见部分连接完整可靠，接地螺栓是否紧固，有无放电痕迹、锈蚀、变形现象 |

## 四、练习

巡视 27.5 kV 真空断路器，按作业程序步骤，扫描作业程序栏的二维码，根据具体内容栏检查设备,在检查结果栏中填写检查结果。

| 序号 | 作业程序 | 具体内容 | 检查结果<br>(扫码后填写) | 分值 | 说明 | 得分 |
|---|---|---|---|---|---|---|
| 1 | 准备开始<br>防护用具 | 穿戴防护用具:戴安全帽,穿绝缘靴 | 安全帽完好:<br>绝缘靴完好: | 8 | 未检查扣8分,填写错误每项扣3分 | |
| 2 | 检查断路器分合闸指示<br>断路器分合闸指示 | 检查断路器分合闸指示状态 | 断路器机械指示牌显示:<br>指示灯: | 8 | 未检查扣8分,分合闸状态填写错误每项扣3分 | |
| 3 | 检查控制方式选择开关<br>控制方式选择开关 | 控制方式选择开关状态正常 | 选择开关位置: | 7 | 未检查扣7分,状态填写错误每项扣4分 | |
| 4 | 检查控制按钮<br>控制按钮 | 检查分合闸按钮,外观正常 | 电动分闸按钮:<br>电动合闸按钮:<br>机械分闸按钮:<br>机械合闸按钮: | 10 | 未检查扣10分,状态填写错误每项扣2.5分 | |
| 5 | 检查断路器储能装置<br>断路器储能装置 | 检查断路器储能装置:断路器储能装置应显示储能标志 | 储能状态显示:<br>手动储能孔盖环: | 8 | 未检查扣8分,状态填写错误每项扣3分 | |
| 6 | 检查断路器进出线连接<br>断路器进出线连接 | 断路器隔离触指与导电板接触良好 | 上隔离触指连接:<br>下隔离触指连接: | 8 | 未检查扣8分,状态填写错误每项扣3分 | |
| 7 | 检查断路器灭弧室<br>断路器灭弧室 | 灭弧室外观检查 | 裂纹:<br>放电痕迹: | 8 | 未检查扣8分,状态填写错误每项扣3分 | |

续上表

| 序号 | 作业程序 | 具体内容 | 检查结果（扫码后填写） | 分值 | 说明 | 得分 |
|---|---|---|---|---|---|---|
| 8 | 检查附属电流互感器<br>附属电流互感器 | 电流互感器无放电痕迹、外观良好 | 外观：<br>高压进出线连接：<br>二次接线引出端： | 9 | 未检查扣9分，状态填写错误每项扣3分 | |
| 9 | 检查断路器支持绝缘子<br>断路器支持绝缘子 | 瓷表面清洁，无破损，无裂纹，无放电痕迹 | 表面污秽：<br>裂纹：<br>放电痕迹： | 9 | 未检查扣9分，状态填写错误每项扣3分 | |
| 10 | 检查操动机构箱<br>操动机构箱 | 机构箱柜门良好，闭锁机构位置正常，箱体清洁、牢固，无倾斜，密封良好 | 机构箱门：<br>闭锁杆位置：<br>止轮器：<br>辅助手柄：<br>机构箱内部： | 10 | 未检查扣10分，状态填写错误每项扣2分 | |
| 11 | 检查手车底座、围栏<br>手车底座、围栏 | 断路器手车导轨牢固，手车无破损，无锈蚀，无异物，无溜动现象，围栏完好 | 底座松动：<br>锈蚀：<br>手车位置：<br>围栏： | 8 | 未检查扣8分，状态填写错误每项扣2分 | |
| 12 | 检查结束 | 回收安全用具 | 回收用具放置地点： | 7 | 未填写扣7分，填写错误扣4分 | |

# 项目五　高压隔离开关和负荷开关结构及维护

## 一、项目介绍

本项目学习高压隔离开关的结构及操作要求，掌握负荷开关的功能及结构特点，熟悉两种设备的区别及应用。

| 能力训练项目 | 能力目标 | 相关支撑知识 | 学习建议 |
|---|---|---|---|
| 巡视隔离开关 | 能对隔离开关进行巡视、维护和调试 | 1. 掌握隔离开关作用和分类。<br>2. 各种隔离开关的结构特点。<br>3. 操作机构的动作原理 | 完成巡视隔离开关项目，根据设备实际情况，可进一步分组开展隔离开关试验及检修等项目 |

## 二、相关知识

隔离开关的构成及操作

### (一)高压隔离开关

1. 高压隔离开关的作用

(1)高压隔离开关用于隔离电源。因为高压隔离开关分闸后断口非常明显,而且断口在各种过电压之下都不会击穿,具有足够的绝缘能力,从而保证检修的安全。

(2)高压隔离开关与断路器配合进行倒闸操作,使有关电气设备按需要在运行、备用及检修三种状态间切换。

(3)高压隔离开关可以通断小电流电路。

小电流电路包括电压互感器、避雷器电路;电压 35 kV、容量为 1 000 kV·A 及以下或 110 kV、容量为 3 200 kV·A 及以下的空载变压器;10 kV、5 km 以内或 35 kV、10 km 以内的空载线路;变压器中性点的接地线等。

2. 高压隔离开关的类型

按照高压隔离开关触头动作的方式,高压隔离开关的结构一般有插入式、伸缩式、闸刀式和旋转式四种基本形式。图 2-49 为 220 kV 伸缩式高压隔离开关,图 2-50 是高铁变电所 220 kV 隔离开关外形,图 2-51 为闸刀式高压隔离开关,图 2-52 为旋转插入式高压隔离开关(合闸时两侧触头先旋转,最后一侧触头插入另一侧指形触头中)。

图 2-49　220 kV 伸缩式高压隔离开关外形

图 2-50　高铁变电所 220 kV 隔离开关外形

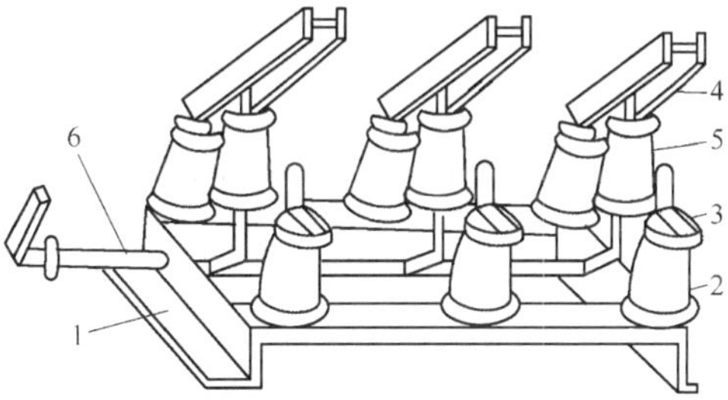


图 2-51　$GN_8$-10 型户内闸刀式高压隔离开关外形示意

1—底座；2—支持瓷瓶；3—静触头；

4—闸刀；5—操作瓷瓶；6—转轴

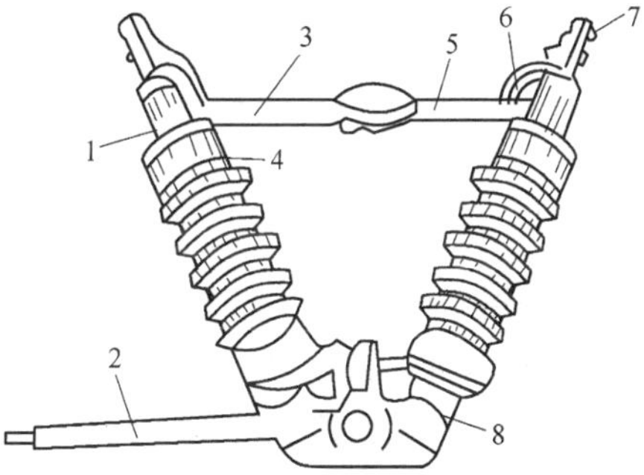


图 2-52　$GW_5$-110D 型旋转插入式高压隔离开关外形

1—支承座；2—接地闸刀；3、5—闸刀；

4—棒式绝缘子；6—挠性导体；7—接线端子；8—底座

高压隔离开关的型号中的第一个字母 G 表示隔离开关，其他字母的含义参见有关手册。

3. 高压隔离开关的结构

高压隔离开关和断路器一样首先完成的是其开关的作用，所以在结构上和断路器相似，由开断元件、支撑元件等基本部分组成。但高压隔离开关没有灭弧室，因此在结构上要比断路器简单得多。

(1)户内高压隔离开关

户内高压隔离开关有单极和三极两种，基本上是闸刀式结构，且静触头用弹簧加紧，保证接触压力。户内高压隔离开关一般采用手动操作机构，也有根据需要采用电动操作机构的。图 2-51 为 $GN_8$-10 型闸刀式高压隔离开关的外形，其支持结构为绝缘子和套管，安装非常方便。

(2)户外高压隔离开关

图 2-52 是 $GW_5$-110D 型旋转插入式高压隔离开关的结构外形。这是一种旋转式动作的高压隔离开关，开关的闸刀由两个可以绕轴旋转的棒式支柱绝缘子支持，与棒式绝缘子轴连接的交叉连杆可保证两棒式绝缘子在转动时能同步向两个相反方向同时转动，带动闸刀水平旋

转 90°完成分、合闸。

交叉连杆由操动机构的牵引杆传动。为保证触头闸刀分、合闸过程中可以自动净化,在触头上装有防尘罩,同时闭合后应具有弹性接触压力。用软连接导线将闸刀与接线端子连接起来,以利闸刀旋转。整个开关由钢底架支持并固定在 2.5 m 高的水泥柱上。主闸刀和接地闸刀分别由两套手动操作机构操作。主闸刀合闸后两闸刀成一条直线,在主闸刀靠近支柱绝缘子端装有接地静触头,以保证主闸刀断开且到位后接地闸刀才能闭合。

高压隔离开关可分相操作,也可三相联动,联动时操动机构装在边相上,通过连杆机构使三相开关同步动作。

4. 高压隔离开关操作注意事项

高压隔离开关没有专门的灭弧装置,因此不能带负荷操作。否则将在断口间产生电弧或造成三相弧光短路,造成严重事故。因此必须遵守以下事项:

(1)如图 2-53 所示,当高压隔离开关与断路器串联于电路时,分闸时先分断路器,再分高压隔离开关;合闸时先合隔离开关,再合断路器。简单描述为"先合后分"。

(2)如图 2-54 所示,当高压隔离开关与断路器并联于电路时:分闸时先分高压隔离开关,再分断路器;合闸时先合断路器,再合高压隔离开关。简单描述为"先分后合"。

图 2-53　高压隔离开关与断路器串联

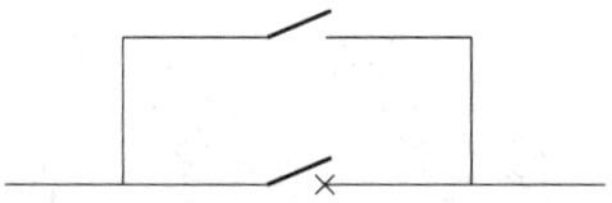

图 2-54　高压隔离开关与断路器并联

在断路器和电动高压隔离开关的自动控制电路中,必须设置接点闭锁,使电路满足上述两个要求,以保证高压隔离开关不带负荷操作。

5. 高压隔离开关的操动机构

高压隔离开关分、合采用操动机构来控制,可以提高操作人员的安全性,同时可实现其操动机构和断路器操动机构的闭锁,防止误操作。

高压隔离开关的操动机构主要有手动和电动两种。手动机构的操作手柄与带电部分用绝缘杆相连,绝缘杆的长度足以保证操作人员的安全。高压隔离开关机构本身也有闭锁措施,即在分闸位置和合闸位置都能防止开关意外地改变状态。手动机构结构较为简单,价格低廉,因此得到广泛使用。

对于要实现自动控制或距离控制的高压隔离开关,则需采用电动操动机构。此时高压隔离开关触头的动作可由电动机的正反转来实现,其控制电路和断路器的控制电路可方便地通过电气关系实现操作顺序闭锁,防止误操作。

(二)高压负荷开关

1. 高压负荷开关作用

高压负荷开关的主要作用是通断正常的负荷电流,也可以切断一定的过载电流,断开后有明显的断口,可隔离电源。

高压负荷开关具有简单的灭弧装置,具有一定的灭弧能力,配合热脱扣器可作过载保护装置用,线路过载时自动切断过负荷电流。但其灭弧能力不足以切断短路电流,故不能完全代替高压断路器的作用。如果高压负荷开关和熔断器串联配合使用,则在某些场合可代替高压断路器，以节省投资和简化设备。因为无法实现快速重合闸，供电可靠性较低，不适合应用在重要的场合。

由此可见，高压负荷开关具有高压隔离开关的所有功能，其灭弧能力不如断路器，只具备高压断路器的部分功能。所以高压负荷开关是介于高压断路器和高压隔离开关之间的一种开关设备，其造价也介于同电压等级的断路器和高压隔离开关之间。

2. 高压负荷开关的灭弧原理

高压负荷开关的灭弧方式通常采用压气式吹弧或产气式吹弧灭弧。压气式吹弧是当开关分闸时，操动机构带动活塞压缩气缸，压缩空气由喷嘴高速喷出，使电弧熄灭。产气式吹弧是负荷开关的喷嘴中填充了产气材料，电弧的高温作用使喷嘴产生大量的气体高速喷出使电弧熄灭。

3. 高压负荷开关的结构

高压负荷开关结构上同高压隔离开关类似，但在触头断开处多了灭弧的喷嘴，同时考虑到短路保护的需要，加装了熔断器。高压负荷开关有室内和室外用两种。其型号中的第一个字母 F 表示负荷开关，其他字母的含义参见有关手册。

室内用的 FN3 型和 FN5 型负荷开关有三种形式：无熔断器的负荷开关；上部安装熔断器的负荷开关；下部安装熔断器的负荷开关。图 2-55 为 FN3-10RT 型高压负荷开关的外形。图 2-56 是 FN5-10D 型高压负荷开关的外形图。

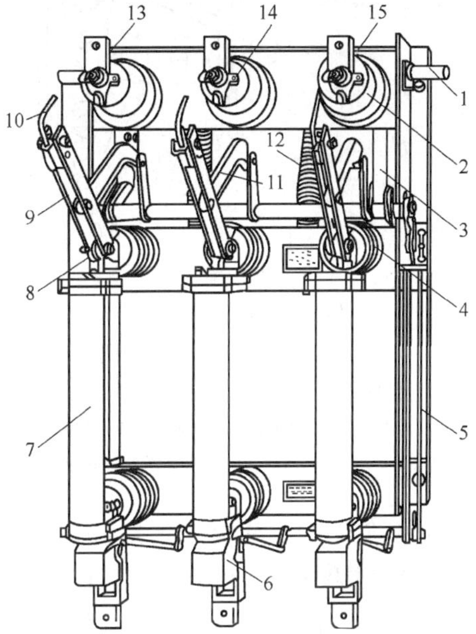


图 2-55　FN3-10RT 型高压负荷开关的外形

1—主轴；2—上绝缘子；3—连杆；4—下绝缘子；5—框架；6—热脱扣器；7—熔断器；8—下触座；9—闸刀；10—动触头；11—绝缘拉杆；12—分闸弹簧；13—绝缘喷嘴；14—主静触头；15—上触座

4. 高压负荷开关的操动机构

高压负荷开关的操动机构一般采用 CS2 和 CS4 手动机构进行操作。为了满足合闸需要，其机构配有快速合闸弹簧，组成快速合闸机构。

## 三、项目实施

（一）巡视高压隔离开关

先按巡视电气设备一般项目要求进行巡视，须注意以下几点：

(1)闸刀位置应正确，分闸角度或距离应符合规定。

(2)触头应接触良好，无严重烧伤。

(3)电动操作机构分合闸指示器应与实际状态相符。机构箱密封良好，部件完好无锈蚀。

(4)手动操作机构应加锁。

（二）高压隔离开关故障处理

1. 高压隔离开关触头过热时的处理

对高压隔离开关触头过热情况，目前还没有自动发出警告信号的装置，主要是通过值班人员的巡视和检查去发现。过热情况可根据高压隔离开关触头部位的变色漆或示温片颜色变化来判断。若无上述检测量装置时可以根据刀片的颜色发暗程度来确定。

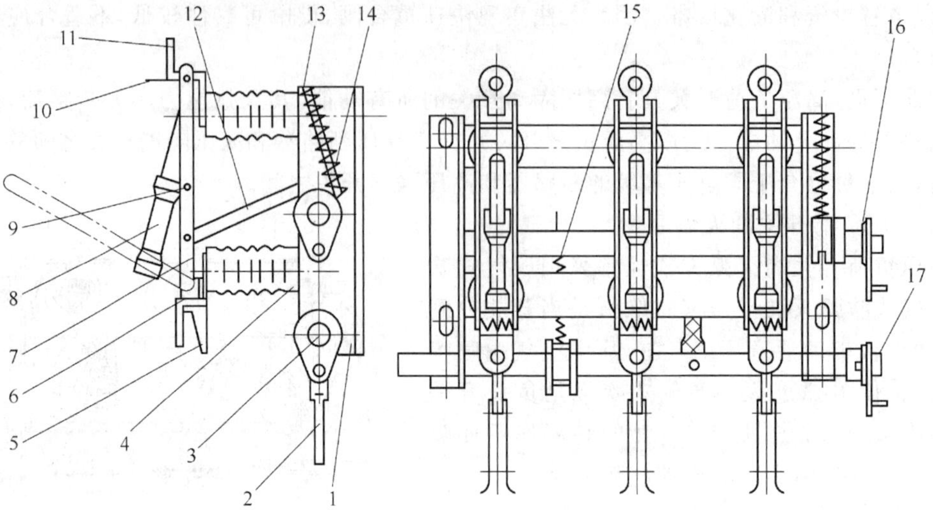


图 2-56　FN5-10D 型高压负荷开关

1—框架;2—接地刀片;3—接地开关转轴;4—支持绝缘子;5—接地转轴;6—支座接线板;7—刀片;8—灭弧管;9—拉簧及扭簧销轴;10—导向片;11—触座接线板;12—拉杆;13—负荷开关转轴;14—负荷开关弹簧储能机构;15—接地开关弹簧储能机构;16—负荷开关操动机构;17—接地开关操动机构

正常情况下,高压隔离开关不应出现过热现象,其温度不应超过 70 ℃。若接触部分温度高达 80 ℃时,则应作减少行车密度的处理。高压隔离开关触头过热一般是由于压紧的弹簧螺栓松弛或弹簧失效,致使刀口处接触不良,接触电阻增加,当电流通过时温度升高(发热与电流的平方成正比)。如若处理不及时,触头部分将形成恶性循环,导致产生较大的电弧,造成接地或短路事故。

高压负荷开关简介

高压隔离开关触头过热应根据不同运行情况进行针对性的处理。

(1)在有可能退出运行情况下应及时退出运行,做好安全措施后进行修复。退出运行的可能性是:投入备用高压隔离开关;通过供电方式的转换,把故障隔离开关退出运行。

(2)当该高压隔离开关无法退出运行时,应减轻负荷或停电修复。高压隔离开关触头过热时,应加强监视,并采取风扇等有利于散热的措施。当上述办法不能收到效果时,应减轻负荷。如果发热严重时,应停电进行检修。

2. 高压隔离开关拒动时的处理

高压隔离开关拒合一般是由于机械故障所致,例如高压隔离开关损坏变形、螺栓松脱、操作机构换调不当等原因。当发生上述故障时应及时进行停电检修,杜绝高压隔离开关的不正常运行。如若需要紧急供电时,应采取绝缘杆进行合闸操作,待紧急状况过去后,再停电进行检修。如触头部位变形应更换有关元件。

高压隔离开关拒分一般是由于机械故障所引起,例如高压隔离开关变形,传动部分的转轴、轴套(轴承)锈蚀,冬天操作机构被冰冻结等。当发生上述故障时,操作人员应反复试操作,千万不可强行拉闸,否则支持瓷瓶受损坏将引起严重事故。此时只有改变设备的运行方式,待停电后进行检修。

室外电动隔离开关拒动的原因,常常是因为长时间未进行倒闸操作,致使操作机构的分、合闸接触器(或线圈)锈蚀而卡死。处理办法是:首先退出运行,在该高压隔离开关二次回路不受电情况下，用手动分、合操作接触器（或线圈），使锈蚀现象得到临时解决。必要时对高压隔离开关的分、合闸接触器（或线圈）采取防止锈蚀的措施。

3. 高压隔离开关支持绝缘破损的处理

运行中的高压隔离开关，由于环境污染或安装过程中碰伤，使其支持绝缘子破损或放电。如果是闪络放电，应加强观察，利用天窗时间进行修复；如果是支持绝缘子破损、断裂超过《高速铁路牵引变电所运行检修规程》规定时，则应使用上级断路器将其退出运行再进行修复。

4. 高压隔离开关自动掉落分闸的处理

高压室内高压隔离开关大部分都装于墙壁上，是垂直安装的，其操作方式有手动和电动两种。垂直开合的手动高压隔离开关，在合闸位置时，如果操作机构的闭锁失灵或未加锁，遇到振动较大的情况下，高压隔离开关动触头可能会自动落下分闸位置。发生这种情况是十分危险的，当线路上的机车正在取流时，会造成高压隔离开关带负荷分闸的故障。处理办法是修复高压隔离开关的闭锁装置或加锁。

**小提示**

**“1＋X”证书变配电运维职业技能**

**隔离开关巡视技能**

| 工作领域 | 工作任务 | 职业技能要求 |
|---|---|---|
| 设备巡视 | 隔离开关巡视 | 1. 能检查隔离开关触头、触指（包括滑动触指）、压紧弹簧有无损伤、变色、锈蚀、变形，导电臂（管）有无损伤、变形；引线弧垂是否满足要求，有无散股、断股，两端线夹有无松动、裂纹、变色。<br>2. 能检查绝缘子外观是否清洁，有无倾斜、破损、裂纹、放电痕迹或放电异声。<br>3. 能检查隔离开关传动连杆、拐臂有无锈蚀、松动、变形；接地开关可动部件与其底座之间的软连接是否完好、牢固。<br>4. 能检查隔离开关操动机构机械指示与隔离开关实际位置是否一致；各部件有无锈蚀、松动、脱落现象，连接轴销是否齐全。<br>5. 能检查合闸状态的隔离开关触头接触是否良好，合闸角度是否符合要求；分闸状态的隔离开关触头间的距离或打开角度是否符合要求；操动机构的分、合闸指示与本体实际分、合闸位置是否相符。<br>6. 能检查隔离开关名称、编号、铭牌是否齐全清晰，相序标识是否明显；机构箱有无锈蚀、变形现象，机构箱锁具、接地连接线是否完好 |

## 四、练习

巡视隔离开关，按作业程序步骤，扫描作业程序栏的二维码，根据具体内容栏检查设备，在检查结果栏中填写检查结果。

| 序号 | 作业程序 | 具体内容 | 检查结果（扫码后填写） | 分值 | 项目分值说明 | 得分 |
|---|---|---|---|---|---|---|
| 1 | 准备开始<br>防护用具 | 穿戴防护用具：戴安全帽；穿绝缘靴 | 完好：<br>破损： | 10 | 未检查扣10分，检查与实际不符每项扣4分 | |

续上表

| 序号 | 作业程序 | 具体内容 | 检查结果<br>(扫码后填写) | 分值 | 项目分值<br>说明 | 得分 |
|---|---|---|---|---|---|---|
| 2 | 检查支持瓷瓶<br>支持瓷瓶 | 隔离开关支持瓷瓶外表是否清洁,有无破损,裂纹,放电痕迹 | 污秽:<br>裂纹:<br>放电: | 15 | 未检查扣15分,检查与实际不符每项扣3分 | |
| 3 | 检查隔离开关触头<br>隔离开关触头 | 隔离开关触头合闸角度、接触状态 | 触头状态:<br>角度:<br>接触:<br>烧伤痕迹: | 20 | 未检查扣20分,状态填写错误每项扣5分 | |
| 4 | 检查隔离开关引线及引线连接<br>隔离开关引线及引线 | 隔离开关引线接触良好,张力适当;无松股,无断股 | 外观:<br>接触不良:<br>松股:<br>断线: | 15 | 未检查扣15分,状态填写错误每项扣3分 | |
| 5 | 检查隔离开关基础支架<br>隔离开关基础支架 | 隔离开关基础支架牢固,无破损,无剥落,无锈蚀,接地良好 | 外观:<br>松动:<br>锈蚀:<br>接地: | 15 | 未检查扣15分,状态填写错误每项扣3分 | |
| 6 | 检查隔离开关机构箱<br>隔离开关机构箱 | 隔离开关机构箱柜门完好,内部清洁、无渗漏,分合闸指示正常,转换开关、电源开关位置正确,其他部件无异常 | 外观:<br>门锁:<br>指示灯:<br>机械部件: | 15 | 未检查扣15分,状态填写错误每项扣3分 | |
| 7 | 检查结束 | 回收安全用具 | 回收用具放置地点: | 10 | 未填写扣10分,填写错误扣6分 | |

# 项目六　熔断器结构与维护

## 一、项目介绍

熔断器都属于保护电器。熔断器保护是高低压电路中最简单的一种过电流保护方式。熔断器俗称“保险”,又分高压熔断器和低压熔断器,高压熔断器主要用于高压线路、电力变压器和电压互感器的短路或过载保护；低压熔断器主要用于低压配电系统的短路或过载保护，本项目学习熔断器的结构与维护。

| 能力训练项目 | 能力目标 | 相关支撑知识 | 学习建议 |
|---|---|---|---|
| 更换熔断器 | 能熟练更换高、低压熔断器 | 熔断器的结构和工作原理 | 分组练习操作更换高、低压熔断器 |

## 二、相关知识

### (一)熔断器的保护特性

熔断器的主要部件是熔体(熔件)，即熔丝。熔体的额定电流是指熔体允许长期通过而不熔断的电流；熔断器的额定电流则是指固定熔体的导电部分(触头)允许长期通过的电流。同一熔断器可装入不同的熔体，但熔体的额定电流不能超过熔断器的额定电流。

熔断器的保护特性是指通过熔体的电流与熔断时间的关系。熔断器的保护特性曲线如图 2-57 所示。熔断器的动作具有反时限特性，即通过熔体的电流一旦超过熔体的额定电流，超过越多，则熔体的熔断时间越短；通过的电流越小，则熔断时间越长。如果通过电流等于或小于熔体的额定电流，则熔体不会熔断。

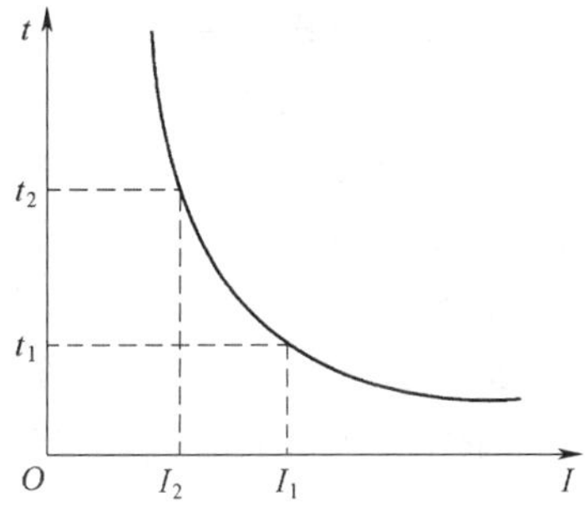


图 2-57　熔断器的保护特性曲线

保护特性主要应用于选择熔断器的熔体额定电流。如果出现短路故障时要熔体迅速熔断，则故障电流通常要达到熔体额定电流的几倍才能够实现。如低压熔断器的熔体额定电流通常为短路电流的四分之一及以下才能确保出现短路故障时迅速熔断。

对于相邻线路熔断器的选择，为确保保护动作的选择性，上级熔体熔断时间为下级熔体熔断时间的 3 倍以上，上级熔体电流较下级熔体大 1～2 级以上。若不能满足此条件，则应将前一级熔断器的熔体电流提高 1～2 级，再进行校验。

例如在图 2-58 中，短路点流过的短路电流为 $I_k$，此时可在其相应的保护特性曲线上查得其熔断时间分别为 $t_1$ 和 $t_2$，则 $t_1$ 和 $t_2$ 满足如下关系：

$$t_1 > 3t_2$$

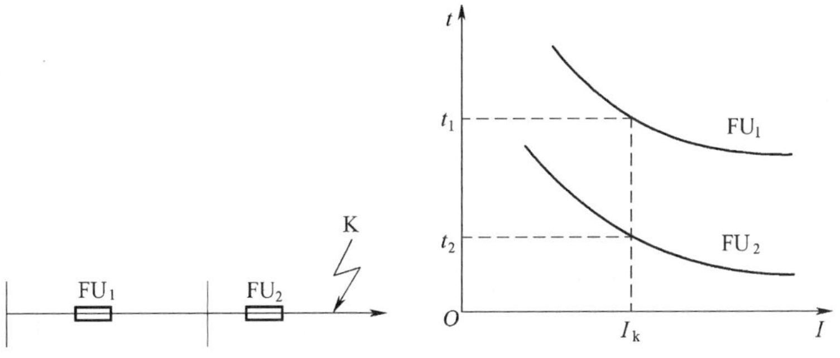


图 2-58　熔断器的保护配合

(二)高压熔断器

高压熔断器主要有室内和室外用两种。高压熔断器型号中的第一个字母R表示熔断器,其他字母的含义参见有关手册。

室内常用的高压熔断器有RN系列,室外常用的有RW系列。

1. RN系列熔断器

RN系列熔断器的外形如图2-59所示。其结构主要由熔管、接触导电部分、支持绝缘子和底座组成。熔管内安放了熔丝,并填充了石英砂。熔丝的主要材料一般是铜锡合金等。

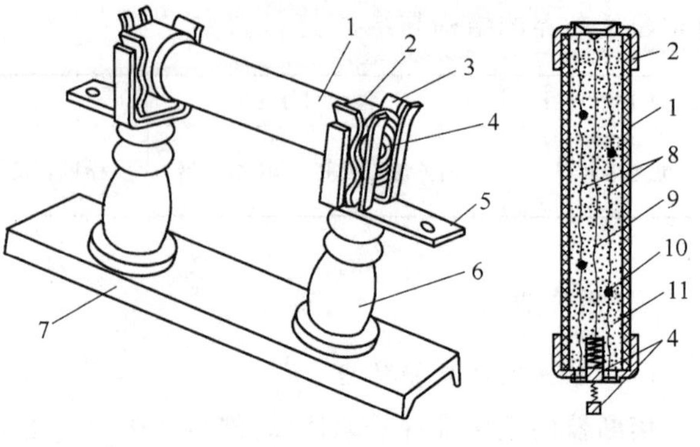


图2-59　RN系列熔断器外形及熔管结构示意

1—熔管;2—铜管帽;3—弹性触座;4—熔断指示器;5—接线端子;6—绝缘子;7—底座;8—熔体(铜丝);9—指示熔体(铜丝);10—小锡球;11—石英砂

采用铜锡合金的主要优点是既利用了铜的良好导电能力,又利用了锡的熔点较低的特点使熔丝能在较低的温度下熔断。因为单纯采用铜丝时因其熔点太高(1 080 ℃),熔丝不能迅速熔断,不能尽快切除故障。在铜丝上焊了小锡球后,通过大电流时小锡球因发热先熔化,和铜丝作用后形成铜锡合金,其熔点较纯铜低,因此能迅速熔断。利用锡的作用来降低铜的熔化温度,这种作用称为“冶金效应”。

当RN系列熔断器通过短路电流或过载电流时,熔丝就会熔化,其金属蒸气电弧渗入石英砂的空隙并冷却,使电弧熄灭。这种熔断器灭弧迅速,通常能在最大短路冲击电流出现之前(0.01 s内)就能熄灭,因此属于“限流式”熔断器。熔丝熔断后,拉紧弹簧的张力消失,红色的熔断指示器从弹簧管内弹出。

RN系列熔断器中,过去常用RN1和RN2熔断器,改进后其型号为RN5和RN6。RN5熔断器主要用于电力线路、变电站设备的过载和短路保护,RN6主要用于电压互感器的短路保护。RN5和RN6的熔管能通用和互换,而且体积更小,重量更轻,防污性能更好。

此外尚有RN3、RN4H和RNZ型,RN3型主要用于电力线路短路保护,RN4主要用于电压互感器短路保护,RNZ型主要用于直流系统的过载和短路保护。用于电压互感器保护的熔断器额定电流一般为0.5 A。

2. RW系列熔断器

RW系列熔断器主要用于户外10 kV的配电线路和电力变压器进线侧,作为短路及过载保护。在一定条件下可通断空载架空线路、空载变压器和小负荷电流。RW系列熔断器一般不能带负荷操作,但对于RW10-10(F)型,因属于负荷型熔断器,所以可以带负荷进行操作。

RW系列熔断器又称为跌落式熔断器。其主要结构包括瓷质绝缘子、接触导电部分和熔管三部分,熔管内安放了熔丝,并填充了高温作用下能产生大量气体的有机纤维材料。图2-60为$RW_4$-10(G)型跌落式熔断器的外形。

RW系列跌落式熔断器的工作原理基本相同。正常运行时,熔管上端的动触头依靠熔丝的张力拉紧,合闸后被上方静触头压紧而处于合闸状态,此时电路接通。当熔丝熔断后,熔管内产生电弧,电弧高温作用下产生大量气体,对电弧形成纵吹,使电弧熄灭。同时上方动触头因熔丝熔断,张力消失,熔管以下静触头为支点,依靠自身重量而向下翻转跌落,形成明显断开点,切断了故障,“跌落式熔断器”也由此得名。

RW 系列熔断器虽然有灭弧装置,但其灭弧速度较慢,短路电流通常会达到最大值,不像 RN 系列熔断器那样在最大冲击电流出现之前就能灭弧,所以 RW 系列熔断器属于“非限流式”熔断器。

（三）低压熔断器

最简单的低压熔断器就是日常所见的“保险丝”,但由于开断能力的要求,低压熔断器中一般还要考虑到熔断时的灭弧问题,因而其结构有多种形式。低压熔断器类型较多,其型号中的第一个字母 R 表示熔断器,其他字母的含义参见有关手册。

低压配电系统中常用的几种熔断器如下。

1. RT0 型有填料管式熔断器

图 2-61 是 RT0 型低压熔断器的外形。其结构主要由瓷质熔管、栅状铜熔体触刀和底座等构成。

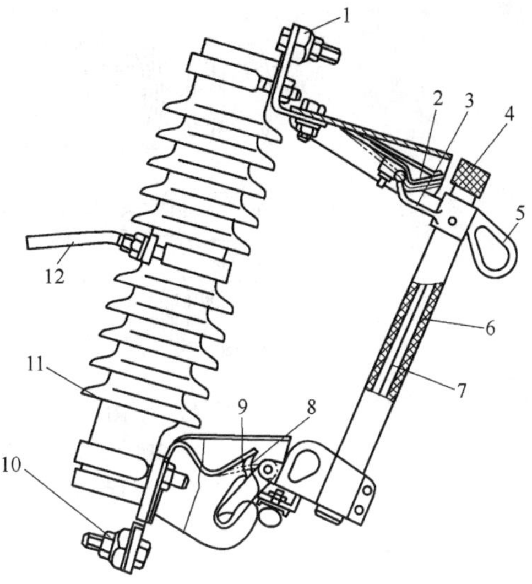


图 2-60　$RW_4$-10(G)型跌落式熔断器的外形

1—上接线端;2—上静触头;3—上动触头;4—管帽;5—操作环;6—熔管;7—铜熔丝;8—下动触头;9—下静触头;10—下接线端;11—绝缘瓷瓶;12—固定安装板

栅状铜熔体实质上是将熔体等效成许多并联的支路,同时每一支路中的熔体截面也是不同的。使得熔体在熔断时形成多根并联的电弧(将大电弧变成小电弧),每根电弧又因熔体存在改变截面的小孔而分割成多段短电弧(将长电弧分成短电弧),同时由于熔管中填充了去游离极强的石英砂,电弧迅速熄灭。熔体熔断后,红色熔断指示器立即弹出。

RT0 型熔断器具有很高的断流能力,属于“限流式”熔断器。常用于分断大电流的场合,作为短路保护用。熔断器中熔体同样利用了铜锡合金的“冶金效应”,因此也可以作为过载保护用。

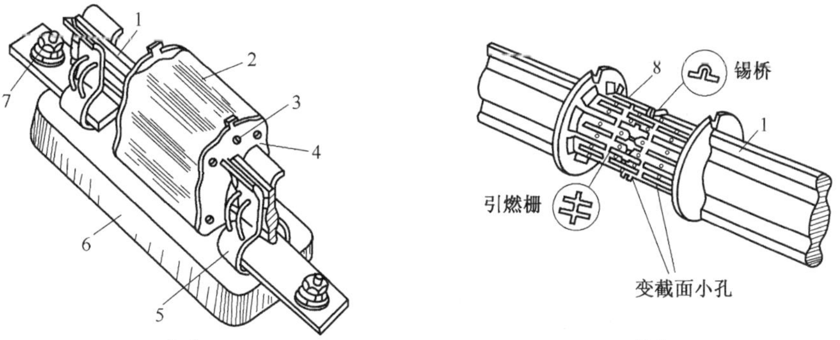


(a)　　(b)

图 2-61　RT0 型低压熔断器外形图及其熔管结构示意

1—触刀;2—熔管;3—熔断指示器;4—端面盖板;5—弹性触座;6—底座;7—接线端子;8—栅状铜熔体

2. RM10 型密封管式熔断器

图 2-62 是 RM10 型低压熔断器的结构。主要由纤维熔管、变截面锌熔片触刀和刀座等构成。

变截面锌熔片的作用是有过电流通过时,截面较小的部分先熔断,将长电弧分割成短电弧,有利于电弧熄灭。同时熔断后其余部分会自行坠落,拉长电弧,也有利于电弧的熄灭。

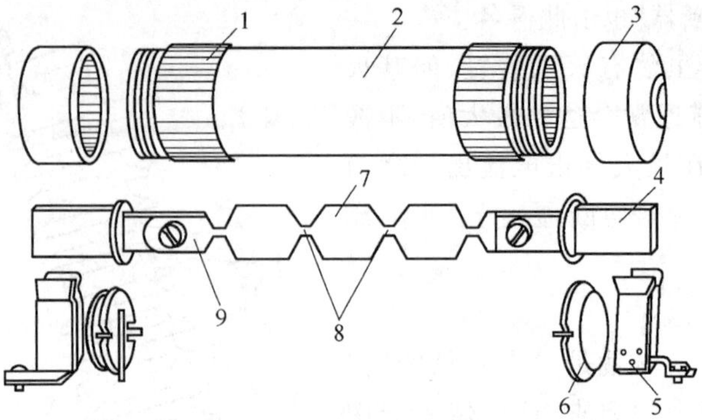


图 2-62　RM10 型低压熔断器

1—黄铜圈；2—纤维熔管；3—黄铜帽；4—触刀；5—刀座；
6—特种垫圈；7—过负荷熔断部位；8—短路熔断部位；9—变截面锌熔片

在熔体熔断的同时，熔管内的纤维材料产生大量的气体，形成高压，压力的升高有利于灭弧。

RM10 型熔断器结构简单，更换熔体方便。但其灭弧能力不强，属于“非限流式”熔断器。

3. RZ1 型低压自复式熔断器

所谓自复式是指熔体熔断后，切断短路电流，短路故障消失后，不需要更换熔体，熔体本身会恢复为原来正常的导通能力，即可以迅速恢复供电。

图 2-63 是 RZ1 自复式熔断器的结构。在正常温度下，固态钠的导电能力很强，可通过正常的负荷电流。但短路时，固态钠迅速气化，电阻迅速增大，限制了短路电流。同时钠熔体右侧的活塞压缩氩气迅速后退，防止熔管压力过高而爆炸。在限流动作过后，钠蒸汽又迅速恢复为固态钠，被压缩了的活塞又恢复到原来的位置，电路也恢复到正常的导通状态。

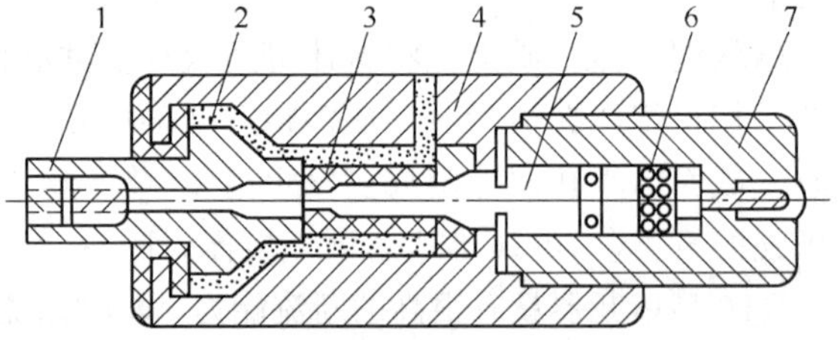


图 2-63　RZ1 自复式熔断器的结构示意

1—接线端子；2—云母玻璃；3—瓷管；4—不锈钢外壳；
5—钠熔体；6—氩气；7—接线端子

为了充分利用自复式熔断器的优点和降低对低压断路器的要求，常将自复式熔断器和低压断路器串联使用，构成低压组合电器。利用自复式熔断器来切断短路电流，用低压断路器来通断正常负荷和作为过负荷保护，提高了供电的可靠性。

## 三、项目实施

(1)检查熔断器备品是否完好。

(2)更换高压熔断器。

准备好绝缘手套、绝缘靴、安全帽、操作工具等，更换高压熔断器。

高压熔断器通常采用绝缘杆单相操作。高压熔断器不允许带负荷拉、合。否则会产生电弧危及人身和设备安全。一般分闸顺序是先中间后两边，有风时先下风，再上风，合闸顺序与之相反。

(3)更换低压熔断器。

戴好绝缘手套、护目镜，站在绝缘垫上，使用绝缘夹钳更换熔断器。

**四、练习**

1. 熔体的额定电流是指熔体允许________而不熔断的电流；熔断器的额定电流则是指固定熔体的导电部分（触头）允许长期通过的电流。同一熔断器可装入不同的熔体，但熔体的额定电流不能________熔断器的额定电流。

2. 熔断器的动作具有________特性，通过熔体的电流超过熔体的额定电流越多，则熔体的熔断时间越短；通过的电流越小，则熔断时间越长，称为熔断器的________特性。

3. RN 系列熔断器主要用于电力线路、变电站设备的________保护，RW 系列熔断器主要用于户外 10 kV 的配电线路和________进线侧保护。

4. ________系列熔断器属于“非限流式”熔断器，________系列熔断器属于“非限流式”熔断器。

5. 牵引变电所中，高压熔断器主要应用于________保护，低压熔断器主要应用于________保护。

## 项目七　避雷器、放电保护器和抗雷线圈运行与维护

**一、项目介绍**

在牵引供电系统中，有可能遭受大气过电压或内部过电压的侵袭，导致设备绝缘被破坏，影响正常运行，还可能因各种原因而出现较大的电流，因此需要安装各种保护设备。下面学习避雷器、放电保护器和抗雷线圈几种保护设备的维护。

| 能力训练项目 | 能力目标 | 相关支撑知识 | 学习建议 |
| --- | --- | --- | --- |
| 巡视避雷器 | 能正确巡视避雷器并记录、测量避雷器绝缘电阻 | 1. 避雷器类型。<br>2. 氧化锌避雷器作用及结构 | 按要求完成避雷器巡视并记录，根据设备情况和学习进度，考虑进一步开展绝缘电阻测量和泄漏电流测量等项目 |

**二、相关知识**

（一）避雷器

避雷器是架空线路或变电所电气设备的防雷保护设备之一。避雷器与被保护的设备并联并且一端接地，通过避雷器放电来限制被保护电气设备电压的升高，以免损坏电气设备的绝缘。被限制的过电压大多是大气过电压，也可以是作用时间较短的某些内部过电压。

避雷器的常用的类型主要有保护间隙、管型避雷器、阀型避雷器等。

1. 保护间隙

保护间隙的结构如图 2-64 所示。其结构上有两个间隙，一为主放电间隙，另一为辅助间隙。辅助间隙的存在可以防止正常时间隙被其他外物短接，造成误动作。辅助间隙的存在并不影响雷电过电压出现时保护间隙的动作。

保护间隙的原理是：正常时，间隙断开，高压端（与被保护设备并联）与接地端绝缘。高压端出现雷电过电压时，间隙击穿，相当于高压端接地，限制了高压端（被保护设备）电压的升高；雷电过电压消失后，间隙绝缘恢复，电气设备得到保护。这也是避雷器的基本原理。

保护间隙最大的优点是结构简单,成本低。但不足是放电分散性较大,与被保护设备的绝缘配合较为困难;保护间隙动作后母线相当于直接接地,容易形成截波,不适宜用于带有绕组的设备保护;同时灭弧能力差,动作后的工频续流(间隙击穿后,将雷电流泄入地下,间隙绝缘不能及时恢复而形成的工频接地电流)容易造成接地短路,致使线路开关跳闸,如无自动重合闸,将造成停电事故,降低了供电可靠性。因此需设置自动重合闸提高线路的供电可靠性。

2. 管型避雷器

图 2-65 为管型避雷器的结构,主要由产气管、棒形电极等组成。产气管内填充了高温作用下能产生大量气体的纤维材料。

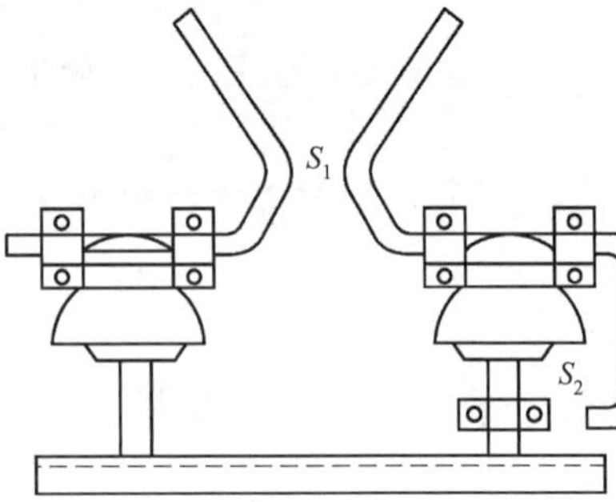


图 2-64　保护间隙的结构

$S_1$—主间隙;$S_2$—辅助间隙

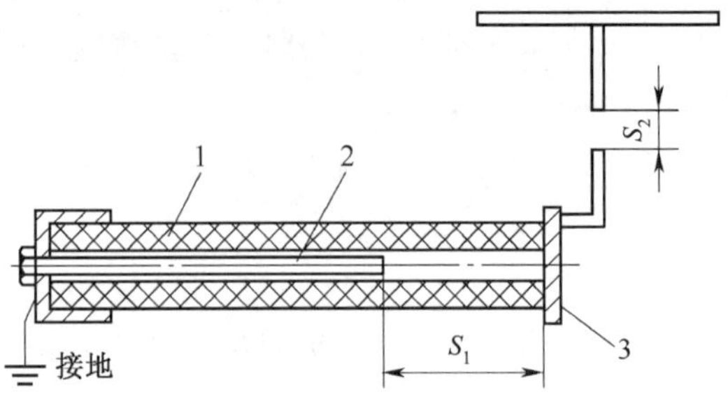


图 2-65　管型避雷器的结构

1—产气管;2—内部电极;3—端部环形电极;

$S_1$—内部间隙;$S_2$—外部间隙

当线路出现雷电过电压时,管型避雷器的内外间隙都击穿,雷电流被泄入地下,限制了线路的过电压;雷电消失后,工频续流将流过间隙,此时产气管产生大量的气体,管内压力剧增,高速气流由环型电极处管口喷出,形成强烈的纵吹作用,电弧熄灭。

管型避雷器的外间隙是一个辅助间隙,主要是防止正常时的泄漏电流通过产气管,导致产气管老化加速,外间隙的存在减少了流过产气管的泄漏电流。

管型避雷器与保护间隙相比,有更强的灭弧能力,能够可靠地切断工频续流,提高了供电的可靠性。但管型避雷器仍然存在的放电后容易形成截波和被保护设备绝缘配合较为困难的问题。

3. 阀型避雷器

上述保护间隙和管型避雷器的性能都不够理想,不适宜用于重要电气设备的保护,如电力变压器的保护。理想的避雷器是除了具备限制过电压的基本功能外,还要避免产生高幅值的截波,尽快切除工频续流或避免工频续流的产生,同时避雷器放电容量大,放电分散性小,易于与被保护设备绝缘配合等。阀型避雷器具有这样的特点,阀型避雷器是一种较为理想的避雷器,阀型避雷器的结构如图 2-66 所示。

当阀型避雷器高压端出现雷电流时,此时避雷器呈现较小的电阻,雷电流迅速导入地下,相当于阀门打开。雷电流通过避雷器过后,避雷器的电阻迅速上升,工频续流很难通过避雷器,相当于阀门关闭,避免形成工频接地短路。因此阀型避雷器具有“阀”的特点,“阀”对雷电流开放,对工频电流关闭。

实现“阀”作用的关键元件是非线性电阻。非线性电阻的阻值不是恒定的,其阻值随施加电压的性质不同而变化。雷电压(冲击电压)作用下阻值很小,工频电压下阻值很高。

从原理上来所说,普通阀型避雷器(FS 型和 FZ 型)、磁吹阀型避雷器(FC 型)和金属氧化物避雷器实质上都是阀型避雷器。不同的是，普通阀型避雷器和磁吹避雷器的非线性电阻采用碳化硅(SiC)为原料，金属氧化物避雷器的非线性电阻采用氧化锌(ZnO)为原料。由于采用了非线性性能更加优良的氧化锌为原料，金属氧化物避雷器在结构上与普通阀型避雷器和磁吹避雷器也有所区别。

普通阀型避雷器的结构主要由火花间隙和碳化硅电阻串联而成，磁吹避雷器在普通阀型避雷器的基础上，增加了利用工频电弧本身形成磁场吹弧的作用。

金属氧化物避雷器结构上主要由氧化锌电阻构成，因此又称氧化锌避雷器。正常时在工频电压下流过的泄漏电流可控制在允许范围之内，因此金属氧化物避雷器可以不需要火花间隙就能保证线路正常时对地的绝缘。目前我国生产的金属氧化物避雷器有带火花间隙和不带火花间隙两种。同采用碳化硅的避雷器相比，金属氧化物避雷器具有放电容量大、体积小、放电电压平稳，性能更加可靠，金属氧化物避雷器已取代以碳化硅为原料的普通阀型避雷器。图 2-67 是高铁变电所 220 kV 氧化锌避雷器外形，图 2-68 是保护间隙和避雷器的实物。

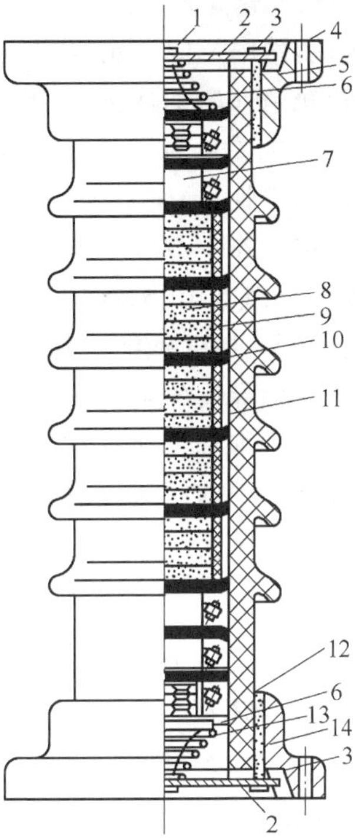


图 2-66　阀型避雷器的结构

1—封闭检查孔螺栓；2—密封钢盘；3—密封橡皮环；4—螺栓；5—漏水管；6—弹簧；7—放电间隙组；8—阀片；9—每组阀片绝缘涂料；10—固定纸板；11—瓷套；12—水泥；13—分接带；14—法兰盘

图 2-67　高铁变电所 220 kV 氧化锌避雷器

图 2-68　保护间隙和避雷器实物

(二)放电保护器

在牵引网中每隔一定距离设置AT向列车供电。AT的中点与轨道连接(实际是与牵引网中和轨道并联的保护线PW连接),并通过放电器(SD)接地,如图2-69所示。设置保护线的目的主要是为了避免将接触网支柱的接地部分直接与轨道相连,以提高信号轨道电路的工作可靠性,当牵引网发生短路故障时,又可为短路电流提供一条良好的金属通路,便于继电保护动作。放电器的作用是当由于某种原因造成AT高压侧的套管闪络或避雷器短路时,放电器因电压升高使电极间隙击穿而放电,从而使接地回路通过轨道形成金属性通路,有利于变电所馈线继电保护的动作。当牵引网的正馈线或接触悬挂发生接地故障时,轨道和非故障导线的电位显著升高。设置放电器,可使轨道和非故障导线的电位因电极间隙放电而得到抑制。在正常运行情况下,放电器还可避免AT中点直接与大地相连,以减少地中和接地网中的回流,提高对邻近通信线路的防护效果,并提高信号轨道电路的工作可靠性。

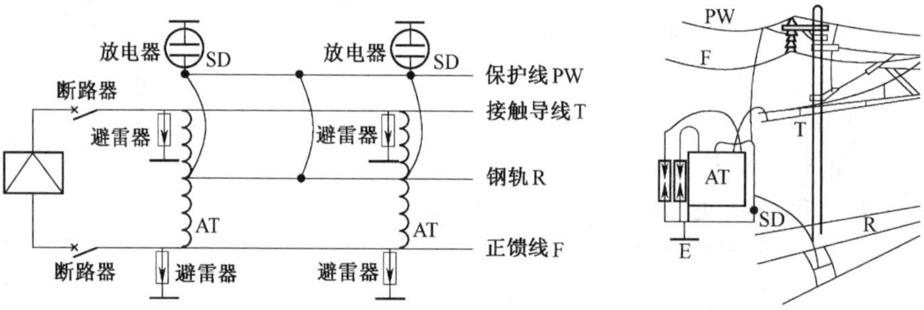


(a) (b)

图2-69 放电保护器在AT供电系统中的位置

图2-70是$JF_1$-10型接地放电保护装置原理电路。高压端子N与N母线或N线连接,接地端子E与地连接。P为放电间隙的电极,$L_M$为放电间隙的磁吹线圈。因AT一次侧套管闪络等短路接地导致接地端子与高压端于间的电位差达到3 kV左右时,将击穿放电间隙而放电,使N母线经高压端子、P及接地端子直接接地。$L_1$、$L_2$和K分别为旁路开关的合闸兼保持线圈、合闸线圈和主触头。P放电时,有大电流经高压端子、$L_1$、$L_2$、P、$L_M$及接地端子流过,于是$L_1$、$L_2$两线圈使主触头K闭合,并由$L_1$保持K于闭合状态,使大电流安全可靠地由K通过,并且P被旁路而避免烧损。当短路故障被切除后,流过$L_1$的电流骤减,不能再保持K于闭合状态K断开。C为电容器,其作用是可吸收侵入的过电压波或使波头陡度降低。这样,若因大气过电压使接地网电位升高时,由于其能量被C吸收且作用时间短,P仅短暂放电,K合不上,并且P的放电较易被$L_M$的磁吹作用而灭弧。该装置用于AT供电方式牵引变电所的N母线上。

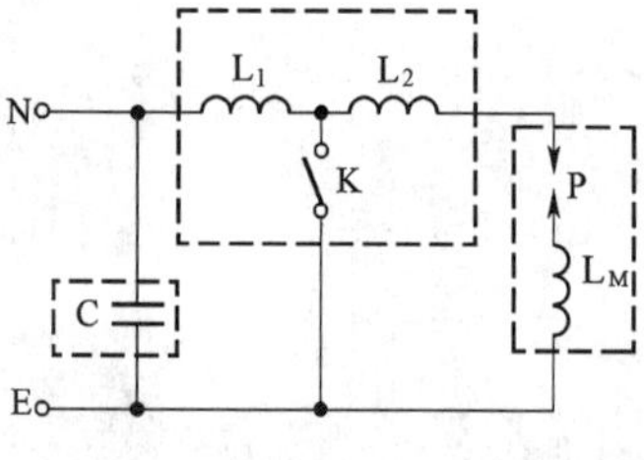


图2-70 放电保护器原理

(三)抗雷线圈

抗雷线圈实际上是一个空心的电感线圈,如图2-71所示。其作用是为了防止雷电波沿接触网、馈电线入侵变电所而造成电气设备的损害。一般在绝缘水平较低的 27.5 kV 牵引侧的馈电线首端装设抗雷线圈，同时并接避雷器。当波头较陡的雷电波通过抗雷线圈后，由于电感的作用使雷电波头被拉平，使其波形上升的陡度减小，同时与避雷器配合降低入侵波的幅值，从而防止了电气设备绝缘的损坏。

图 2-71　抗雷线圈的外形

## 三、项目实施

（一）巡视检查防雷设备

（1）避雷针、避雷器、避雷线的引线接头是否牢固。

（2）瓷套是否清洁，有无破损和放电痕迹。

（3）避雷器的放电记录指示器动作是否正确。低压总开关（或熔断器）接触是无有无断股现象，焊接点有无脱落。

（4）避雷针有无断裂倾斜，铁件有无锈蚀，各连接部分是否牢固，基础有无沉陷。

（5）各防雷设备的接地线是否牢固可靠。

（二）检查避雷器

（1）外观检查是否有裂纹。

（2）检查避雷器内部元件是否松动。

（3）测量避雷器绝缘电阻是否正常。

（4）避雷器泄漏电流测量。

（5）避雷器直流电压测量。

### 小提示

**“1+X”证书变配电运维职业技能**

**避雷器巡视技能**

| 工作领域 | 工作任务 | 职业技能要求 |
|---|---|---|
| 设备巡视 | 避雷器巡视 | 1. 能检查避雷器绝缘底座表面有无破损、积污;接地标识、设备铭牌、设备标识牌、相序标识是否齐全、清晰。<br>2. 能检查避雷器引流线有无松股、断股和弛度过紧及过松现象;接头有无松动、发热或变色等现象;均压环有无位移、变形、锈蚀现象,是否有放电痕迹。<br>3. 能检查避雷器瓷套部分有无裂纹、破损、放电现象,防污闪涂层有无破裂、起皱、鼓泡、脱落;硅橡胶复合绝缘外套伞裙有无破损、变形和电蚀痕迹。<br>4. 能检查避雷器接地引下线连接是否可靠,有无锈蚀、断裂;引下线支持小套管是否清洁、有无碎裂,螺栓是否紧固。<br>5. 能检查避雷器密封结构金属件和法兰盘有无裂纹、锈蚀;压力释放装置封闭是否完好,有无异物;设备基础是否完好、有无塌陷;底座固定是否牢固、整体有无倾斜。<br>6. 能检查避雷器运行时有无异常声响;监测装置外观是否完整、清洁,密封是否良好、连接是否紧固,表计指示是否正常,数值有无超标;放电计数器是否完好,内部有无受潮、进水 |

## 四、练习

巡视避雷器,按作业程序步骤,扫描作业程序栏的二维码,根据具体内容栏检查设备,在检查结果栏中填写检查结果。

| 序号 | 作业程序 | 具体内容 | 检查结果<br>(扫码后填写) | 分值 | 项目分值<br>说明 | 得分 |
|---|---|---|---|---|---|---|
| 1 | 准备开始<br>防护用具 | 穿戴防护用具:戴安全帽,穿绝缘靴 | 安全帽完好:<br>绝缘靴完好: | 10 | 未检查扣10分,检查与实际不符每项扣3分 | |
| 2 | 检查避雷器支持瓷瓶<br>避雷器支持瓷瓶 | 避雷器支持瓷瓶外表清洁,无破损,无裂纹,无放电痕迹 | 表面污秽:<br>裂纹:<br>放电痕迹: | 20 | 未检查扣20分,设备状态填写错误每项扣6分 | |
| 3 | 检查避雷器引线及连接<br>避雷器引线及连接 | 避雷器进出线接触良好,张力适当;无松股,无断股 | 外观:<br>接触不良:<br>断线:<br>松股: | 20 | 未检查扣20分,状态填写错误每项扣5分 | |

续上表

| 序号 | 作业程序 | 具体内容 | 检查结果（扫码后填写） | 分值 | 项目分值说明 | 得分 |
|---|---|---|---|---|---|---|
| 4 | 检查避雷器基础支架<br>避雷器基础支架 | 避雷器基础支架牢固，无破损，无剥落，无锈蚀，接地良好 | 外观：<br>松散：<br>锈蚀：<br>剥落： | 10 | 未检查扣10分，状态填写错误每项扣2分 | |
| 5 | 检查避雷器计数器<br>避雷器计数器 | 检查避雷器动作计数器及泄漏电流 | 泄漏电流：<br>动作次数： | 20 | 未检查扣20分，状态填写错误扣8分 | |
| 6 | 检查避雷器接地装置<br>避雷器接地装置 | 避雷器接地装置接地良好 | 接地标志清晰：<br>接地端子外观： | 10 | 未检查扣10分，状态填写错误扣每项4分 | |
| 7 | 检查结束 | 回收安全用具 | 回收用具放置地点： | 10 | 未填写扣10分，填写错误扣6分 | |

# 项目八　无功补偿装置

## 一、项目介绍

在变配电系统中，大量的用电设备如异步电动机、电力变压器、电阻炉、电弧炉等是感性设备，在电网中产生了大量的无功功率，使整个系统的功率因数降低，过低的功率因数将造成电能和设备的巨大浪费。

为了防止这种情况，国家对用户的功率因数作出了限制。规定用户在电网高峰时的负荷功率因数，高压用户应不低于0.9，其他用户功率因数不低于0.85，农业用户不低于0.8。如果达不到以上要求，则必须进行无功补偿以提高系统的功率因数。高速铁路交—直—交动车组，功率因数与交—直动车组不同，不再补偿，普速铁路变电所或10 kV系统中，一般根据实际情况采用无功补偿。

人工补偿无功功率，经常采用两种方法，一种是同步电动机超前运行，一种是采用电容器补偿装置。此外尚有静止无功补偿装置，牵引供电系统主要采用电容补偿装置，本项目学习电容器的维护技能。

| 能力训练项目 | 能力目标 | 相关支撑知识 | 学习建议 |
|---|---|---|---|
| 检查电容器 | 1. 能完成电容器的巡视及检查。<br>2. 会电容器一般故障现象处理方法。<br>3. 能完成电抗器巡视工作 | 1. 电容补偿装置的补偿原理和作用。<br>2. 电抗器的原理和作用 | 分组练习检查电容器,测量其绝缘并进行放电操作,理解一般故障现象及处理方法 |

## 二、相关知识

(一)同步电机

同步电动机空载运行时,通过调节其励磁电流来达到补偿无功的目的,主要在大容量变电所中采用。

同步电动机价格贵,操作控制复杂,本身损耗也较大。不仅采用小容量同步电动机不经济,即使容量较大而且长期连续运行的同步电动机也正为异步电动机加电容器补偿所代替,同时操作工人往往担心同步电动机超前运行会增加维修工作量,经常将设计中的超前运行同步电动机作滞后运行,丧失了采用同步电动机的优点。

因此,除上述工艺条件适当者外,不宜选用同步电动机。当然,通过技术经济比较,当采用同步电动机作为无功补偿装置确实合理时,也可采用同步电动机作为无功补偿装置。

(二)电容补偿装置

工业与民用建筑中所用的并联电容器价格便宜,便于安装,维修工作量、损耗都比较小,可以制成各种容量,易于分组,扩建方便,既能满足目前运行要求,又能避免由于考虑将来的发展使目前装设的容量过大,因此应采用并联电力电容器作为人工补偿的主要设备。

目前牵引变电所采用的高压电容器主要有三种:并联电容器,又名移相电容器,如图 2-72 所示,用于并联电容补偿装置中,补偿系统的感性负荷无功功率,以提高功率因数;串联电容器,用于串联电容补偿装置,以提高牵引网电压水平;耦合电容器,利用它与高压进线耦合及其电容分压作用,抽取电压,供用于测量、控制与保护,还可用于电力线路载波通信。

图 2-72　并联电容器的外形

并联电容器的型号中的第一个字母B表示并联电容器，其他字母的含义参见有关手册。如：BWF10.5-100-1表示烷基苯浸负荷介质(BW)，额定电压为10.5 kV(10.5)，额定容量为100 kvar(100)的单相(1)户内并联(B)电容器。

电容器是一个封闭的箱体，主要由箱壳和器身组成，其中充满液体介质作浸渍剂。器身由一个或多个电容芯子组成，电容芯子是以膜纸复合或全膜作介质，以铝箔作极板卷绕而成，箱体则由钢板密封焊接而成。

1. 并联电容补偿方式

并联电容补偿可采取集中补偿和单独就地补偿两种方式。集中补偿又有高压集中补偿和低压集中补偿两种。集中补偿是在变配电所的母线上进行补偿，便于管理和维护。单独就地补偿是将电容器安装在各电气设备附近进行补偿，补偿效果较好，但增加了维护工作量。

当基本无功功率较为稳定时，为便于维护管理，变配电所常采用集中补偿方式。单独就地补偿适合于经常连续运转的大容量设备，如大容量的异步电动机。

2. 电容器投切方式

并联电容器的投切可采取手动方式、也可采取自动投切方式，采用自动投切方式的无功补偿装置，称为无功自动补偿装置。如果无功功率不稳定，且变化较大，采用自动投切可获得合理的经济效果时，宜装设无功自动补偿装置。

装有电容器的电网，有些用电设备对电压较敏感，在轻载时由于电容器的作用，线路电压往往升得更高，会造成这种用电设备(如灯泡)的损坏或严重影响寿命及使用效能。对于这种情况，如果能避免设备损坏，且经过经济比较，认为合理时，宜装设无功自动补偿装置。

由于高压无功自动补偿装置对切换元件的要求比较高，且价格较高，检修维护也较困难，因此当补偿效果相同时，宜优先采用低压无功自动补偿装置。低压无功自动补偿装置常通过接触器来控制电容器的投切。

牵引变电所主要在27.5 kV的母线上采取集中补偿装置，一般通过断路器进行投切。

(三)静止无功补偿装置(SVC，Static Var Compensator)

对于大容量急剧变化的冲击负荷，采用上述手动投切电容器或采用机械触点控制电容器投切的无功自动补偿装置不能满足负荷变化的要求。可采用静止无功补偿装置(SVC)，静止无功补偿装置不需要通过机械触点动作即可控制补偿设备的投切，避免了因负荷频繁变化而影响投切开关的寿命。

1. SVC的类型

静止补偿装置(SVC)的类型有：

(1)FC/TCR(固定电容器/晶闸管控制电抗器)型；

(2)TSC(晶闸管投切电容器)型；

(3)TSC/TCR型；

(4)SR(自饱和电抗器)型。

其中FC/TCR型是应用较多的一种。TCR和TSC本身产生谐波，都附有谐波消除设施。

2. 自饱和电抗器(SR)型的特点

自饱和电抗器型SVC的性能最为突出，其主要特点有：

(1)可靠性高。自饱和电抗器式与晶闸管式SVC的事故率之比约为1∶7。

(2)反应速度更快。

(3)维护方便，维护费用低。

(4)过载能力强。容量为192 Mvar的SVC，可过载到800 Mvar(大于4倍)，持续0.5 s。

如晶闸管式 SVC 要达到这样大的过载能力,须大大放大阀片的尺寸,从而大幅度提高了成本。

(5)自饱和电抗器的制造工艺和电力变压器是相同的,所以一般电力变压器厂的生产设备、制造工艺和试验设备都有条件制造这种自饱和电抗器。

(6)自饱和电抗器的噪声较大,需要装在隔音室内。

自饱和电抗器可靠性高、电子元件少、维护方便,是一种性能优良的补偿装置。

(四)电抗器

在变电所并联电容补偿装置中,除了装设由并联电容器单元串、并联组成的电容器组外,还需装有与其串联的电抗器,以便配合电容器组,防止补偿装置与系统发生高次谐波并联谐振,吸收牵引负荷高次谐波,并限制装置投入时的合闸涌流,以及短路故障时限制短路电流保护电容器,图 2-73 是三相电抗器实物。

图 2-73　三相电抗器实物

牵引变电所中电容补偿装置用的电抗器有两种:铁芯(油浸)式电抗器和干式空心电抗器。油浸式电抗器结构与外形与变压器相似,但铁芯结构不同,且带气隙的铁芯外只套有一组线圈。空心式电抗器只有线圈(无铁芯),实质上是个空心电感线圈,这种电抗器和前者相比具有感抗呈线性,噪声低,购置费、安装费较低的优点,但其外形尺较大。

图 2-74　单相电抗器外形

CKGT-27.5 kV 电抗器是一种电气化铁路牵引变电所并联补偿装置中专用的电抗器,属于干式空心电抗器,其外形如图 2-74 所示。电抗器线圈由多层圆筒式线圈串接而成,每层线圈外部由树脂浸渍的玻璃纤维包封,包封之间用环氧绝缘板作撑条形成线圈之间的绝缘和散热气道,对流自然冷却,散热好,为适应电气化铁路电抗器近远期调节范围的要求,设有 3～6 个抽头,且抽头位置都在最外层以便调节,线圈上端部和下端部及层间因存在电位差都采用了特殊绝缘处理，以保证绝缘安全可靠，外层涂以抗紫外线抗老化绝缘树脂，可以使用在任何室外气候条件下无需另加保护，整体高温固化，整体性强，噪声低，机械强度高能耐受高短路电流的冲击，上，下星形架除作紧固线圈外，并装有连接板用以支撑支柱瓷瓶，下端用高压支柱瓷并支撑安装在基础平台上。

## 三、项目实施

(一)巡视电容补偿装置，先按一般项目和要求巡视，还要注意以下几点：

(1)电容器外壳应无膨胀、变形，接缝应无开裂、无渗漏油。

(2)熔断器、放电回路及附属装置应完好。

(3)电抗器无异声、无异味，空心电抗器线圈本体及附近铁磁件无过热现象；油浸式电抗器油位正常符合要求，无渗油现象。

(4)室内温度符合规定，通风良好。

(二)测量电容器绝缘性能

(1)退出电容器。

(2)电容器逐个放电并接地。

(3)按电容器绝缘电阻试验方法测量其绝缘性能。

(三)电容器异常处理

电力电容器正常运行时应在额定状态条件下连续提供额定补偿无功功率，温升正常，外壳无鼓肚、变形，接缝无开裂、无渗漏油；熔断器、放电回路及附属装置应完好。

1. 电力电容器常见的异常现象

(1)过电压现象。电力电容器应在额定电压下运行，如电网上电压达不到额定值，可允许在超过额定电压5%的范围内连续运行，且允许在1.1倍额定电压下短期运行。牵引变电所并联补偿电容器的过电压动作的整定值为1.1倍额定电压，27.5 kV供电，当高压室母牌电压达到30.25 kV时，过电压保护动作于跳闸。因长时间过电压运行会使电容器发热，加速绝缘老化。

(2)过电流现象。允许电力电容器在不超过1.3倍额定电流下连续运行，但应设法消除过电流的威胁，以确保电容器的使用寿命。

(3)渗漏油现象。电容器渗漏油主要是由于产品质量或运行维护不当造成。电容器是密封设备，若密封不良则空气、水分以及杂质都可能进入电容器内部，造成内部绝缘降低。如使用耐油橡胶作密封垫圈的装配式电力电容器套管上有极轻微的渗油是允许的，不会影响电容器的正常运行，应将渗油处除锈、补焊、涂漆，修复后再用，严重渗漏油时应更换。在运行中发现电容器外壳、焊缝等处渗漏油时，应报告供电调度并退出运行。

(4)温度过高现象。电容器的温度过高主要由于电流大或散热条件差造成，也可能由于介质损耗增大所造成。由于环境温度升高及电容器的过负荷，会使得电容器内介质损耗增加而发热，致使电容器温度过高及内部油膨胀而造成电容器损坏。温度过高时应立即查明原因，如外因方面已经无法改善过高的温度，则应退出运行；如果是电容器本身存在缺陷应更换。因此规定：环境温度在40 ℃时，电容器外壳温度不得超过55 ℃，环境温度超过40 ℃时，应停止运行。电容器室要注意加强通风、降温。

(5)运行声响异常。电容器在正常运行情况下应无任何声响，异常声响一般由内部故障所造成。电容器异常声响轻微时可继续运行，严重时应退出运行并作更换电容器处理。

(6)套管闪络放电。一般由于套管脏污或套管缺陷造成。如放电由脏污引起，应进行停电检修，恢复后再投入运行。

2. 熔断器熔丝熔断的处理

每个电容器均装设独立的熔丝保护是防止电容器油箱爆炸而扩大事故的有效措施。在牵引变电所电力电容器设有差压保护装置,其压差的整定值一般考虑一个电容器的熔丝熔断而动作于跳闸。因此熔丝熔断时会产生跳闸现象。

处理办法:当电容器的熔断器熔断时,应向供电调度汇报,征得供电调度员同意后,将电容器退出运行,做好安全措施后进行检查。先进行外部检查,如套管外部有无闪络放电痕迹,外壳是否变形、漏油等,然后用绝缘摇表测量极间及极对地间的绝缘电阻值,判断是否绝缘不良。如果未能发现任何引起熔断器熔断的迹象,可更换熔断器后继续投入运行。如经送电后熔断器熔丝仍熔断则应退出运行,作进一步检查,待查明原因并处理后再投入运行。

3. 电容器外壳膨胀的处理

电容器外壳膨胀的主要原因是由电容器内部分解出的气体或内部部分元件击穿所造成。外壳明显膨胀时应报告供电调度员做退出运行对电容器进行更换的处理。

4. 电容器的断路器跳闸处理

电容器的断路器跳闸时,应先查实是哪个保护装置动作,如是电压过高或欠压动作,一般都是正常情况,与电容器无关,待电压正常后,听从供电调度命令进行操作。如果是过流或差压等保护动作,应作进一步的检查。检查时先做好安全措施(对电容器放电时间要求一般是3 min以上),再检查电流互感器、断路器及电容器外部等情况。如检查未能发现异常情况,可作试投入试验,如试投入时仍是同一保护动作,则应对一次和二次设备都作彻底检查,原因未查明不得投入运行。

5. 电容器喷油、爆炸着火的处理

当电容器喷油、爆炸着火时,一般由内部严重故障造成,产生爆炸的根本原因是极间游离放电造成电容器极间击穿短路。应立即报告供电调度员并退出运行,如电容器已着火则可先退出运行再报告供电调度员,采取有效的方法进行灭火。现场处理完成后更换电容器,做全面检查,确认具备符合投入运行条件后再投入运行。

**小提示**

**"1+X"证书变配电运维职业技能**

**电容器巡视技能**

| 工作领域 | 工作任务 | 职业技能要求 |
| --- | --- | --- |
| 设备巡视 | 电容器巡视 | 1. 能检查设备铭牌、运行编号标识、相序标识是否齐全、清晰;本体及支架上有无杂物,支架有无锈蚀、松动或变形;围栏安装是否牢固,门是否关闭,有无杂物,五防锁具是否完好。<br>2. 能检查限流电抗器附近有无磁性杂物,干抗表面涂层有无变色、龟裂、脱落或爬电痕迹,有无放电及焦味,电抗器撑条有无脱出现象,油电抗器有无渗漏油。<br>3. 能检查放电线圈二次接线紧固有无发热、松动;干式放电线圈绝缘树脂有无破损、放电;油浸放电线圈油位是否正常,有无渗漏。<br>4. 能检查母线及引线有无过紧过松、散股、断股、有无异物缠绕,各连接头有无发热现象。<br>5. 能检查设备的接地是否良好,接地引下线有无锈蚀、断裂且标识是否完好;电缆穿管端部封堵是否严密;套管及支柱绝缘子是否完好,有无破损裂纹及放电痕迹。<br>6. 能检查电容器有无异常振动或响声,壳体有无变色、膨胀变形;集合式电容器有无渗漏油,油温、储油柜油位是否正常,吸湿器受潮硅胶是否超过2/3,阀门接合处有无渗漏油;框架式电容器外熔断器是否完好;带有外熔断器的电容器,检查外熔断器的运行工况是否正常 |

**四、练习**

1. 用户在电网高峰时的负荷功率因数，高压用户应不低于________，其他用户功率因数不低于________。

2. 并联电容补偿可采取________补偿和________补偿两种方式，普速铁路牵引变电所一般采用________补偿方式，高速铁路变电所________无功补偿。

3. 并联电容补偿装置中串联的电抗器，作用是防止补偿装置与系统发生________并联谐振，吸收牵引负荷________，并限制装置投入时的________，以及短路故障时限制________保护电容器。

4. 允许电力电容器在不超过________倍额定电流下连续运行，但应设法消除过电流的威胁，以确保电容器的使用寿命，一般________或________保护动作跳闸，切除故障。

5. 每个电容器均装设独立的________保护是防止电容器油箱爆炸而扩大事故的有效措施。

# 项目九　高压开关柜结构及操作

**一、项目介绍**

本项目学习成套电气装置，熟悉高压开关柜基本结构，熟悉其“五防”闭锁措施，学习开关柜基本操作。

| 能力训练项目 | 能力目标 | 相关支撑知识 | 学习建议 |
| --- | --- | --- | --- |
| 高压开关柜巡视及操作 | 1. 能辨别高压开关柜各部分结构。<br>2. 能正确进行停、送电基本操作 | 1. 成套开关柜的组成及特点。<br>2. 开关柜的“五防”措施。<br>3. 手车式开关柜结构 | 打开开关柜内部，辨别各部件，分组练习停、送电操作，思考“五防”与操作的关系 |

**二、相关知识**

成套电器装置是按照一定的接线方案将有关的一次、二次设备组合起来的成套电气设备，用于接受电能与分配电能。

成套电器装置中电气设备的组合是根据电力系统供电状况、使用场合与控制对象，并结合主要电气设备的特点，确定一次接线方案，然后根据一次接线方案，将各种电气设备组合安装在敞开的或封闭的金属柜中，就构成了成套电器装置。比如某一馈出线回路，可将其一次设备如母线、隔离开关、断路器、电流互感器等以及二次设备控制开关、各种继电器、指示信号灯等全部安装在一个金属柜上，其控制、保护和监测全部在此柜上实现，就构成了开关柜，即构成高压成套配电装置。

成套电器装置的优点是体积小、安装容易、使用和检修方便，尤其适合于室内或地下使用。35 kV 及以下电气设备常采用成套电器装置的形式，具有足够的可靠性，同时又能减少占地面积。如果采用全封闭的形式，内充六氟化硫（$SF_6$）气体绝缘，则成套电器装置体积更小，而且 110 kV 及以上的电气设备也可以组合成成套电器装置，此类装置就是现在应用越来越广泛的气体绝缘金属封闭组合电器 GIS。

成套电器装置按电压分有高压配电装置和低压配电装置,按使用地点分为户内式和户外式两类,按绝缘分则有敞开式和封闭式两类。

(一)高压开关柜

高压开关柜是常用的高压成套配电装置,根据一次电路的要求可分别组合成为进线柜、馈线柜、联络柜、电压互感器柜、避雷器柜等,如图 2-75 所示。

UX 系统供电柜介绍

图 2-75　高压开关柜外形

高压开关柜分为固定式和手车式两大类。固定式结构简单,成本低。手车式检修方便,供电可靠性高。

1. 固定式高压开关柜

目前常用的固定式高压开柜一般具有防止误操作和保证人身安全的闭锁装置。其闭锁就是为了实现“五防”功能:①防止误合、误分断路器;②防止带负荷分、合隔离开关;③防止带电挂接地线;④防止带地线误合隔离开关;⑤防止误入带电间隔。

图 2-76 是固定式高压开关柜 GG-1A(F)-07S 型的外形。这是一种普遍应用的配电装置,主要用于工厂企业的变配电站,交流 50 Hz,电压 3～10 kV 单相单母线系统,作为接受和分配电能之用。柜体由角钢和薄钢板焊接而成,柜内用薄钢板隔开,上部为断路器室,下部为隔离开关室,主母线水平布置在开关柜顶部。

2. 手车式高压开关柜

相对于固定式高压开关柜,手车式高压开关柜的运行与检修显得更加灵活,在 35 kV 及以下的电压等级中应用最广。手车式高压开关柜一般也有“五防”功能,安全可靠。

图 2-77 为手车式高压开关柜 GC□-10(F)型的外形。其断路器及操动结构等主要设备安装在可移动的小车上,当需要检修断路器时,将断路器分闸后再把小车拉出,再将备用的小车推入,然后合上备用小车的断路器,即可恢复供电。

3. 高压环网开关柜

高压环网开关柜与普通高压开关柜的主要区别是,一般采用高压负荷开关与熔断器串联代替高压断路器。这种开关柜采用性能优良的六氟化硫($SF_6$)或真空开关和高分断能力熔断器组合，具有体积小、重量轻、操作简单、操作力小、使用安全、维护方便等优点，同时本身也具备“五防”功能，环网柜的应用也越来越广泛。

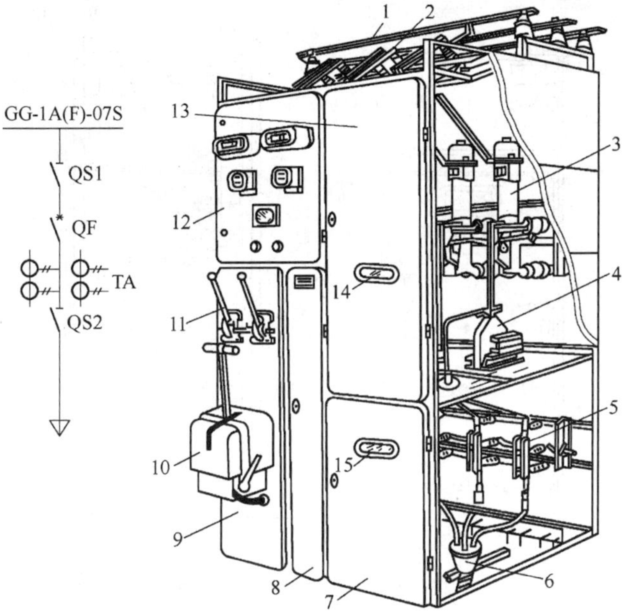


图 2-76　GG-1A(F)-07S 型高压开关柜

1—母线；2—母线侧隔离开关；3—断路器；4—电流互感器；5—线路侧隔离开关；6—电缆头；7—下检修门；8—端子箱门；9—操作板；10—操动机构；11—隔离开关操作手柄；12—仪表继电器屏；13—上检修门；14、15—观察窗

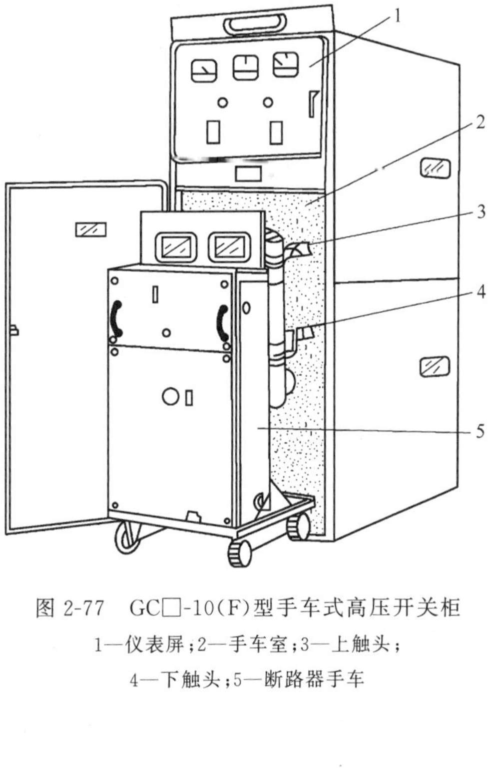


图 2-77　GC□-10(F)型手车式高压开关柜

1—仪表屏；2—手车室；3—上触头；4—下触头；5—断路器手车

图 2-78 为 HXGN1-10 型高压环网开关柜的外形和结构示意。这种开关柜适用于高层建筑、住宅小区、学校、公园、厂矿等额定电压为 10 kV 的三相配电系统,作为接受电能和分配电能之用。

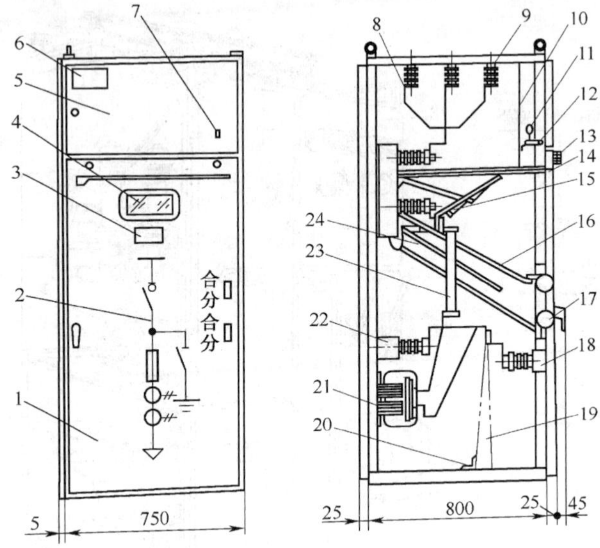


图 2-78　HXGN1-10 型高压环网开关柜的外形和结构示意(单位:mm)

1—下门;2—模拟电路;3—显示器;4—观察窗;5—上门;6—铭牌;7—组合开关;8—母线;9—绝缘子;10—隔板;11—照明灯;12—端子板;13—旋钮;14—隔板;15—负荷开关;16—连杆;17—操动机构;18—支架;19—电缆;20—角钢;21—电流互感器;22—支架;23—熔断器;24—连杆

在高铁变电所中,需要引入一路 10 kV 电源,供自用变使用,此路电源采用 $SF_6$ 气体绝缘开关柜控制,内部主要设备为负荷开关,采用熔断器作为短路保护,图 2-79 为 10 kV 自用变开关柜。

(二)全封闭组合电器(GIS)

全封闭组合电器,简称 GIS,是一种全封闭气体绝缘的装置,较普通成套配电装置具有很多优点。GIS 具有小型化、可靠性高、安全性好、安装周期短、维护方便,检修周期长等优点,后面在本模块项目十一中详细介绍 GIS。

## 三、项目实施

(一)熟悉进线柜结构(图 2-80 和图 2-81),进行停电、送电操作练习

停电检修:

分断路器——分负荷侧隔离开关——分电源侧隔离开关——合接地刀——开前柜门——开柜后门

送电:

关后柜门——关前柜门——分接地刀——合电源侧隔离开关——合负荷侧隔离开关——合断路器

(二)熟悉出线柜(图 2-80 和图 2-81)结构,进行停电、送电操作练习

停电检修:

分断路器——摇出手车至试验位置——合接地刀——开前柜门——开后柜门

送电：

关后柜门——关前柜门——分接地刀——摇进手车到工作位置——合断路器

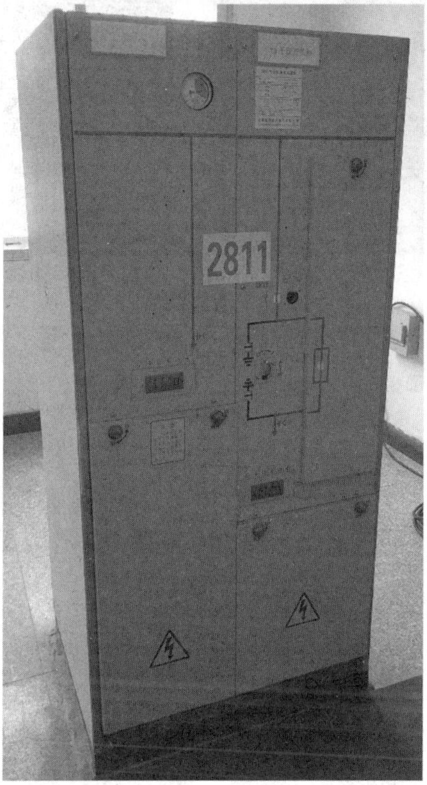


图 2-79　10 kV 自用变开关柜

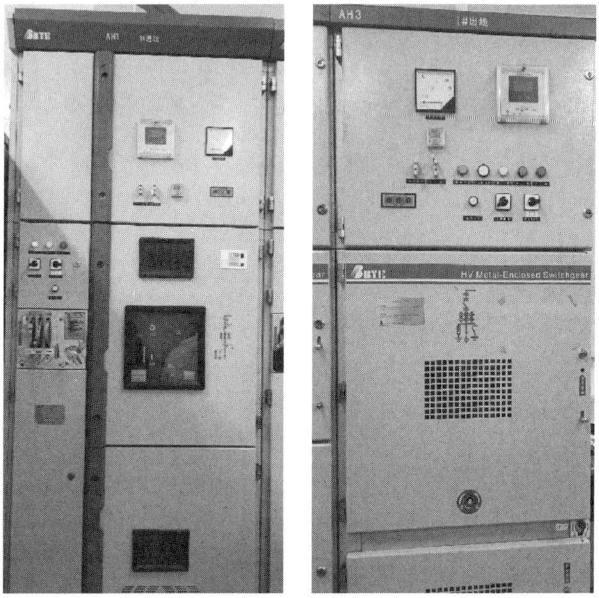


（a）进线柜　　（b）出线柜

图 2-80　进线柜和出线柜

(a)真空断路器和接地刀(进线柜)

(b)电流互感器(进线柜)

(c)母排和隔离开关(进线柜)

(d)避雷器、零序电流互感器(进线柜)

(e)母线(出线柜)

(f)接地刀(出线柜)

(g)避雷器及零序电流互感器(出线柜)

(h)电流互感器(出线柜)

(i)弹簧机构(进线柜)

(j)弹簧机构(出线柜)

图 2-81　开关柜内部元件

## 小提示

**“1＋X”证书变配电运维职业技能**

**开关柜巡视技能**

| 工作领域 | 工作任务 | 职业技能要求 |
|---|---|---|
| 设备巡视 | 开关柜巡视 | 1. 能检查开关柜运行编号标识是否正确、清晰；柜体有无变形、下沉，柜门关闭是否良好，各封闭板螺栓是否齐全，有无松动、锈蚀。<br>2. 能检查机械分、合闸位置指示是否与实际运行方式相符；开关柜上断路器或手车位置指示灯、断路器储能指示灯、带电显示装置指示灯指示是否正常。<br>3. 能检查开关柜内断路器操作方式选择开关处于运行、热备用状态时，是否置于“远方”位置，其余状态时是否置于“就地”位置。<br>4. 能检查充气式开关柜气压是否正常，开关柜内 $SF_6$ 断路器气压是否正常，开关柜内断路器储能指示是否正常。<br>5. 能检查闭锁盒、五防锁具闭锁是否良好，锁具标号是否正确、清晰；开关柜内照明是否正常，非巡视时间照明灯是否关闭。<br>6. 能检查开关柜内有无放电声、异味和不均匀的机械噪声；开关柜压力释放装置有无异常，释放出口有无障碍物 |

## 四、练习

1. 写出开关柜“五防”措施。

(1)______________________________，

(2)______________________________，

(3)______________________________，

(4)______________________________，

(5)______________________________。

2. 写出 10 kV 开关柜停电检修操作步骤。

(1)将控制方式开关打到______________________位置。

(2)将断路器________打到________位置，断路器分闸。

(3)将断路器摇到______________________位置。

(4)打开________闭锁挡板，插入________操作手柄。

(5)将______________________合闸。

(6)打开______________门，打开______________门。

(7)在________手柄悬挂“______________”标示牌。

3. 写出抽出 27.5 kV 真空断路器步骤。

(1)在控制室将控制方式开关打到______________位置。

(2)将断路器__________打到__________位置，断路器分闸。

(3)到高压室，将断路器______________手柄解锁。

(4)拔出__________插销，压下______________手柄。

(5)拉出断路器小车到______________________位置。

(6)将断路器________________手柄闭锁。

(7)在断路器间隔门上悬挂“______________”标示牌。

# 项目十 低压开关电器结构及维护

## 一、项目介绍

低压开关电器一般是指变配电系统中 1 000 V 以下的开关设备。低压开关设备无论是结构复杂程度和制造成本上,都远低于相应的高压开关设备,体积也相对较小,主要适用于低压电路控制和隔离的需要。主要有低压断路器、低压刀开关和接触器等。本项目学习低压电器的结构及维护技能。

| 能力训练项目 | 能力目标 | 相关支撑知识 | 学习建议 |
|---|---|---|---|
| 低压断路器操作 | 1. 能辨别低压开关柜各部分结构。<br>2. 能正确投入和抽出断路器(或抽屉) | 1. 低压断路器类型。<br>2. 抽屉柜结构。<br>3. 万能式断路器结构及应用 | 分组观察抽屉柜内部结构和万能式断路器结构,进行投入和退出操作,分析其操作闭锁的关系 |

## 二、相关知识

### (一)低压断路器

#### 1. 作用及特点

低压断路器又称为“低压自动开关”或“自动空气开关”,其作用与高压断路器在电路中的作用相似,但也有区别。高压断路器本身不具备继电保护的功能,需要相应的继电保护装置配合才能实现对电气设备的保护,即高压断路器和继电保护装置是相互独立的;而低压断路器除了具有正常的控制功能外,本身还集成了保护装置,具有自动切断故障的保护功能,因此低压断路器是具有开关功能和保护功能的集成装置。低压大功率电路中通常需要安装低压断路器进行保护和控制。

低压断路器的类型很多,根据不同的分类方式,可将其分类如下:

(1)按结构形式分为万能式和塑料外壳式两大类。

万能式断路器保护方式和操作方式较多,安装方式灵活。塑料外壳式断路器中的所有机构和带电部分都安装在塑料壳之内。

(2)按灭弧介质分为空气断路器和真空断路器两大类。

(3)按用途分为配电用、电动机保护用、照明用和漏电保护用断路器等。

(4)按保护方式分为非选择型、选择型和智能型断路器。

非选择型一般只具有一种短路保护动作功能;选择型则有两段保护和三段保护功能;智能型由微机控制,其保护方式和整定可以方便地改变。

选择型断路器中的两段保护可以是瞬时和短延时保护的配合,也可以是瞬时和长延时保护的配合;三段保护是指瞬时、短延时和长延时三种保护的配合,或者是瞬时、长延时和接地短路的三种保护的配合。短延时保护动作时间有 0.2、0.4、0.6 s 几种,瞬时和短延时动作适于短路保护;长延时动作适于线路过载保护。

低压断路器型号中的第一个字母 D 表示低压断路器,其他字母的含义参见手册。

2. 低压断路器的原理

低压断路器的原理如图 2-82 所示。线路如果出现短路故障时,其过电流脱扣器 6 动作,使断路器跳闸。如果出现过负荷时,经过延时后其热脱扣器动作(图 2-71 中 7),也使断路器跳闸。如果线路电源失压或严重降低,其失压脱扣器 5 动作,也使断路器跳闸。正常时按下脱扣按钮 9 或 10,使分励脱扣器 4 通电或失压脱扣器 5 失电,可实现断路器手动跳闸。

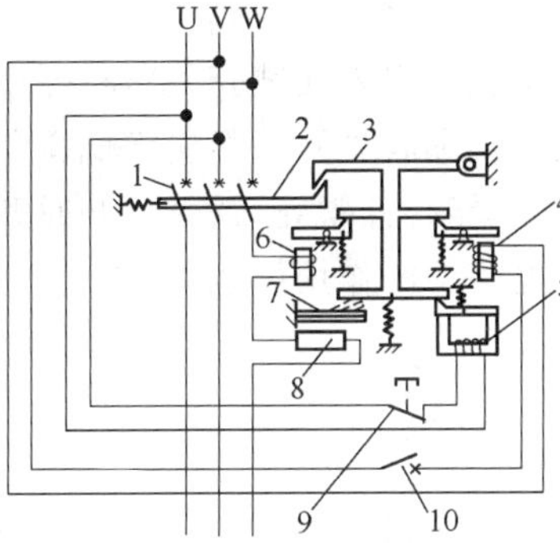


图 2-82　低压断路器的原理

1—主触头;2—跳钩;3—锁扣;4—分励脱扣器;5—失压脱扣器;6—过流脱扣器;7—热脱扣器;8—加热电阻;9—常闭脱扣按钮;10—常开脱扣按钮

3. 低压断路器的结构

由于低压断路器的品种较多,常用有塑料壳式、抽屉式和智能型的低压断路器。图 2-84 为低压断路器的外形。断路器操作手柄一般有三个位置,即合闸位置、自由脱扣位置、分闸和再扣位置。智能型断路器一般用于大容量场合,用于低压母线的进线、出线处,安装在低压配电柜上,一般有三对触头。抽屉式断路器主要应用于低压配电柜,构成抽屉式低压开关柜,方便控制、检修和管理。塑料外壳一般用于日常生活当中,一般形式有单极、双极、三极和四极,C 字母开头的型号(如 C40)一般用于配电照明,D 字母开头的型号(D63)一般用于动力负荷控制回路。

(a)智能型(框架式)

(b)抽屉式

(c)塑料外壳式

图 2-83　各种低压断路器

(二)低压刀开关

低压刀开关在电路中的作用与高压隔离开关在电路中的作用类似,可用于隔离电源,也可开断小电流,一般不能带负荷操作,只能在低压断路器断开后进行操作,但带有灭弧罩的刀开关可以开断一定的负荷电流。

低压断路器的工作过程

低压刀开关通常采用手动操作,利用拉长电弧或利用灭弧罩分割长电弧,使电弧变细、冷却而熄灭。图 2-84 所示为 HD13 型低压刀开关的外形图。

如果将低压熔断器和低压刀开关组合在一起,将构成低压刀熔开关。低压刀熔开关除了具有低压刀开关的功能外,还具有短路保护功能,在功率较小、负荷等级较低的场合采用低压刀熔开关代替低压断路器,成本较低,较为经济实用。刀熔开关在低压配电屏上得到广泛使用。图 2-85 为低压刀熔开关的结构,由图中可以看出,其实质上是用熔断器代替了刀开关的闸刀。

如果将低压刀开关和熔断器串联后组装在铁壳和塑料壳中,具有一定的熄弧能力,将构成低压负荷开关。通常所称的铁壳开关和胶壳开关都属于低压负荷开关。铁壳开关上有操作安全闭锁机构,开关处于合闸状态时不能打开铁壳,铁壳打开时开关不能合闸。低压负荷开关在电路中的作用与高压负荷开关在电路中的作用类似。

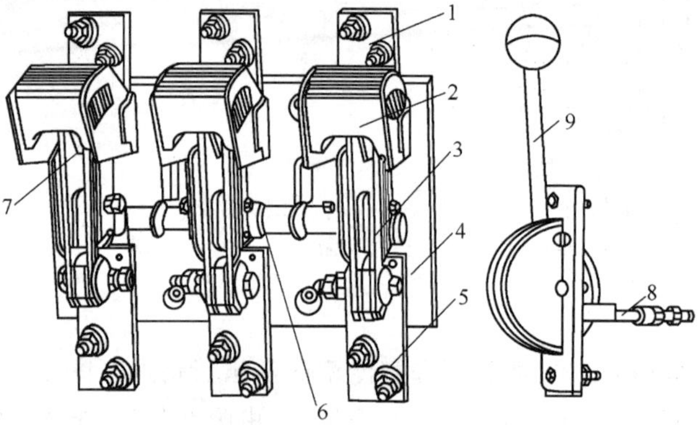


图 2-84　HD13 型低压刀开关的外形

1—上接线端;2—灭弧栅;3—闸刀;4—底座;5—下接线端;6—主轴;7—静触头;8—连杆;9—操作手柄

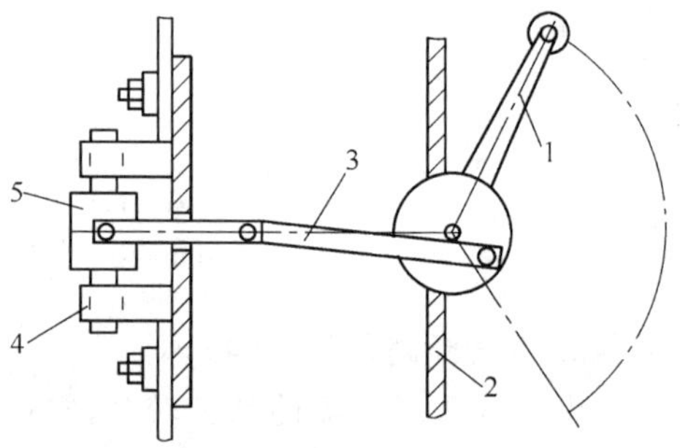


图 2-85　低压刀熔开关结构

1—操作手柄;2—配电屏面板;3—连杆;4—触头座;5—熔断器

此外还有一种低压开关称为组合开关或转换开关,其触头为多层结构,可同时控制多个回路。操作时通过手柄旋转实现分、合闸,操作结构中配有弹簧储能机构,触头可实现快速切换,其分、合速度不受人为操作因素影响。组合开关通常适用于交流 380 V 及以下,直流 220 V 及以下的电气线路中,作为不频繁通断电路,转换电源或负载,测量母线电压,控制小型电动机正反转等。

以 HD(单投)或 HS(双投)字母开头表示的均属于低压刀开关,以 HR 字母开头表示的属于刀熔开关,以 HH(封闭式)或 HK(开启式)字母开头表示的属于低压负荷开关,以 HZ 字母开头表示的属于组合开关。

(三)低压成套电器装置

低压成套电器装置是指 1 kV 及以下的成套电器装置,低压成套电器装置将一次、二次设备组合在一起,在低压配电系统中作为动力、照明以及低压供电电源连接之用。低压成套电器装置主要有低压配电屏和动力与照明配电箱两种。

1. 低压配电屏

低压配电屏一般设于低压配电室内,主要有双面操作固定式、单面操作固定式和抽屉式几种。双面操作式屏前屏后均可维修,离墙安装,占地面积较大。单面操作式靠墙安装,占地面积较小。图 2-86 抽屉式配电屏的外形。

图 2-86　抽屉式配电屏外形

抽屉式低压配电屏是由薄钢板制成抽屉及其柜体。抽屉设有联锁装置，当开关处于合闸位置时抽屉不能拉出，抽屉拉出后开关不能合上。

2. 动力与照明配电箱

动力与照明配电箱安装在各车间内，在车间内控制所有负载。动力与照明配电箱可以同时给动力和照明供电，照明配电箱则主要用于照明的供电，或者作为家庭供电的开关箱。

动力和照明配电箱的类型有靠墙式、悬挂式和嵌入式等。家庭中使用的开关箱，出于美观的考虑，可选用嵌入式。嵌入式具有体积小、操作方便、美观等优点，并且带有漏电保护装置，并且其分路开关可根据控制回路的需要进行增减。

## 三、项目实施

(1)检查低压断路器，并进行分合闸操作。

①合闸位置。

当需要合闸时，将操作手柄由下方扳向上方，跳扣被锁扣扣住，断路器完成合闸并得以维持合闸状态。

②自由脱扣位置。

当线路出现短路故障或过负荷时，其相应的脱扣器动作，带动牵引杆动作，使锁扣释放跳钩,断路器触头跳开,此时操作手柄由上方合闸位置移动到中间位置,此位置称为自由脱扣位置。

③分闸和再扣位置。

低压断路器自动跳闸后,将操作手柄扳向下方,跳扣又被锁扣扣住,完成“再扣”动作,为下次合闸做好准备。也就是说,断路器自动跳闸后,如果将手柄直接往上扳,则无法带动触头进行合闸,需将操作手柄往下扳,然后再向上扳才能完成重新合闸的操作。

(2)设置低压开关柜,检验保护动作值,并进行试验。

(3)将万能式断路器抽出,识别其上下触头、储能机构、分合闸线圈、灭弧栅、失压脱扣器等部件。(扫码万能式断路器结构图查看部件,扫码万能式断路器失压脱扣动作视频观看动作过程。)

万能式断路器结构图

万能式断路器失压脱扣动作视频

**四、练习**

检查万能式断路器操作机构。

1. 将________打到分闸位置,断路器分闸。

2. 从低压开关柜上抽出________手柄,插入________。

3. 将低压断路器摇到________位置,再摇到________位置。

4. 将低压断路器抬出至桌面,检查手动储能、________线圈、________线圈、________脱扣器、主触头、灭弧栅、控制端子排、________按钮。

5. 进行储能操作检查时,注意防止弹簧储能机构突然释放动作伤人。

# 项目十一　组合式开关柜(GIS柜)

**一、项目介绍**

本项目重点讲述牵引侧GIS柜,用于高铁变电所AT供电,是一种配固定式双极真空断路器的8DA系列开关柜,目的是熟悉GIS的结构及学习其操作及维护技能。

| 能力训练项目 | 能力目标 | 相关支撑知识 | 学习建议 |
| --- | --- | --- | --- |
| GIS柜、断路器和三位置隔离开关操作 | 1. 能说明GIS柜与普通开关柜区别。<br>2. 能正确操作,实现停、送电和接地 | 1. 低压断路器类型。<br>2. 抽屉柜结构。<br>3. 万能式断路器结构及应用 | 理解GIS柜内部元件,画出断路器和三工位开关的连接图,根据GIS柜面板部件及符号,能完成任务所要求的操作,分组练习熟悉基本操作 |

**二、相关知识**

气体绝缘开关设备(Gas Insulated Switchgear,GIS)是指全封闭式组合电器,是将断路器、隔离开关、接地开关、电流互感器、电压互感器、避雷器、母线、进出线套管、电缆终端等电气设备,按照一次主接线的要求,依次组成一个整体,高压带电部分均封闭于接地的金属体内,并充入一定压力的$SF_6$气体作为绝缘介质的开关设备,其结构如图2-87所示。

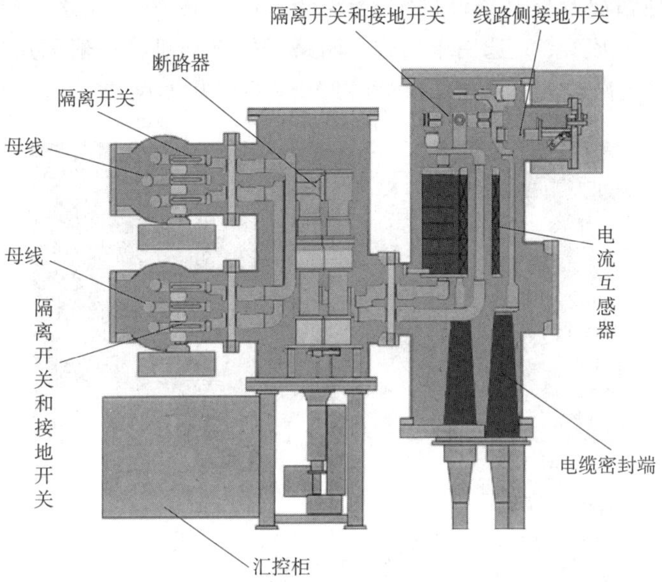


图 2-87　GIS 的结构

高铁变电所进线一般采用 220 kV 或 330 kV，普速铁路变电所一般进线为 110 kV 进线，主要采用空气绝缘的单体设备，地方变电站也有采用 110 kV GIS 柜(图 2-88)。高速铁路牵引侧主要采用 27.5 kV GIS 柜的形式，一般称为组合式开关柜(以下简称 GIS 柜)，下面重点介绍 220 kV GIS 和 27.5 kV GIS 柜。

图 2-88　某变电站 110 kV GIS 柜

(一)220 kV GIS 柜

GIS 柜壳体一般用钢板制成，内部元件根据主接线方案确定。主要包括以下元件。

1. 断路器

断路器是 GIS 柜的主要元件，主要采用 $SF_6$ 断路器。断路器的断口布置方式有水平和垂直两种,需根据场地情况及检修条件确定,当需降低高度时,宜选用水平布置;当需减少宽度时,可选用垂直布置。灭弧室宜选用单压式。断路器的操动机构一般采用液压或弹簧操动机构,也可采用压缩空气操动机构。图 2-89 为 220 kV GIS 柜断路器。

图 2-89　220 kV GIS 柜断路器

2. 隔离开关和接地开关

隔离开关主要用于隔离电源,与 GIS 柜配电装置连接并需单独检修的电气设备、母线和出线,均应配置接地开关。

一般情况下,出线回路的线路侧接地开关和母线接地开关采用具有关合动稳定电流能力的快速接地开关,其他情况下一般设置接地开关。为便于试验和检修,GIS 柜的母线避雷器和电压互感器、电缆进线间隔的避雷器、线路电压互感器应设置独立的隔离开关或隔离断口。隔离开关和接地开关一般设有表示其分、合位置指示装置,便于巡视检查。

GIS 柜在同一回路的断路器、隔离开关、接地开关之间设置有联锁装置。线路侧的接地开关一般装有带电指示和闭锁装置。图 2-90 为 220 kV GIS 柜隔离开关和接地开关。

3. 电流互感器

电流互感器是套装在 GIS 柜母线管的上面,母线作为电流互感器的一次绕组,只有一匝。而在母线管的外面包着环形铁芯,与母线同芯,二次绕组绕在铁芯的外面,用环氧树脂浇铸在一起,图 2-91 为 220 kV GIS 柜电流互感器。

4. 电压互感器

GIS 柜中的电压互感器元件为电磁式。GIS 柜的母线电压互感器、线路电压互感器应设置独立的隔离开关或隔离断口;架空进线的 GIS 柜间隔的线路电压互感器宜采用外置结构。图 2-92 为 220 kV GIS 柜电压互感器。

5. 避雷器

在 GIS 柜母线上安装的避雷器宜选用 $SF_6$ 气体作绝缘和灭弧介质的避雷器。架空进线的 GIS 柜间隔的避雷器宜选用外置、敞开式避雷器，其接地端应与 GIS 柜管道金属外壳连接。$SF_6$ 避雷器应做成单独的气隔，并应装设防爆装置、监视压力的压力表(或密度继电器)和补气用的阀门，图 2-93 为 220 kV GIS 柜避雷器。

图 2-90　220 kV GIS 柜隔离开关和接地开关

图 2-91　220 kV GIS 柜电流互感器

图 2-92　220 kV GIS 柜电压互感器

图 2-93　220 kV GIS 柜避雷器

6. 引线套管及电缆终端

与架空线连接,一般用充以 $SF_6$ 气体的 $SF_6$/空气绝缘套管,与变压器连接,一般用油/$SF_6$ 套管,与电缆进出线连接,一般用外部充以 $SF_6$ 气体的 GIS 柜电缆终端,图 2-94 为 220 kV GIS 柜电缆终端。

图 2-94　220 kV GIS 柜电缆终端

(二)27.5 kV GIS 柜

1. GIS 柜的特点

GIS 柜设计的额定电压最高 40.5 kV,额定电流最高 2 500 A。它们允许的额定最大短路电流可达到 108 kA,最大短路开断电流达到 40 kA。在牵引系统中武广高铁使用的 8DA12(双极,分别用于 T 线和 F 线)。

固定式断路器的 8DA 系列开关柜有以下特征:

(1)工厂装配,通过型式试验,金属封闭,金属铠装的用于户内运行的开关柜。

(2)绝缘介质使用 $SF_6$ 气体。

(3)可安全触摸的电缆连接系统以及固体绝缘和气体绝缘的连接系统。

(4)单极金属封闭。

(5)最小的防火负载。

(6)极少的维护。

(7)带逻辑机械联锁的持续开关柜联锁系统。

(8)因为运用密闭系统,一次部件不受环境影响(污染、湿气和小动物)。

8DA 系列开关柜的结构特征为人身安全和操作安全提供了保障。

图 2-95 分别显示了 8DA 系列开关柜三种不同型号的结构,图 2-96 和图 2-97 为 27.5 kV GIS 柜实物。

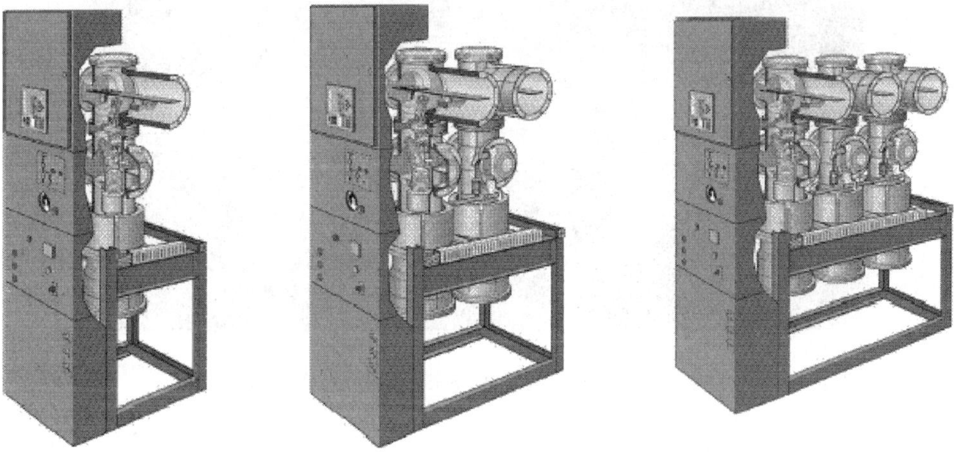

(a) 8DA11(单极)　(b) 8DA12(两极)　(c) 8DA10(三极)

图 2-95　8DA 系列开关柜结构

图 2-96　27.5 kV GIS 柜实物背面

1—气室;2—电压互感器;3—三位置隔离开关;4—断路器;5—接地;6—电流互感器

图 2-97　高铁变电所 27.5 kV GIS 柜实物正面

GIS 柜的额定电压和电流的技术参数见表 2-4。

**表 2-4　GIS 柜 8DA12 的额定电压和电流**

| 项　　目 | | 单　　位 | 值 |
|---|---|---|---|
| 额定电压 | | kV | 27.5 |
| 额定频率 | | Hz | 50/60 |
| 通用 | 额定短时工频耐受电压 | kV | 95 |
| | 额定雷电冲击耐受电压 | kV | 200 |
| 隔离开关 | 额定短时工频耐受电压 | kV | 110 |
| | 额定雷电冲击耐受电压 | kV | 220 |
| 额定短路开断电流 | | kA | 31.5 |
| 额定短时耐受电流(3 s) | | kA | 31.5 |
| 额定短路关合电流 | | kA | 80 |
| 额定峰值耐受电流 | | kA | 80 |
| 最大母线电流 | | A | 2 500 |
| 最大馈线电流 | | A | 2 000 |

2. 断路器

真空断路器是与开关柜一体化的组件由以下元件组成，如图 2-98 所示，真空断路器操作机构箱如图 2-99 所示。

(1)由弹簧储能机构和控制元件组成的操动机构。

(2)控制触头动作的操作杆。

(3)一个带真空灭弧室的开关柜极柱。

机械联锁是断路器防止误操作的机械保护。当三位置开关处于错误的位置时,机械保护可以防止断路器合上。而且,在二次回路的控制方面,三位置开关也受断路器的辅助接点控制,当断路器在合位时三位置开关不能操作,这样也就防止了断路器合上时误操作三位置开关。

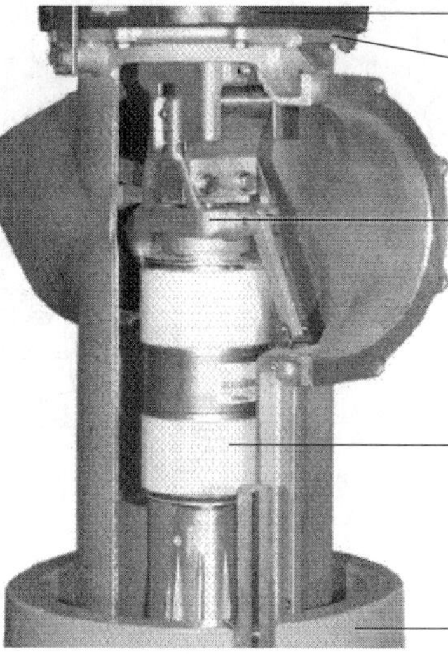


图 2-98　真空断路器

1—套管;2—顶部法兰;3—灭弧室支撑;4—真空灭弧室;5—电流互感器

真空灭弧室固定在灭弧室支撑上。固定的触头直接连接到套管上,动触头牢固地连接到连接螺栓上,导杆外圈有金属波纹管,金属波纹管为真空室和气室的连接部件。

操动机构箱包括了所有分合断路器要求的机械和电气元器件如图 2-99 所示。

按下 ON 按钮断路器即合闸。通过真空灭弧室外的操作杆,操作传递到真空灭弧室。在合闸弹簧放能之后,其储能回路接通,发动机受电立即使弹簧储能。如果发动机的供电有问题,该弹簧可以通过手柄手动储能。为了手动储能,面板上有一个孔,储能手柄可通过该孔和齿轮机构啮合。弹簧的储能状态可由指示器读出。

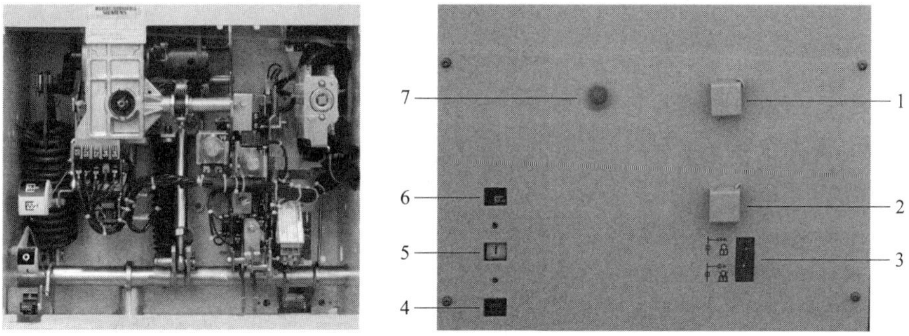


(a)　　(b)

图 2-99　真空断路器操作机构箱

1—ON 按钮(机械):当有发动机操作的隔离和接地开关室,按钮被锁上;2—OFF 按钮(机械);3—锁定装置(挂锁);4—操作计数器;5—分合闸位置指示器;6—储水指示器;7—手柄(储能)插孔

(三)三位置隔离开关

三位置隔离开关综合了隔离开关和接地隔离开关的功能,三位置即指:隔离开关合位,接地隔离开关合位,隔离开关和接地隔离开关分位;它即使是安装于 $SF_6$ 气室内,但也只是为无负荷的操作设计,故不能带负荷操作。三位置开关实际上其动触头只有一个,不管是隔离开关或者是接地刀闸都是它,如图 2-100 和图 2-101 所示。

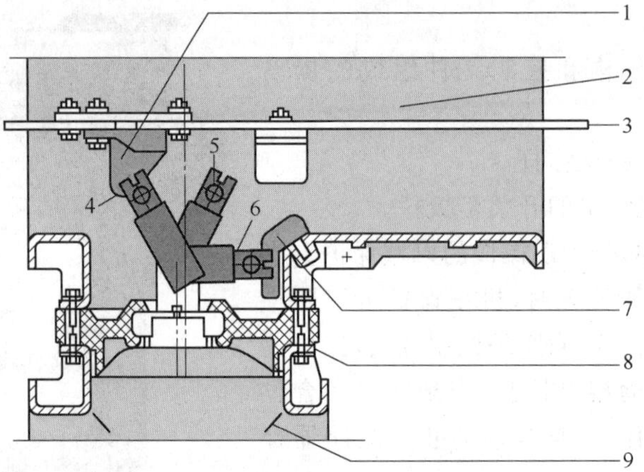


图 2-100　三位置隔离开关、母排和套筒

1—隔离开关的触头;2—母线室;3—母排;4—“合上”按钮;5—“分开”按钮;
6—“准备接地”按钮;7—接地触头;8—套筒;9—断路器室

(a)馈线断开

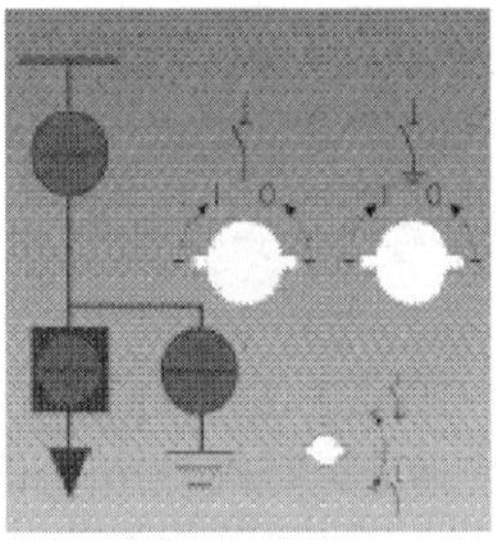
(b)开关位置1

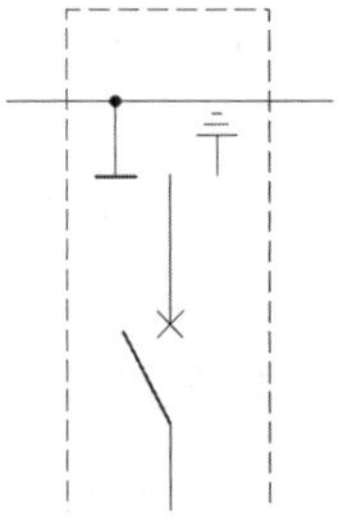
(c)QF、QS接地刀均断开

(d)馈线合上

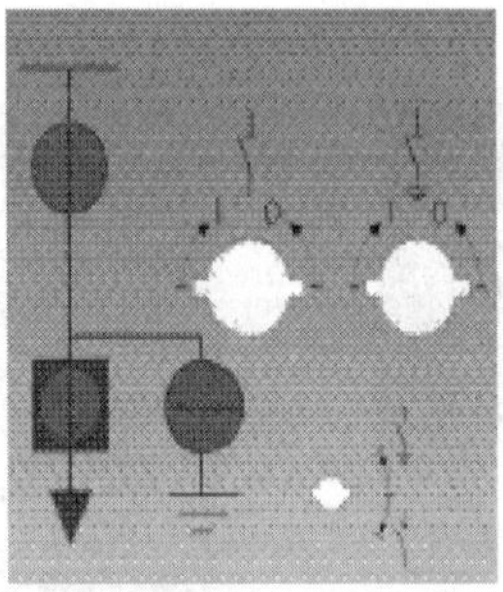
(e)开关位置2

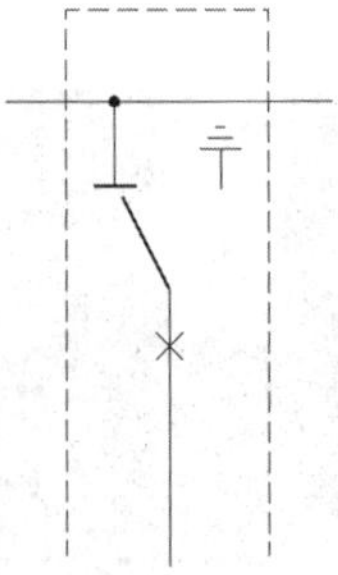
(f)QF、QS合上、接地刀断开

(g)馈线接地

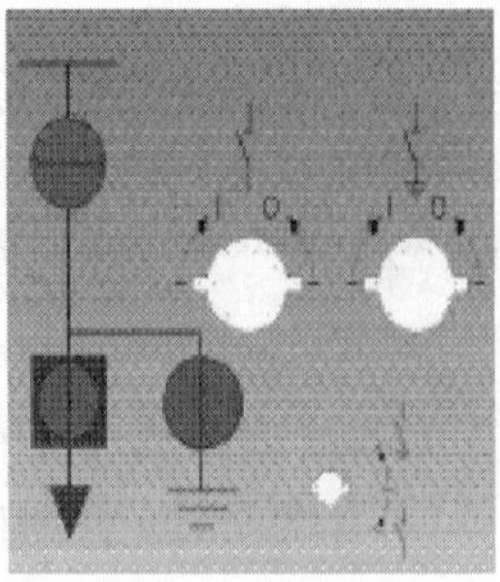
(h)开关位置3

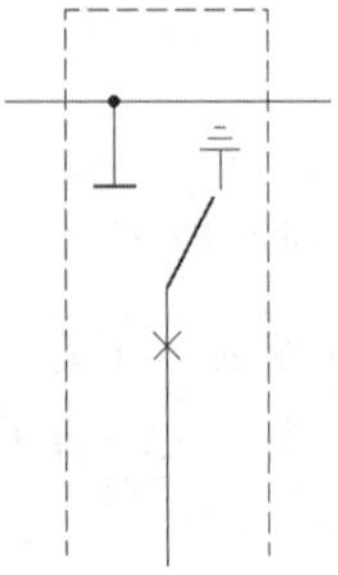
(i)QF、QS合上、接地刀合上

图 2-101　三位置隔离开关 3 个位置

（四）互感器

电压互感器安装于主气室之外与主气室插接，电流互感器安装于气室之外与气室无关。

1. 电压互感器

电压互感器安装在分段母线上，不带隔离开关，可插接，每段母线的 T 线 F 线各一个共四个。在 GIS 柜上的电压互感器二次额定值均为 100 V。

特征：①环氧树脂绝缘；②感应式；③金属封闭，可安全触摸；④可在柜体连接处插接。

2. 电流互感器

使用穿心式电流互感器，安装在断路器下方气室之外，一次回路作为一次绕组，使得电流互感器不用承受高压且不发热。二次侧在气室外，连接方便，整个电流互感器的树脂浇铸材料不承受高压，可用手碰触。在 GIS 柜上的电流互感器二次额定值均为 1 A。

特征：①设计为环形电流互感器：环芯为二次绕组，主环对应一次绕组；②位于一次元件密封体（开关室）外，适于开关柜的单极设计；③环氧树脂部分不受介电应力的影响（采用特殊设计）。

（五）气室

气室的分布以有利于运行时易于工作为轴心，气室分布固定后开关在操作上就受其限制。当故障产生时，气室的分布决定了工作的范围。

每个气室的气体是独立的，如图 2-102 所示，均有 1 个气体压力表监视，有 1 个充气阀（用于放气和充气）。各气室气体压力值见表 2-5。

**表 2-5 20 ℃时的气体压力（kPa）**

| 项目 | 母线室 | | 母线压互室 | | 断路器室 | | |
|---|---|---|---|---|---|---|---|
| | | | | | 最大 1 600 A | | 2～2.5 kA |
| 额定电压（kV） | ≤36 | ≥36 | ≤36 | ≥36 | ≤36 | ≥36 | ≥36 |
| 额定气体压力 | 50 | 120 | 50 | 120 | 50 | 120 | 120 |
| 最小运行压力 | 30 | 100 | 30 | 100 | 30 | 100 | 100 |
| 最大运行压力 | 90 | 180 | 100 | 180 | 90 | 180 | 180 |
| 压力低报警 | 30 | 100 | 30 | 100 | 30 | 100 | 100 |
| 压力高报警 | 90 | 180 | 100 | 180 | 90 | 180 | 180 |
| 防爆膜操作压力 | ≥300 | | | | | | |
| 所有的压力都是测量表的压力。操作压力受温度影响 | | | | | | | |

（六）柜体连接

全绝缘的柜体连接可用内锥式电缆插头或固体绝缘、气体绝缘母排，武广牵引变电所使用内锥式电缆插头。根据电缆截面积和额定电压，可使用三种尺寸的电缆接头。除了接单根电缆，最多可接 6 根电缆。两根以上电缆的连接也可用电压互感器（外部或插接式）替代第二根电缆。

变电所 GIS 柜进线和馈线均使用三电缆连接，所用变压器使用单电缆连接，图 2-103 是单根电缆和多根电缆连接示意，图 2-104 是单根电缆插头与插座结构示意。

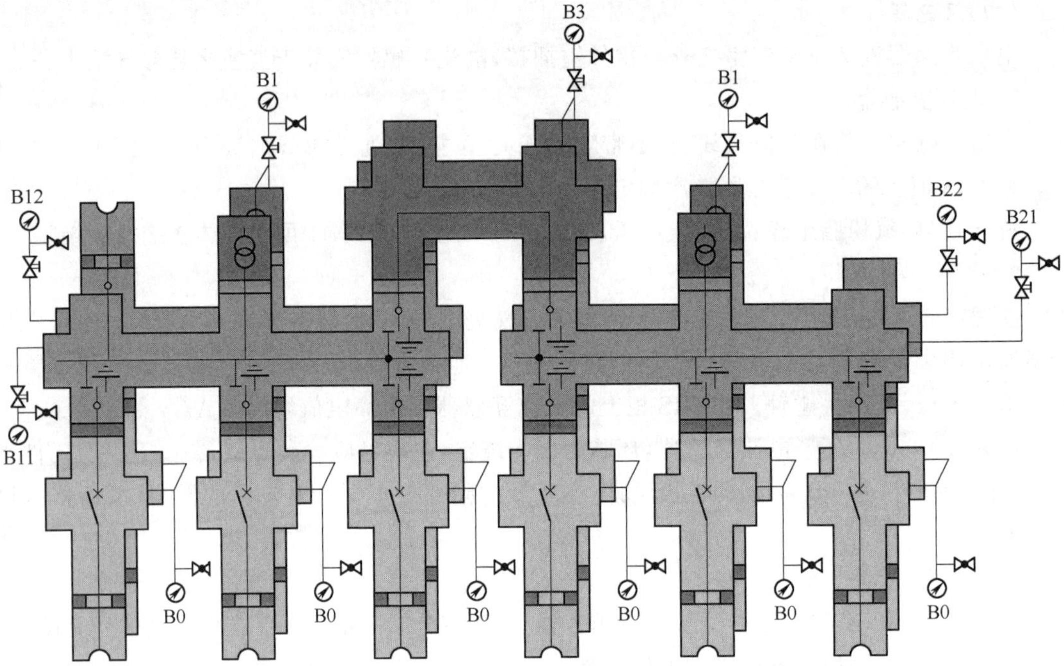


图 2-102　气室图(相同颜色的气室是相互连通的)

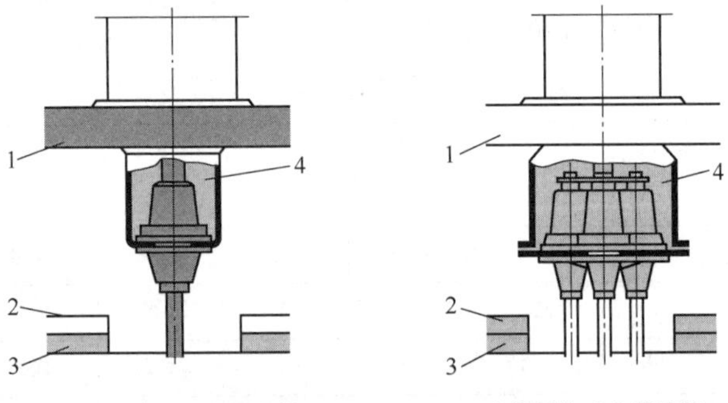


(a)单根插接式电缆连接　　(b)多根插接式电缆连接

图 2-103　电缆的连接示意

1—柜体上部;2—柜体下部;3—地坪(如:混凝土);4—$SF_6$ 绝缘气体

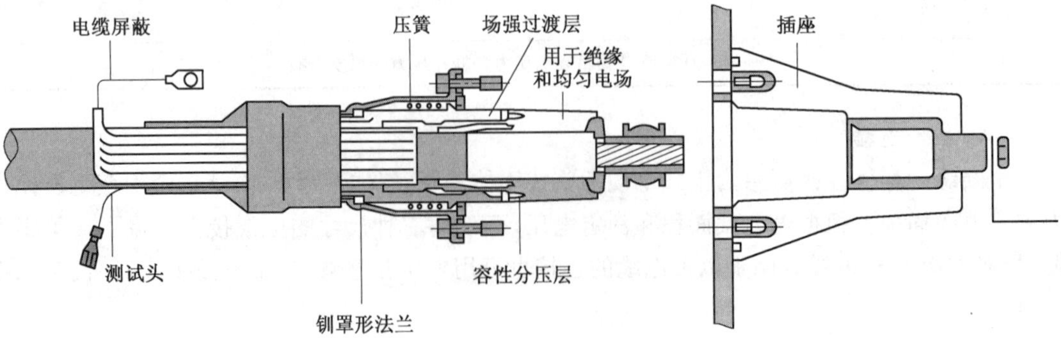


图 2-104　单根电缆插头与插座结构示意

(七)GIS柜的日常运行检查

主要从三个方面进行:一看,二听,三处理。

1. 看

看GIS柜各气室的$SF_6$气体压力和断路器状态。

(1)$SF_6$压力低

原因:存在漏气点。

解决方法:在不停电的情况下先将气体补充到额定压力保证运行,然后进行气体检漏测试,查找到故障点之后,停电进行故障处理。

(2)$SF_6$压力高

原因:气室内部金属连接点虚接,长期运行发热,导致气体压力升高。或者是发生故障,大电流导致气体压力短时升高。

解决方法:停电,排空母线室内气体,打开母线室进行检查。故障处理完毕后抽真空,更换干燥剂、密封圈,重新密封。

在严重故障情况下,如果母线室气体压力超过200 kPa,母线室自带的压力膜将自动爆破泄压,以保证母线室的安全。

(3)断路器状态(主要是弹簧储能状态)

看断路器的弹簧储能状态,确认储能正确。特别是在初次投入使用,断路器自带的防跳装置与保护装置的防跳冲突,现场调试时会将断路器防跳摘除。断路器储能的辅助接点包含在防跳回路中,因此在进行远方操作时,如果断路器未储能,由于远动合闸命令为保持信号,检测到断路器位置变化返回,此种情况下会造成合闸线圈由于长期带电烧毁,因此在进行远方操作时需确认断路器储能状态。

2. 听

运行时要监听下列部位是否有异常声音:母线室、断路器室、压互连接处或避雷器连接处,如果存在异常声音则可能存在下列问题:

(1)母线室

①母线室内可能有异物或者漂浮的金属粉末及其他导电的物质。

②金属连接部位虚接,有间隙放电现象。

解决方案:打开气室,清除异物,紧固连接件。(注意更换干燥剂及密封圈)

(2)断路器室。

如果断路器室有异常声音应及时通知厂家解决。

(3)压互连接处及避雷器连接处

可能原因:连接处固定不牢固,压互安装位置有误(安装位置只对初投入运行变电所而言)。

解决方法:通知厂家重新连接与安装。

3. 简单处理

简单处理指较简单的故障处理及螺栓和密封故障处理。

较简单的故障处理如断路器无法操作,隔开无法操作,压互、避雷器故障,电缆头击穿等。

螺栓和密封故障处理,螺栓连接拆除后更换垫圈,更换新的密封圈。密封圈可在当地的西门子办公室获得。用不起毛的专用纸清洁法兰和沟槽,检查法兰表面,润滑密封圈和沟槽。如果需要,在气室内放置干燥剂,装好盖板。连接气室,用 20 N·m 的力矩拧紧 M8 螺栓。

(八)GIS 柜设备维护

1. 维护计划

开关柜所需维护极少,且仅限于易磨损和老化的部件,建议计划见表 2-6。

(1)视觉检查:每 5 年。

(2)小型维护:每 10 年。

(3)主要维护:隔离和接地开关操作 1 000 次后或 20 年后(由于隔开机构官方使用寿命为 3 000 次,建议尽量减少隔开的操作次数) 以上时间间隔为指导性,用户需参照具体的设备运行环境。

**表 2-6 开关柜维护计划**

| (1) | (2) | (3) | 维修项目 |
|---|---|---|---|
| × | × | × | 1. 读取气压表上的 $SF_6$ 压力,如果气体泄漏超过 1% 每年,采取措施消除泄漏 |
| | × | × | 2. 测量 $SF_6$ 气体空气和水分含量,如果需要处理,可根据情况进行充气、更换/干燥气体和更换干燥剂 |
| | × | × | 3. 检查机械连锁 |
| | × | × | 4. 检查所有辅助回路的螺钉连接端子是否牢固 |
| | × | × | 5. 检查开关柜表面,如有油漆破损,可补漆(更多的可能是如果开关柜暴露在恶劣气候条件下) |
| | | × | 6. 隔离和接地开关操作机构:查看连接是否动作灵活,润滑连接件和轴承 |
| | | × | 7. 抽空 $SF_6$ 气体 |
| | | × | 8. 检查隔离和接地开关:<br>8.1 检查接点表面、活动绝缘子和操作连接是否有磨损。<br>8.2 如果需要,用真空吸尘器清洁绝缘套管。<br>8.3 润滑接点表面及操作连接处。<br>8.4 更换开关柜气室的干燥剂,安装新密封圈。<br>8.5 试操作,检查操作是否到位 |
| | | × | 9. 充入 $SF_6$ 气体并检查气压监视装置指示是否正确 |
| | | × | 10. 检查开关柜气密性 |

2. GIS 柜柜体的维护

检查接地是否良好,GIS 柜开放部分防止污秽,环氧树脂部分可用水加一般家用清洁剂清洁,电流互感器腔体可用水加一般家用清洁剂清洁。

## 三、项目实施

这里所说的开关操作是指在 GIS 柜面上进行馈线的停电、送电和接地三个方面。进线操作与馈线相同,图 2-105 是断路器柜的控制面板。

(一)操作馈线断路器

1. 断路器电动分合闸

直流电源柜把直流送到 GIS 柜,操作电源正常、电机电源正常,观看合闸弹簧“已储能/未储能”指示应在已储能状态。把“远方/就地”开关打到“就地”位,把该断路器的操作开关打

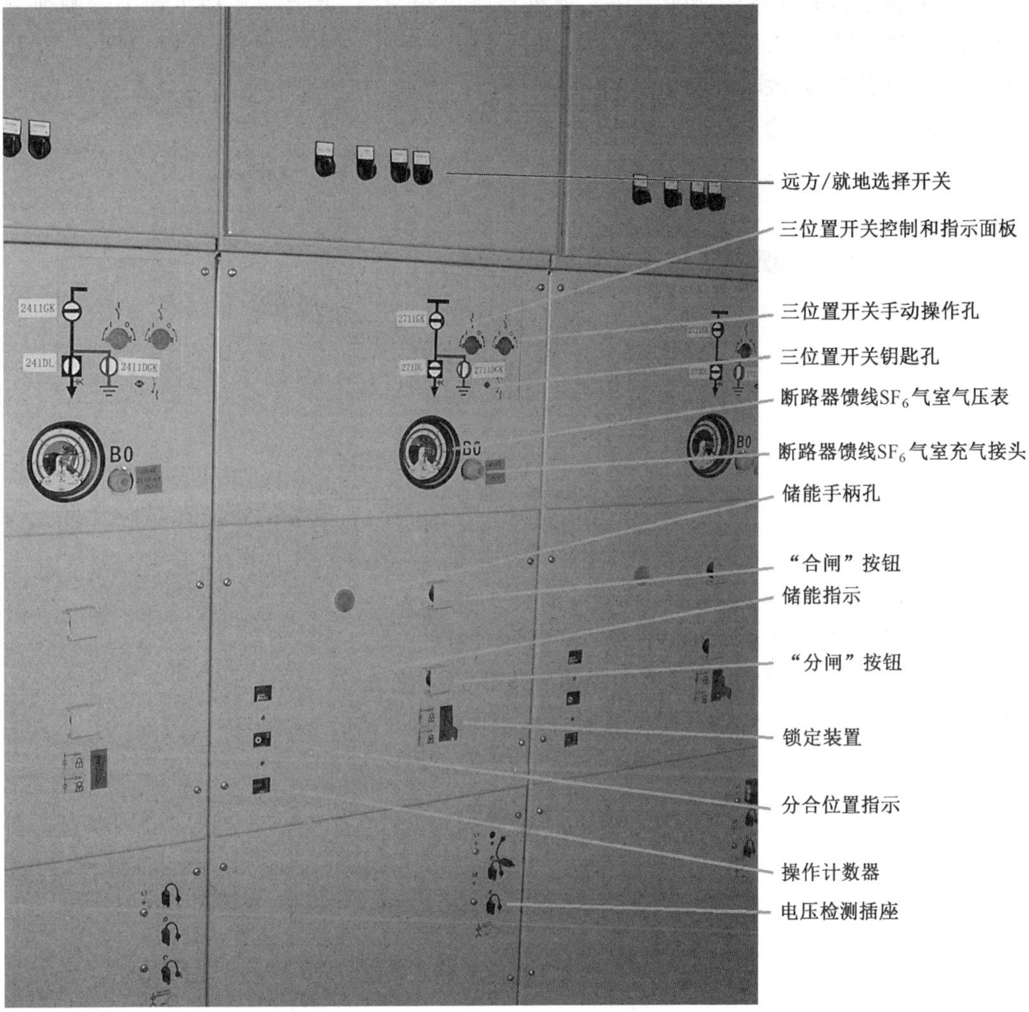


图 2-105　断路器柜的控制面板

“合”位，合闸线圈受电进行合闸动作。同样分闸时把操作开关打“分”位，分闸线圈受电进行分闸动作。进线断路器存在与 220 kV 断路器的闭锁关系，只有在 220 kV 断路器合闸后才能合闸，分闸不受限。

2. 断路器手动分合闸

手动合断路器的操作步骤：操作机械或电气控制面板的 ON 按钮，直接点击合闸线圈铁芯，合闸弹簧释放能量，断路器合上。

手动分断路器的操作步骤：操作机械或电气控制面板的 OFF 按钮，直接点击分闸线圈铁芯，分闸弹簧释放能量，断路器分开。

3. 锁定装置

如果锁定装置“挂锁”，则断路器的位置将被固定，连机械分断路器也不可能，断路器在运行过程中严禁挂锁。

4. 合闸弹簧手动储能

当加上控制电压后，合闸弹簧会自动储能。合上断路器 15 s 后，开关顺序分—合—分（自动重合闸)所需的能量就储存在弹簧中。如果控制电源故障,就要用摇柄手动为合闸弹簧储能。摇柄一定要使用厂家配置的专用工具,如图 2-106 所示。因摇柄插入手动储能开孔时,电气回路(合闸弹簧电动储能回路)没有断开,当摇柄储能时,突然来电则储能电机会马上转动,所以摇柄必须有自由飞轮,即使摇柄插入时电机启动也没有受伤的危险。

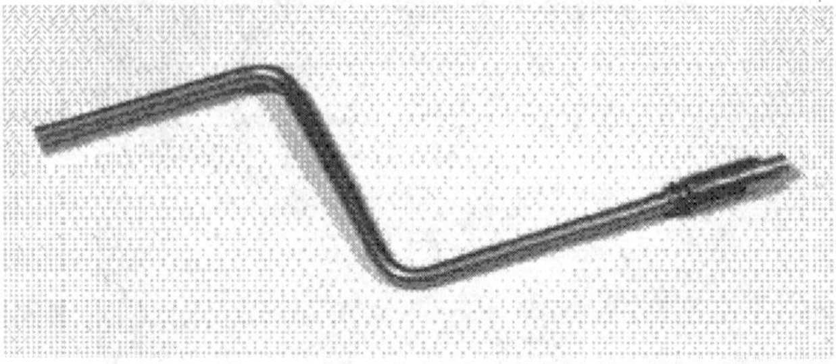

图 2-106　合闸弹簧手动储能的摇柄

摇柄手动储能操作步骤:①移去开孔的盖子;②插入摇柄;③顺时针摇动摇柄大约 30 转;"合闸弹簧已储能"指示出现在观察窗中;④移去摇柄;⑤用盖子封上开孔。

(二)操作馈线三位置开关

三位置开关控制和指示面板如图 2-107 所示,实物如图 2-108 所示。

馈线隔离开关和地刀的操作,只有在其断路器的分位情况下方可操作。只有当馈线断路器和接地刀闸(简称地刀)均在分闸位置时方可操作隔离开关。

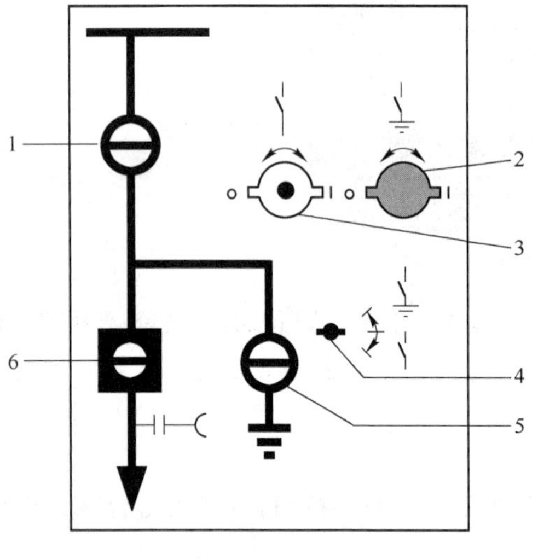


图 2-107　三位置开关控制和指示面板

1—隔离开关"合/分"的开关位置指示;2—机械操作接地开关的孔;3—机械操作隔离开关的孔;4—选择钥匙的孔;5—"分/准备接地"的开关位置指示;6—断路器的开关位置指示

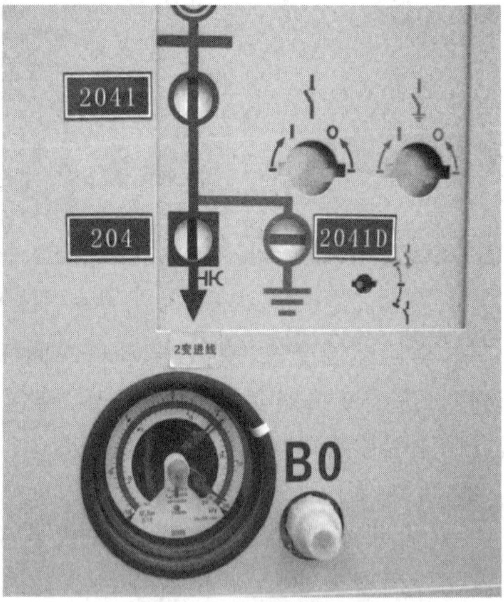


图 2-108　三位置开关实物

1. 馈线隔离开关电动分合闸

操作步骤:把"远方/就地"开关打"就地"位,把该隔离开关的操作开关打合,电机受电转动进行合闸动作过程。同样分闸时把操作开关打分,电机受电转动进行分闸动作过程。

2. 馈线隔离开关手动分合闸

(1)馈线隔离开关手动合闸步骤：

①插入双凸钥匙。

②顺时针转动双凸钥匙到底。

③三位置开关的隔离开关操作孔打开。

④保持隔离开关操作杆水平(凸头在左边),然后将隔离开关操作杆插到六角形的轴上,推到底。

⑤顺时针转动隔离开关操作杆 180°(凸头在右边),隔离开关合上。

⑥移去隔离开关操作杆。

⑦逆时针转动双凸钥匙,取下;三位置开关的隔离开关操作孔关闭了;开关位置指示“合上”。

(2)馈线隔离开关手动分闸步骤：

①插入双凸钥匙。

②顺时针转动双凸钥匙到底。

③三位置开关的隔离开关操作孔打开。

④保持隔离开关操作杆水平(凸头在右边),然后将隔离开关操作杆插到六角形的轴上,推到底。

⑤逆时针转动隔离开关操作杆 180°(凸头在左边)。隔离开关打开,移去隔离开关操作杆。

⑥逆时针转动双凸钥匙,取下;三位置开关的隔离开关操作孔关闭了。

⑦开关位置指示“分开”。

3. 馈线地刀电动分合闸

只有当馈线断路器和隔离开关均在分闸位置时方可操作接地刀闸(简称地刀)。

操作步骤:把“远方/就地”开关打“就地”位,把该接刀的操作开关打合,电机受电转动进行合闸动作过程。同样分闸时把操作开关打分,电机受电转动进行分闸动作过程。

4. 馈线地刀手动分合闸

只有当馈线断路器和隔离开关均在分闸位置时方可操作接地刀闸(简称地刀)。

(1)馈线地刀手动合闸步骤：

①插入双凸钥匙,逆时针转动双凸钥匙到底。

②三位置开关的接地开关操作孔打开。

③保持接地开关操作杆水平(凸头在左边),然后将接地开关操作杆插到六角形的轴上,推到底。

④顺时针转动接地开关操作杆 180°(凸头在右边)接地开关合上。

⑤移去接地开关操作杆。

⑥顺时针转动双凸钥匙,取下双凸钥匙;三位置开关的接地开关操作孔关闭。

(2)馈线地刀手动分闸步骤：

①插入双凸钥匙,逆时针转动双凸钥匙到底。

②三位置开关的接地开关操作孔打开。

③保持接地开关操作杆水平(凸头在右边),然后将接地开关操作杆插到六角形的轴上,推

到底。

④逆时针转动接地开关操作杆 180°(凸头在左边)接地开关打开。

⑤移去接地开关操作杆。

⑥顺时针转动双凸钥匙,取下双凸钥匙;三位置开关的接地开关操作孔关闭。

(三)馈线接地和解除

1. 馈线接地操作

馈线断路器、隔离开关、地刀均在分位。

馈线接地操作步骤:

(1)操作三位置开关到“接地”位置。

(2)操作断路器到“合上”位置。

(3)向上拉锁定装置。

(4)装上挂锁。

2. 馈线接地解除操作

馈线接地解除操作步骤:

(1)取下挂锁。

(2)锁定装置的杆自动向下回位。

(3)操作断路器到“分开”位置。

(4)操作接地开关到“分开”位置。

**小提示**

**“1+X”证书变配电运维职业技能**

**组合电器巡视操作技能**

| 工作领域 | 工作任务 | 职业技能要求 |
|---|---|---|
| 设备巡视 | 组合电器巡视 | 1. 能检查组合电器设备出厂铭牌是否齐全、清晰,运行编号标识、相序标识是否清晰;外壳有无锈蚀、损坏;伸缩节外观是否完好,无破损、变形、锈蚀。<br>2. 能检查运行中组合电器 $SF_6$ 气体压力表或密度继电器外观是否完好;开关设备机构油位计和压力表指示是否正常,有无明显漏气漏油。<br>3. 能检查套管表面是否清洁,有无开裂、放电痕迹及其他异常现象;均压环外观是否完好,有无锈蚀、变形、破损、倾斜脱落等现象;引线有无散股、断股;引线连接部位接触是否良好,有无裂纹、发热变色、变形的现象。<br>4. 能检查断路器、隔离开关、接地开关等位置指示是否正确、清晰,机械指示与电气指示是否一致,是否符合现场运行方式;接地连接有无锈蚀、松动、开断,有无油漆剥落,接地螺栓压接是否良好;支架有无锈蚀、松动或变形。<br>5. 能检查二次电缆有无脱落、破损或渗漏油,防雨罩是否完好;各部件的运行监控信号、灯光指示、运行信息显示等是否正常。<br>6. 能检查运行中组合电器有无异味,重点检查机构箱中有无线圈烧焦气味,有无异常放电、振动声,内部及管路有无异常声响。<br>7. 能检查机构箱、汇控柜等的防护门密封是否良好,有无变形、锈蚀。<br>8. 能检查避雷器的动作计数器指示值、泄漏电流指示值是否正常 |

**四、练习**

1. 馈线隔离开关手动分闸步骤：插入双凸钥匙，________转动双凸钥匙到底，三位置开关的________操作孔打开。保持________操作杆水平，然后将操作杆插到六角形的轴上______转动隔离开关操作杆 180°，完成分闸操作。拔出操作杆，________转动双凸钥匙，取下，操作孔________。

2. 检修线路时完成馈线接地步骤：将馈线断路器________、操作三位置隔离开关________、再操作三位置开关到________位置，然后操作________到________位置，最后将________锁定。

## 模块小结

**一、牵引供电系统的电气设备**

牵引供电系统的电气设备可分为一次设备和二次设备两大类，一次设备是牵引供电系统的主体，二次设备是牵引供电系统安全可靠运行的重要保障。在变电所中，直接用来接受电能、改变电能电压和分配电能以及相关的所有设备，均称为一次设备，或称为主设备。由一次设备构成的电路称为一次电路或主电路。据电气设备的功能，可分为开关电器、变换电器、保护电器、补偿电器、成套装置和组合电器等类型。

**二、牵引变压器**

牵引变压器是变电所中最重要的一次设备，其主要功能是变换电压和传输电能，将一次侧的电能通过电磁能量转换的方式传输到二次侧，同时根据应用的需要将电压升高或降低，完成电能的输送和分配。常用变压器可分为油浸式变压器和干式变压器两大类，牵引变压器主要采用油浸式变压器。

**三、互感器**

互感器（仪用互感器）是一次电路（主电路）和二次设备（测量、保护及监控电路）之间的联络设备。其作用是将二次电气设备（仪表、继电器线圈等）与高压、大电流的一次电路隔离，解决绝缘问题，保证操作人员和二次设备的安全。将高压、大电流统一变换成标准的低压、小电流。一方面，与二次测量设备相配合，测量变配电所进、出线等处的电压、电流等各种参数；另一方面，与二次控制、保护设备相配合，实现对一次设备的控制和保护。互感器分为电压互感器和电流互感器两大类。

**四、高压开关电器**

高压开关电器主要用于高压电路中分、合电路。其种类较多，主要包括高压断路器、高压隔离开关和高压负荷开关等。

最主要的开关设备是高压断路器，不但用于正常的主电路开合控制操作，也用于开断短路电流，快速切除故障。高压断路器主要有少油断路器、$SF_6$ 断路器、真空断路器、压缩空气断路器、磁吹断路器等。

高压隔离开关主要用于隔离电源。高压隔离开关分闸后断口非常明显,而且断口在各种过电压之下都不会击穿,具有足够的绝缘能力,从而保证检修的安全。高压隔离开关同时用于可以通断小电流电路。高压隔离开关的操作原则是不带负荷操作。

高压负荷开关是介于高压断路器和高压隔离开关之间的一种开关设备。高压负荷开关的主要作用是通断正常的负荷电流,也可以切断一定的过载电流,断开后有明显的断口,可隔离电源。

## 五、低压开关设备

低压开关设备一般是指变配电系统中 1 000 V 以下的开关设备。低压开关设备无论是结构复杂程度和制造成本上,都远低于高压开关设备,体积也相对较小,主要适用于低压电路控制和隔离的需要。主要有低压断路器、低压刀开关和接触器等。

## 六、避雷器、放电保护器、抗雷线圈及电抗器

避雷器是架空线路或变电所电气设备的防雷保护设备之一。避雷器与被保护的设备并联并且一端接地,通过避雷器放电来限制被保护电气设备电压的升高。避雷器的常用的类型主要有保护间隙、管型避雷器、阀型避雷器等。

放电器的作用是当由于某种原因造成 AT 高压侧的套管闪络或避雷器短路时,有利于变电所馈线的继电保护动作。放电器还可提高对邻近通信线路的防护效果,并提高信号轨道电路的工作可靠性。

抗雷线圈实际上是一个空芯的电感线圈,作用是使雷电波头被拉平,使其波形上升的陡度减小。

电抗器能防止补偿装置与系统发生高次谐波并联谐振,吸收牵引负荷高次谐波,并限制装置投入时的合闸涌流,以及短路故障时限制短路电流保护电容器。

## 七、熔断器

熔断器保护是高低压电路中最简单的一种过电流保护方式。熔断器俗称“保险”,又分高压熔断器和低压熔断器,高压熔断器主要用于高压线路、电力变压器和电压互感器的短路或过载保护;低压熔断器主要用于低压配电系统的短路或过载保护。

## 八、功率因数补偿装置

电能用户在电网高峰时的负荷功率因数,高压用户应不低于 0.9,其他用户功率因数不低于 0.85,农业用户不低于 0.8。电力电容器是最常采用的功率因素补偿装置。对于急剧变化的负荷,常采用静止无功补偿装置,不需要通过机械触点动作即可控制补偿设备的投切,避免因负荷频繁变化而影响投切开关的寿命。

## 九、成套配电装置

成套配电装置可分为成套高压配电装置和成套低压配电装置。高压开关柜是常用的高压成套配电装置,根据一次电路的要求可分别组合成为进线柜、馈线柜、联络柜、电压互感器柜、避雷器柜等。高压开关柜分为固定式和手车式两大类。高压开关柜一般具有防止误操作和保

证人身安全的闭锁装置。其闭锁就是为了实现"五防"功能。GIS柜中的气体一般指的是$SF_6$，是将一个开关站整体用一个金属柜体密封起来，柜体内充满$SF_6$气体以作绝缘。采用这样的设备有很多优点，如自身体积小、占地空间小，绝缘可靠且不用考虑大气的影响等。低压成套电器装置将一次、二次设备组合在一起，在低压配电系统中作为动力、照明与低压供电电源连接之用。低压成套电器装置主要有低压配电屏和动力与照明配电箱两种。

## 拓展阅读

### 智能牵引供电系统技术

中国的智能高铁，总体架构为"一核三翼"，即以智能高铁大脑平台为核心，智能建造、智能装备和智能运营为"三翼"，以物联网、大数据、云计算等技术为渠道，对移动装备、固定基础设施等进行全面感知、融合处理，采集内外部数据信息，以全生命周期一体化管理为目标进行科学决策。

智能牵引供电系统属于智能高铁智能装备的重要组成部分，其作为智能高铁的动力源，为"复兴号"动车组列车提供安全稳定可靠的电能保障。我国电气化铁路关于智能化领域的研究开展已久，如在检测监测方面拥有高速铁路供电安全检测监测系统(6C系统)，在安全方面拥有综合视频监控系统、火灾报警系统、安全防范系统等。

1. 智能牵引供电系统总体技术方案

(1)总体架构

智能牵引供电系统采用精确的测量、传感、控制、通信、人工智能等技术，以智能牵引供电设施和高速双向通信网络为基础，通过网络化、信息化、自动化等方式，具备多维融合、全息感知、重构自愈、智慧运维等功能特性，为铁路提供安全可靠、优质高效的牵引动力。智能牵引供电系统由智能牵引供电设施、智能供电调度系统、智能供电运行检修管理系统及高速双向通信网络组成。

智能牵引供电系统采用国铁集团、铁路局集团、供电段、沿线智能牵引供电设施及车间/工区4级架构。

国铁集团主要发挥全局监管作用，内设整个国铁集团级别的供电调度系统和供电运行检修管理系统。

铁路局集团公司主要发挥路局层面的控制和决策作用，内设铁路局集团公司级的供电调度系统和供电运行检修管理系统。该级供电调度系统采集由智能牵引供电设施上传的实时运行数据，同时下发控制和决策指令；该级供电运行检修管理系统采集由供电段上传的参数数据，下发各类运检计划至各供电段。

供电段主要发挥信息处理和现场指挥的作用，内设供电段级的供电运行检修管理系统，采集从智能牵引供电设施和车间/工区上传的数据信息，采集接触网检测监测数据，下发各类运检计划至车间/工区。

沿线设施及供电车间/工区主要进行运行数据采集和命令执行，供电车间/工区内建立供电运行检修管理系统终端设备，对智能牵引供电设施的基础数据、检测监测数据、运行试验数据等进行收集和简单处理，接收并执行供电段下达的各种指令；智能牵引供电设施采集自身运行及监测数据，执行铁路局集团公司下发的牵引供电调度控制指令。

(2)智能牵引供电设施

智能牵引供电设施以牵引变电所(包括分区所、开闭所、AT 所等)和接触网的智能设备为基础,通过信息数字化、通信网络化等途径,自动完成各种数据参数的采集、测量、检测、监测等功能。

(3)智能供电调度系统

智能供电调度系统是对智能牵引供电设施等设备进行远程检测、监测,并智能发送命令及开展调度作业的系统,由智能远动系统(SCADA)和供电调度运行管理系统组成。

(4)智能供电运行检修管理系统

智能供电运行检修管理系统收集智能牵引供电设施的各类运行数据,对其进行分析、处理,形成智能运行检修作业指令,并从全寿命周期管理的角度对设备状态进行评估与预测。主要功能如下:

①基本功能主要包括基础数据管理、运行检修作业管理、检测监测管理、外部接口管理、物资管理、安全管理、应急指挥等。

②高级功能主要包括综合数据查询与展示、设备故障预测与健康管理(PHM)等。综合数据查询与展示是指对供电运行检修相关的各类数据进行汇总加工,实现跨部门、跨专业、跨流程的综合数据访问与便捷查询展示。设备故障预测与健康管理(PHM)是依据运行检修管理系统中的各种实时状态数据、环境数据以及非实时记录数据,对智能牵引供电设施进行可靠性及风险评估、故障预测和维修决策等。

(5)高速双向通信网络

智能牵引供电系统高速双向通信网络满足架构清晰、功能可靠、便于维护的需求,采取利用铁路专用通信网的方式,满足及时性及稳定性要求。远动通道、运行检修维护通道、广域测控保护通道、故障测距通道及复示通道等组成了高速双向通信网络通信通道。

广域测控保护通道正常时按从牵引变电所至分区所、越区时按牵引变电所至相邻牵引变电所构成网络。所间传输保护报文要求时延不大于 10 ms。

(6)接口工程智能牵引供电系统三大子系统之间与其他系统之间的接口满足的要求

①智能牵引供电设施与智能供电调度系统、智能供电运行检修管理系统之间通过以太网实现通信;智能供电调度系统与智能供电运行检修管理系统之间采用点对点连接方式,调度系统向运检管理系统发送供电调度命令,指导运检部门进行运行维修作业,运检管理系统向调度系统上报各种计划、工作票,调度系统自动生成调度命令。

②综合视频监控系统向智能供电调度系统、智能供电运行检修管理系统提供牵引供电设施相关视频信息;智能供电调度系统具备与行车调度系统的接口条件,具备接收防灾系统的地震监测信息等功能;智能牵引供电设施与防灾系统具备接口条件。

2. 主要设备

智能牵引供电系统属于智能装备范畴,其主要功能通过设备具体实现。目前,智能牵引供电系统主要设备包括智能一次设备、广域测控保护系统、辅助监控系统等。

(1)智能一次设备

牵引供电智能一次设备由设备本体、智能组件、站端监测单元和故障预测与健康管理系统(PHM)构成。

设备本体主要包括牵引变压器、自耦变压器(AT)、断路器、隔离开关、互感器、避雷器及

27.5 kV GIS 开关设备等。

智能组件由设备本体的检测、监测、保护、控制、计量等智能电子装置(IED)组成，实现对高压设备本体的状态信号采集、运行控制、故障监测、非电量保护等功能，并向站端监测单元提供各种监测数据。

站端监测单元属于辅助监控系统的一部分，负责所内所有监测设备的接入、数据处理及转发，具备监测预警、数据分析诊断、综合展示等功能，并实现对所有监测设备的监控管理功能。

故障预测与健康管理系统(PHM)采集牵引变电主要设备及接触网重要零部件等关键设备的运行数据，并根据这些数据实现故障诊断、性能检测、故障预测、健康管理、寿命追踪等功能。

(2)广域测控保护系统

广域测控保护系统是以牵引变电所供电范围为单元，将各供电设施的二次设备(包括仪表，信号系统，继电保护，自动装置和远动装置等)经过功能组合和网络通信，实现对智能牵引供电设施进行自动检测、监测、控制、广域保护等功能，并与牵引供电调度系统实现通信的保护系统。

智能牵引供电系统广域测控保护网络由牵引变电所、开闭所、分区所和 AT 所的所间广域网络和各所所内站域网络构成。

(3)辅助监控系统

辅助监控系统是对牵引变电所内视频监控及巡检、环境监测、安全防范、火灾报警、动力照明控制等部分或全部辅助设备信息进行集成，实现信息共享、告警联动等功能，为智能牵引变电所集中检测监测和运行维护提供支持的系统。辅助监控系统主要包含视频监控及巡视、环境监测、安全防范、火灾报警、动力照明控制等子系统，各子系统可以根据具体情况灵活配置。

辅助监控系统采用由站控层和间隔层组成的分层结构。站控层包括综合应用服务器、网络设备和值班员终端等；间隔层包括视频服务器、动力环境测控装置和其他辅助设备等。

高铁的智能化贯穿于铁路设计、建造、电力保障、行车调度指挥、维修养护、天气监控等各个环节。在高质量发展时代背景下，高速度不再成为追求的目标，新时代铁路工程师不仅建造高智慧、高质量的铁路，更追求绿色、人文、对环境友好等更高目标。我们要增强历史使命感，以创新为动力，迎接智能铁路的大好发展机遇。

## 复习思考题

1. 变压器的额定容量含义是什么？
2. 变压器有哪些类型？配电变压器常用哪些联结组别？
3. 变压器并列运行的条件是什么？
4. 变压器的铭牌主要有哪些参数？
5. 高压断路器的主要作用是什么？其结构上有何特点？
6. 常用的高压断路器有哪些类型？各有何特点？
7. 高压隔离开关的作用是什么？对其操作有何要求？
8. 高压负荷开关的作用是什么？其应用与高压断路器、高压隔离开关的应用有何不同？
9. 高压熔断器的作用是什么？常用高压熔断器有哪些类型？各应用在什么情况下？

10. 电压互感器的功能是什么?应用中有哪些注意事项?
11. 电流互感器的功能是什么?应用中有哪些注意事项?
12. 什么是成套配电装置?高压开关柜的“五防”措施指的是什么?
13. 避雷器的作用什么?主要有哪些类型?各有何特点?
14. 什么是GIS柜?GIS柜有何优点?
15. GIS柜的组合元件有何特点?
16. 无功补偿装置有哪些类型?变配电所中常用的补偿装置是什么?
17. 常用低压熔断器有哪些类型?
18. 低压断路器有哪些功能?结构上有何特点?
19. 低压配电屏有哪些类型?
20. 动力与照明配电箱的功能是什么?有哪些类型?
21. 避雷器、抗雷线圈、电抗器、放电器的作用是什么?
22. 锁定装置挂锁有什么作用?
23. GIS柜气室气压有什么要求?
24. 写出在GIS柜进行馈线断路器的合闸操作步骤?
25. 写出在GIS柜进行断路器手动储能操作步骤?
26. 写出三位置开关隔离开关的合、分闸操作步骤?
27. 写出三位置开关接地刀闸的合、分闸操作步骤?
28. 写出GIS柜补气的操作步骤?
29. 写出馈线隔离开关电动合、分闸操作步骤?
30. 写出馈线接地刀闸电动合、分闸操作步骤?
31. 写出接地刀闸在什么位置有哪几个观看点?
32. GIS柜如何进行验电?
33. GIS柜巡视主要巡视哪些元件?
34. 在巡视GIS柜时,听主要听什么?
35. $SF_6$ 气压低如何处理?
36. $SF_6$ 气压高如何处理?
37. 与GIS柜连接的室外电缆头开裂有哪些后果?如何处理?
38. 断路器的超行程如何测量?
39. 气室有异响如何处理?
40. 在主要维护项目中,关于检查隔离和接地开关的有哪些项目?

## 在线测试

模块二在线测试一　　模块二在线测试二　　模块二在线测试三　　模块二在线测试四

# 模块三　电气主接线及高压配电装置

本模块学习变电所电气主接线的作用和类型，判断变电所的运行方式及改变运行方式。

## 项目一　牵引变电所一次侧电气主接线

### 一、项目介绍

牵引变电所(包括开闭所、分区所)的电气主接线是指由隔离开关，互感器、避雷器、断路器，主变压器，母线、电缆等高压一次电气设备，按一定顺序连接的用于表示接受和分配电能的电路。它反映了牵引变电所的基本结构和性能，在运行中表明电能的输送和分配关系、一次设备的运行方式，成为实际运行操作的依据。本项目的目的是熟悉牵引变电所一次侧 110 kV (220 kV)电气主接线，掌握其运行方式。

| 能力训练项目 | 能力目标 | 相关支撑知识 | 学习建议 |
|---|---|---|---|
| 阅读变电所一次侧主接线图 | 1. 能读懂变电所内桥、外桥、单母线、双 T 等一次侧主接线图。<br>2. 会改变一次侧进线和主变运行方式 | 变电所典型主接线方式、特点及应用 | 分组研讨、阅读图纸，比较各种接线特点及应用 |

### 二、相关知识

(一)电气主接线符号

表明一次电气设备相互连接关系和工作原理的电气接线图，称为主接线图。主接线图中的电气元件用国家标准图形文字符号(图 3-1)画出，主接线一般用单线图表示。单线图是表示三相交流电气装置中，其中一相连接顺序的图。局部图由于三相不完全相同，则用三线图表示。

供安装使用的主接线图还应在主要电气设备图形符号旁标明其规格型号。

(二)电气主接线目的和要求

变电所中还普遍采用主接线模拟板(操作图)，挂在主控室中。它模拟出牵引变电所中一次电气设备的实际运行状态。值班人员根据主接线模拟板中电气设备的实际运行状态和调度命令进行操作，操作后更改主接线模拟板中电气设备的运行状态，使其与实际相符。

学习电气主接线的目的：①掌握牵引变电所的结构；②熟悉牵引变电所倒闸作业的内容。

电气主接线需考虑电源进线和变压器的设置情况。变电所一般设置两路电源进线，一路工作，一路备用。主变压器备用方式与主变压器的接线方式有关，对三相牵引变电所和三相—二相牵引变电所通常采用固定全备用方式。即牵引变电所中设两台主变压器，其中任何一台

| 文字符号 | 图形 | 电气元件名称 | 文字符号 | 图形 | 电气元件名称 |
|---|---|---|---|---|---|
| G | G | 发电机,电力系统 | W | 三相母线 | (汇流母线) |
| T |  | 三相变压器<br>单相变压器 | F<br>FV |  | 避雷器<br>放电器 |
| FU |  | 熔断器 | TV |  | (二绕组)<br>电压互感器<br>(三绕组) |
| QF |  | 断路器<br>小车式断路器 | TA |  | (两个铁芯,副绕组)电流互感器(一个铁芯,两个副绕组) |
| QS |  | 隔离开关<br>电动隔离开关<br>带接地闸刀的隔离开关 | W |  | 电缆密封终端头 |
|  |  |  | LF |  | 抗雷线圈 |
|  |  |  | LC |  | 电抗器 |

图 3-1 电气元件的标准图形和符号

即可承担全部负荷,另一台处于完好的备用状态,随时可投入运行。对单相牵引变电所通常采用固定备用方式或移动备用方式。固定备用方式即在牵引变电所中设一台同规格型号的单相变压器作为备用。随时可代替两台运行的单相变压器中的一台。移动备用方式即在供电段设置一台或两台单相变压器,安装在平板车上,需要时可引入段管范围内任一单相牵引变电所代替需退出的单相主变压器,条件是该牵引变电所中需设置铁路岔线。

电气主接线一般应满足下列要求:

(1)保证对牵引负荷和地区负荷供电的可靠性,并力求经济性。

牵引负荷是国家电力系统的一级负荷,它应有独立的双回路电源供电。独立的双回路电源是指互相不影响的两 110 kV 线路,其含义是:①两回 110 kV 电源线路来自不同的电源点;②来自同一电源点的不同分段母线上,以保证每一回路的独立性。

主接线模拟板

主接线的一次投资主要决定于母线的套数、断路器、隔离开关台数和配电装置的结构形式。设计主接线时,应力求主接线的基本投资和年运行费用最少。

(2)主接线应力求简单、清晰、操作方便。

由于接触网事故较多,检修频繁,牵引变电所的停、送电操作、倒闸作业较多,主接线设计的简单清晰,可减少操作程序,避免误操作。

(3)主接线应运行灵活,检修、维护安全方便。

主接线中的任一元件检修、试验时,应很容易退出运行,并且不影响其他元件的正常工作,同时应按《牵引变电所安全工作规程》(简称《安规》)留下安全距离,以保证检修、试验时工作人员的安全。

(4)主接线应具有将来发展的可能性。

设计主接线时应考虑远景规划中增加设备的可能性,使主接线稍加改造或不改造即能适应将来的需要。总之,电气主接线应在电路转换、设备检修和事故处理等情况下,保证向牵引负荷经济、安全、可靠地供电。

## 三、项目实施

认识牵引变电所一次侧电气主接线图。

牵引变电所按其在电网中的位置、重要程度和电力系统向牵引变电所供电方式的不同可分为：①中心变电所，它有4路以上进线并有系统功率穿越；②通过式变电所，它有两路进线并有系统功率穿越；③分接式变电所，它有两路进线，无系统功率穿越，如图3-2所示。其中：1SS为中心牵引变电所，2SS为分接式牵引变电所，3SS为通过式牵引变电所。

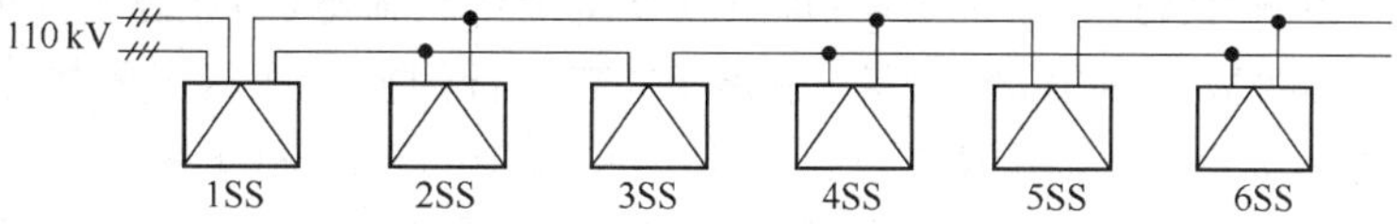


图3-2　牵引变电所高压输电线的引入方式

不同类型的牵引变电所采取不同形式的电气主接线。

（一）桥式接线

通过式牵引变电所110 kV侧一般采用桥式接线，如图3-3所示。

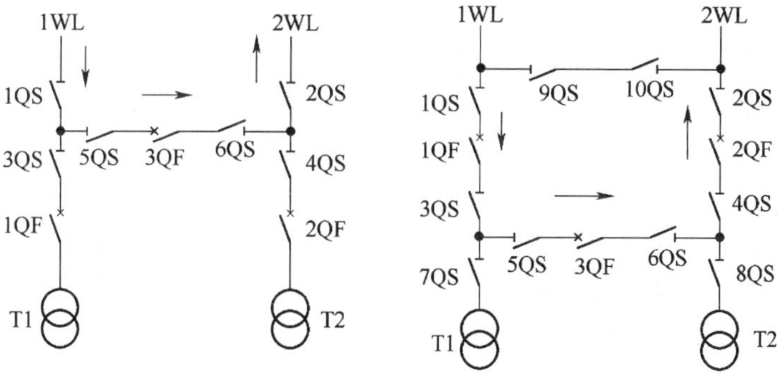


（a）外桥接线　　（b）内桥带外跨条接线

图3-3　桥式接线

两回电源引入线分别经断路器接入两台主变压器，若在两条电源引入线间用带断路器的横向母线将它们连接起来，即构成桥式接线。带断路器的横向母线通常称为连接桥。当桥式接线的两回电源线路接入电力系统的环形电网中时，桥断路器（安装有110 kV线路的继电保护装置）经常处于闭合状态以使系统功率穿越。

根据连接桥所处位置的不同，桥式接线又分为外桥式接线和内桥式接线。

1. 内桥式接线

如图3-3(b)所示，连接桥设置在靠变压器侧，则构成内桥接线。为了提高内桥接线供电的可靠性和运行的灵活性，一般在进线断路器外侧再设置一条带隔离开关的横向母线（称为外跨条）。

主接线正常运行时，如主变压器T1运行，T2备用，跨条隔离开关9QS、10QS断开，8QS断开，其他开关均闭合，以使系统功率从桥断路器通过，并向T1供电。

当一路电源供电，一路电源备用，任一断路器（如1QF）需退出检修时，闭合跨条隔离开关

9QS、10QS;断开 1QF;断开 1QS、3QS 即可,这样既不造成主变压器停电,又不影响系统功率的穿越。断路器检修完毕后,恢复主接线原来的运行状态。

在图 3-3(b)中,一路电源供电(如 1WL),一路电源备用(如 2WL),并不是指 2WL 停电,而是指 1WL 方向有电源(如发电机),2WL 方向也有电源,只是在正常供电时,1WL 和 2WL 方向上的负荷均由 1WL 方向上的电源供电,2WL 方向上的电源处于备用状态。备用电源断开点不在牵引变电所而在电力系统的变电站。只有当 1WL 方向上的电源停电后,2WL 方向的电源自动投入,承担 1WL 和 2WL 方向上的负荷。所以当 1WL 为主供电源时,它不仅向本变电所的牵引变压器供电,而且电功率要通过桥断路器 3QF 向 2WL 方向上的其他负荷供电,即 2WL 仍可处于供电状态,有系统功率(即其他变电所的负荷电流)穿越本变电所。

当一路电源(如 1WL)供电,另一路电源备用,需进行倒换主变压器的操作时(如主变 T1 退出,主变 T2 投入),其操作步骤如下:①闭合 9QS、10QS,以利于系统功率穿越;②断开 1QF、2QF;③断开 7QS;④闭合 8QS;⑤闭合 1QF、2QF;⑥断开 9QS、10QS。这种操作方法将中断牵引负荷的供电,可利用该牵引变电所无牵引负荷时进行。

从上述分析可知,内桥接线中的外跨条的主要作用是:在检修 110 kV 断路器和倒换主变压器的操作中,不影响系统功率的穿越,不中断牵引负荷的供电,提高了主接线运行的灵活性,供电的可靠性。跨条上设两组隔离开关可便于隔离开关的轮换检修。

外跨条投入运行时,系统功率将暂时失去保护,必须引起注意,加强监视。

由于内桥带外跨条式主接线在两条电源进线回路上均设有断路器,任一电源线路故障都不影响向牵引变电所的供电(另一电源线路可自投)。故这种接线适用于线路较长,线路故障和检修的停电机会较多,牵引变压器不需要经常切换的变电所。

2. 外桥式接线

如图 3-3(a)所示,连接桥若设置在线路侧(即进线断路器外侧),则构成外桥接线。外桥接线的特点是:每一主变压器回路均设有断路器。使得投、退主变压器的操作简单、方便。

正常运行时(如 1WL 主供,2WL 备用,变压器 T1 投入运行,T2 备用),除 2QF 断开外,其余开关均闭合。当变压器 T1 故障时,反映该故障的继电保护装置动作,断路器 1QF 将自动分闸,切除主变压器 T1。断路器 2QF 将自动合闸(2QF 上装有备用电源自投装置可自动合闸)将主变压器 T2 投入运行。值班人员只需断开 3QS,即可对主变压器 T1、断路器 1QF 进行检修。

若属正常情况下的倒换主变压器的操作,值班人员只需闭合 2QF(两台主变压器暂时并联运行),断开 1QF、3QS 即可。既不影响系统功率穿越,又不中断牵引负荷的供电。

由于外桥式主接线两路电源进线上未设断路器,故这种接线适用于电源线路较短,故障检修停电机会少、主变压器需经常切换的变电所。

必须注意:牵引变电所中采用桥式接线时,应与电力系统协商好(当桥断路器或 110 kV 电源线路停电检修时)桥式接线的运行方式。倒换 110 kV 电源的操作必须与电力系统协商后,方可进行。

总之,桥式接线中,两回线路,两台主变压器,只用 3 组断路器,断路器数量比较少、配电装置简单、清晰且便于发展成为单母线或双母线接线。无复杂的倒闸作业且具有一定的运行灵活性、供电可靠性。因此,广泛应用于 35～220 kV 的环形供电网络的电力系统中。

(二)线路分支接线(双 T 接线)

分接式牵引变电所采用线路分支接线。两回 110 kV 电源线路经断路器分别接入两台牵引变压器 T1、T2。两回 110 kV 线路间在牵引变电所内用带隔离开关的横向母线连接起来,即构成线路分支接线,如图 3-4 所示。

线路分支接线形同外桥接线,不同之处是:线路分支接线的横向母线上装隔离开关,外桥接线的横向母线上装断路器。

1. 正常运行方式

目前,根据电力系统向牵引变电所提供电源的状况,线路分支接线的牵引变电所绝大多数采用一回 110 kV 电源线路主供,另一回 110 kV 电源线路备用、两台主变压器中,一台投入运行,另一台备用的运行方式。由此,可得出线路分支接线有如下 4 种运行方式:

(1)1WL →1QS→1QF→T1;

(2)1WL→1QS→3QS→4QS→2QF→T2;

(3)2WL→2QS→2QF→T2;

(4)2WL→2QS →4QS →3QS →1QF →T1。

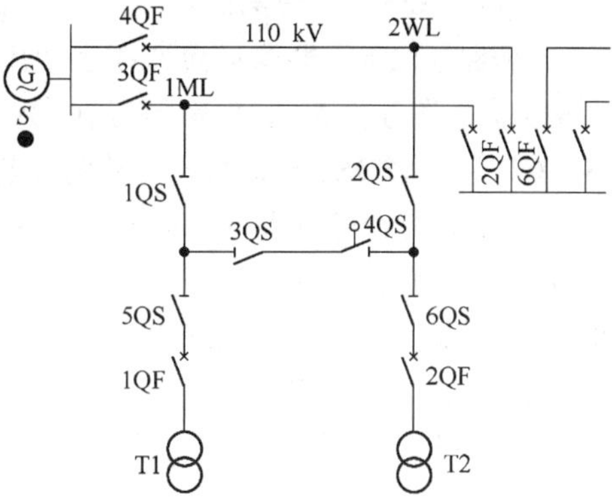


图 3-4　线路分支接线

上述每一种运行方式都可以转换成其他三种运行方式。

2. 改变运行方式

线路分支接线运行方式的转换通常分为两种情况:

(1)主变压器或 110 kV 线路故障时运行方式的转换

例如,当线路分支接线运行在第一种运行方式时,1QS、3QS、5QS、6QS、1QF 闭合,2QS、4QS、2QF 断开。

若主变压器 T1 故障,则反映该故障的继电保护装置动作使 1QF 自动分闸,切除主变压器 T1,同时启动备用电源自投装置动作,使 4QS(电动隔离开关)、2QF 自动合闸,使主变压器 T2 投入运行,线路分支接线将自动转入第二种运行方式。

若 1WL 线路故障,反映该故障的继电保护装置动作,使 3QF 自动分闸,1WL 被切除(失压)后,1QF 将自动分闸,主变 T1 将自动退出运行。备用电源自动装置(电力系统的)将使 4QF 自动合闸。但此时将造成全所失压,需与电力系统联系后,断开 1QS,闭合 2QS,再闭合 2QF。线路分支接线将转入第三种运行方式。按技术要求,线路分支接线 110 kV 电源线路故障自动转换电源线路时,应转换成直列运行方式,即转换成 1 号电源带 1 号主变压器或 2 号电源带 2 号主变压器的运行方式。

(2)主变压器和 110 kV 电源线路正常时运行方式的转换

电气设备正常时运行方式的转换,通常是指人工“当地”(在牵引变电所内由值班人员操作)或“远动”(由电力调度员“遥控”)操作进行转换。

主变压器正常的转换比较简单。例如,当线路分支接线运行在第二种运行方式时,1QS、3QS、4QS、5QS、6QS、2QF 闭合,2QS、1QF 断开。若需要 1 号主变压器代替 2 号主变压器运行时,其操作顺序如下:①闭合 1QF,使两台主变压器并联运行;②断开 2QF;③断开 4QS 即可。也可利用该牵引变电所无牵引负荷时,断开 2QF,断开 4QS,闭合 1QF,完成主变压器的倒换。

110 kV 电源线路的正常倒换需根据两路 110 kV 电源的参数而定,必须与电力系统协商后进行。

3. 两路 110 kV 侧电源的连接方式

(1)两路 110 kV 电源允许在主变压器牵引侧并联

例如,线路分支接线正常运行在第一种方式(1WL→T1)下,1QS、3QS、5QS、6QS、1QF 闭合,2QS、4QS、2QF 断开。若需要转换成第三种方式(2 WL→ T2)时,其操作顺序如下:①确认 2 号电源电压正常;②闭合 2QS;③闭合 2QF(两路 110 kV 电源在牵引侧并联);④断开 1QF;⑤断开 1QS。这种操作顺序不中断牵引负荷的供电。

(2)两路 110 kV 电源不允许在主变压器牵引侧并联

例如,线路分支接线正常运行在第二种方式( 1WL→ T2)下,1QS、3QS、4QS、5QS、6QS、2QF 闭合,2QS、1QF 断开。若需要转换成第三种运行方式(2WL→T2)时,只允许在牵引变电所无牵引负荷时进行,其操作顺序如下:①确认 2 号电源电压正常;②断开 2QF(将暂时中断向牵引负荷供电);③断开 4QS;④断开 1QS;⑤闭合 2QS;⑥闭合 2QF(恢复向牵引负荷供电)。若该电气化区段实现了远动"遥控"操作,则可大大缩短牵引负荷的停电时间。

4. 线路分支接线特点

(1)线路分支接线运行方式比较灵活,其运行方式可概括为:线路故障退线路,主变故障退主变。

(2)由于 110 kV 电源线路和牵引变压器上均装有备用电源自投装置,尤其在实现远动操作的电化区段,采用线路分支接线的牵引变电所无复杂的倒闸作业。

(3)在线路分支接线中,两回电源,两台牵引变压器只需两套断路器,主接线结构简单。牵引变电所 110 kV 侧无系统功率穿越,110 kV 线路不需设置继电保护装置,使牵引变电所内二次接线装置相对简单,可节省投资。

(4)主接线正常运行时(无论何种运行方式),5QS、6QS 均闭合,只有当需检修断路器或主变压器时,5QS 或 6QS 才断开,以保证检修时的安全。

(5)在电力系统的管理水平日趋提高、完善,供电日趋稳定、可靠的条件下,线路分支接线供电可靠性也日趋提高,故线路分支接线在牵引变电所中得到广泛的应用。

(三)单母线接线

对于中心牵引变电所,110 kV 电源引入线回路数较多,变电所中主变压器一般为两台。为使每一台主变压器能从任一回路电源获得电能(因每一回路电源都可能停电),这就需要架设汇流母线,以便将各电源回路的电能汇集起来,各用电回路再从母线上获得电能,以提高供电的可靠性和经济性。因此,对大型变电所来说,母线的形式是电气主接线的核心。

牵引变电所的室外母线一般由 2~3 条大截面的钢芯铝绞线(软母线)用悬式绝缘子串固定在门形架上组成。

如果电源回路和用电回路都通过隔离开关、断路器接在同一套母线上,则构成单母线接线,如图 3-5 所示。

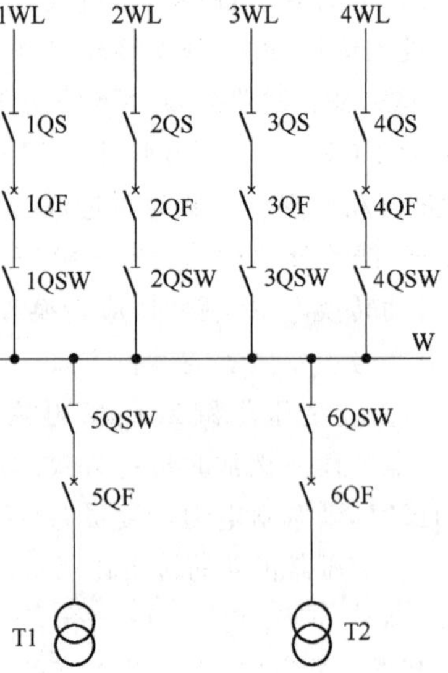


图 3-5 不分段单母线接线

这种接线的特点是:①断路器套数等于母线上所接

的回路数；②结构简单、清晰，配电装置费用低、经济性能好并能满足一定的供电可靠性；③没有复杂的倒闸作业，避免或减少误操作；④每回路由断路器切断负荷电流或故障电流，检修断路器时，可用两侧的隔离开关隔离电源，保证检修人员安全；⑤任一回路断路器检修，不影响其他回路的正常运行；⑥任一用电回路可从任一电源回路获得电能。但这种接线中的任一断路器和配出隔离开关检修时将造成该回路停电，这对于大功率回路是不允许的。母线和任一母线隔离开关须检修时，将造成全变电所停电，供电可靠性不强以及断路器无备用。因此这种接线只适用于对供电可靠性要求不高的 3～35 kV 的地区负荷。

为克服上述缺点，通常采用以下措施：①用断路器或隔离开关将母线分段，以提高供电的可靠性和运行的灵活性；②增设旁路母线和相应的设备，使检修断路器时该回路不停电。

1. 单母线分段的电气主接线

图 3-6 为用断路器分段的单母线接线。这种接线的特点是用分段断路器 QFB 将母线分成负荷大致相等的 2～3 段，电源回路和同一负荷的双回路馈电线应交错连接在不同的分段母线上。正常运行时，分段断路器 QFB 闭合，使系统功率穿越，这样，当母线和与母线连接的隔离开关检修时，停电范围可缩小一半，不会造成全变电所停电。若用隔离开关分段，由于隔离开关不能带负荷拉闸，故供电的可靠性差。110 kV 侧母线一般不采用隔离开关分段。

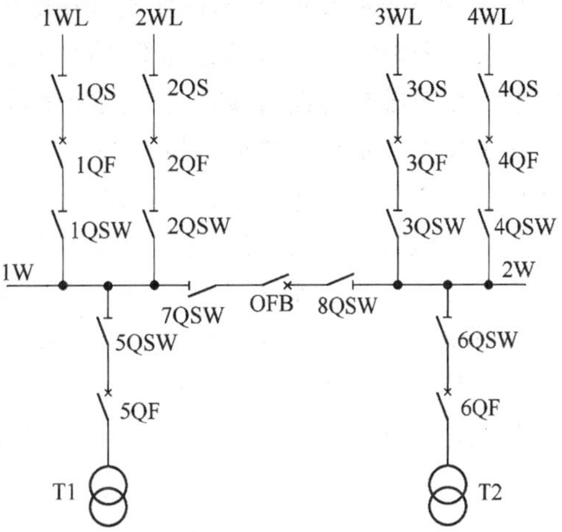


图 3-6　用断路器分段的单母线接线

这种接线，分段母线可轮流检修，提高了供电的可靠性，但断路器仍无备用，分段母线检修时将造成该段母线上所有回路停电，这对大型变电所来说也是不允许的。因此，这种接线只应用于功率不大的 3～35 kV 地区负荷和 110 kV 电源回路较少的变电所中。

2. 单母线分段带旁路母线的接线

为克服单母线分段接线方式的缺点，在分段母线（工作母线）两侧或一侧另设一套母线，平时处于完好的备用状态，如图 3-7 所示。这套母线称为旁路母线。每段工作母线与旁路母线之间用旁路断路器 QFR 连接，每一回路用旁路隔离开关 QSR 与旁路母线连接，即构成单母线分段带旁路母线的接线。旁路母线的作用是检修任一台进出线断路器时，不中断该回路供电，是工作电

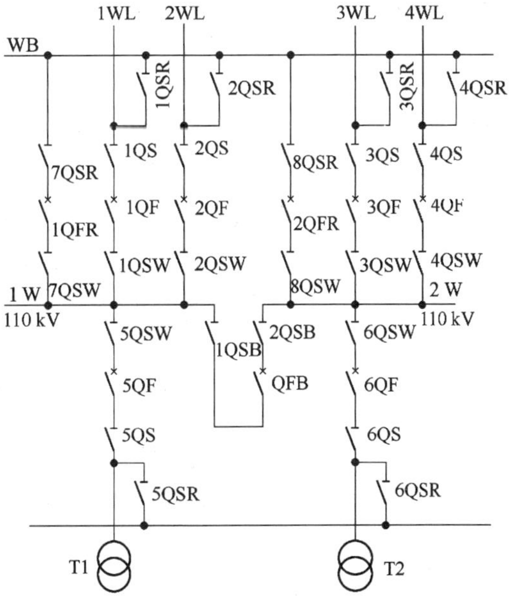


图 3-7　单母线断路器分段带旁路母线的接线

流的另一条通路。

这种接线在正常运行时,旁路断路器 QFR 和旁路隔离开关 QSR 都是断开的,其他开关均闭合,旁路母线不带电。当任一回路断路器需检修时,可用旁路断路器代替其工作。

这种接线解决了断路器的公共备用和检修备用问题,在调试、更换断路器和整定继电保护装置时都可不必停电,提高了供电可靠性。它广泛应用于牵引负荷和 35 kV 以上线路中,特别是负荷较重要,线路断路器较多,检修断路器不允许停电的场合。其主要缺点是设备较多,接线较复杂,倒闸作业较复杂,配电装置的占地面积大。

为减少变电所投资,可根据变电所在电力系统中的重要程度,对供电可靠性的具体要求,采用仅在工作母线一测设旁路母线,同时将旁路断路器和分段断路器合并为一套断路器的简化的单母线分段带旁路母线的电气主接线,如图 3-8 所示。

这种接线考虑到配出断路器 5QF、6QF 及其隔离开关可随主变压器一起检修,所以配出回路不设旁路母线;工作母线用隔离开关 QSB 分为两段,一段(1W)经隔离开关 7QSW、分段断路器 QFB 和旁路母线相连,另一段(2W)经隔离开关 8QSW 和旁路母线相连。

这种接线正常运行时,QSB 和所有旁路隔离开关断开,其他开关均闭合,旁路母线带电,组成单母线分段式主接线,QFB 起分段断路器的作用。

当两段工作母线中的任一段(如 1W)检修时,断开 1QF、2QF、5QF,QFB,通过已断开的 QSB 把检修母线 1W 隔离,另一段母线 2W 及其所连接的线路和主变压器 T2 正常运行,不造成全变电所停电,不影响系统功率穿越。

当任一线路断路器(如 1QF)需检修时,可用 QFB 代替 1QF 的工作。其倒闸操作步骤如下:①合 QSB 使 QSB 与 QFB 并联;②断 QFB 并转换成 1QF 的继电保护;③断 8QSW;④合 1QSR;⑤合 QFB 使 QFB 与 1QF 并联;⑥断 1QF;⑦断 1QF 两侧的隔离开关。这样线路 1WL 并未停电,它经 1QSR、旁路母线、QFB(这时起旁路断路器的作用)7QSW 连接于 1W,此时的主接线形式为单母线接线。1QF 检修完成后应投入运行,恢复主接线原来的运行方式。

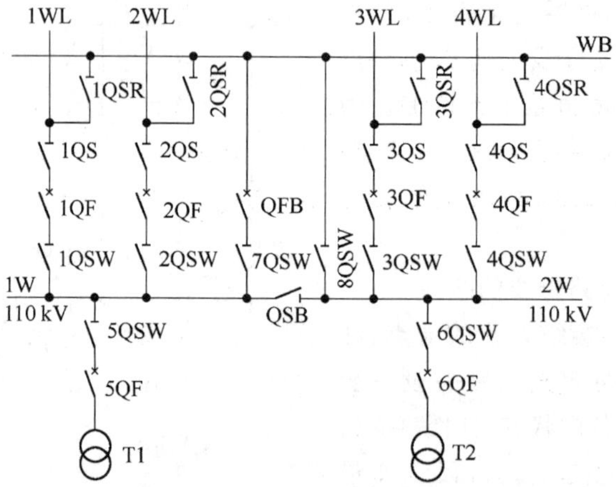


图 3-8　简化的单母线分段带旁路母线接线

## 四、练习

1. 根据图 3-4 线路分支接线图,采用 1 号进线直列供电方式,则正常运行时闭合的开关设备有________________,断开的开关设备有________________。

2. 根据图 3-4 线路分支接线图，采用 1 号进线交叉供电方式，则正常运行时闭合的开关设备有________________，断开的开关设备有________________。

3. 图 3-3 中，正常运行 2WL 主供，1WL 备用，变压器 T2 投入运行，T1 备用，除________断开外，其余开关均闭合。当变压器 T2 故障时，继电保护装置动作，断路器________将自动分闸，切除主变压器 T2。断路器________将自动合闸，将主变压器________投入运行。值班人员断开________，即可对主变压器________、断路器________进行检修。

4. 图 3-4 线路分支接线，正常运行在交叉供电方式，由 2WL 供电，则闭合的断路器和隔离开关有________________，断开的开关设备有________。现需要转换成 T2 供电时，则操作顺序如下：①确认________号电源电压正常；②断开________；③断开________；④闭合________。

# 项目二　27.5 kV(或 55 kV)侧电气主接线

## 一、项目介绍

27.5 kV 侧(或 55 kV 侧)主接线形式一般采用单母线接线、隔离开关分段的单母线接线和隔离开关分段带旁路母线的单母线接线。本项目认识接线方式，熟悉其运行方式及特点。

| 能力训练项目 | 能力目标 | 相关支撑知识 | 学习建议 |
| --- | --- | --- | --- |
| 阅读变电所二次侧主接线图 | 1. 能读懂变电所牵引侧单母线、单母线分段等主接线图。<br>2. 能说明变电所二次侧设备作用及改变运行方式 | 牵引侧典型主接线方式、备用方式及应用 | 小组研讨、阅读图纸，掌握单母线不同分段方式的特征，以及 AT 所、分区所接线与牵引所区别 |

## 二、相关知识

27.5 kV 侧(55 kV 侧)电气主接线是指变电所、开闭所、分区所、自耦变压器所内 27.5 kV(或 55 kV)电路的接线。其接线形式与牵引变电所的类型、向接触网的供电方式、主变压器的备用方式、馈线回路数的多少、10 kV 负荷的供电方式等因素有关。

牵引侧电气主接线无复杂的倒闸作业，通常是馈线的停、送电操作。

## 三、项目实施

分析牵引侧各种电气主接线。

(一)牵引变电所 27.5 kV(或 55 kV)侧主接线

1. 主变压器 27.5 kV 或 55 kV 侧主接线

(1)三相 YNd11 接线变压器二次侧为△接线，有一角(C 端子)经电流互感器接至地和钢轨，另两角(变压器 a、b 端子)分别经电流互感器，断路器引接至牵引母线，如图 3-9 所示。

(2)单相 V/V 接线变压器如图 3-10 所示。每台单相变压器的二次侧有一端(a 端子)经断路器引接至牵引母线，另一端(x 端子)经电流互感器引接至地和钢轨。两条牵引母线对地电压相位不同，设有两组隔离开关将其断开。为便于移动变压器引入，设有移动变压器专用断路器。

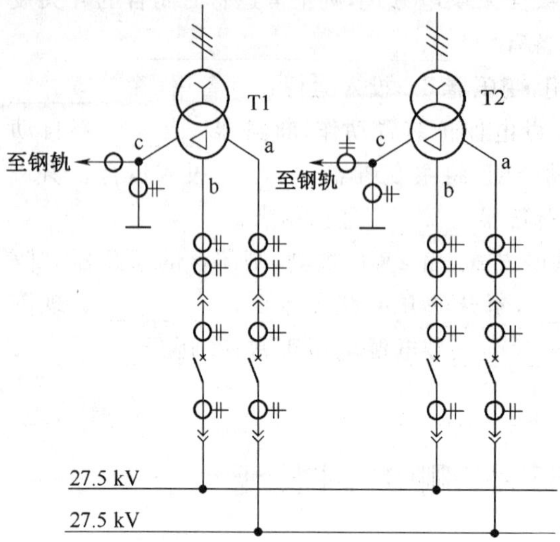


图 3-9　YNd11 接线变压器 27.5 kV 侧接线

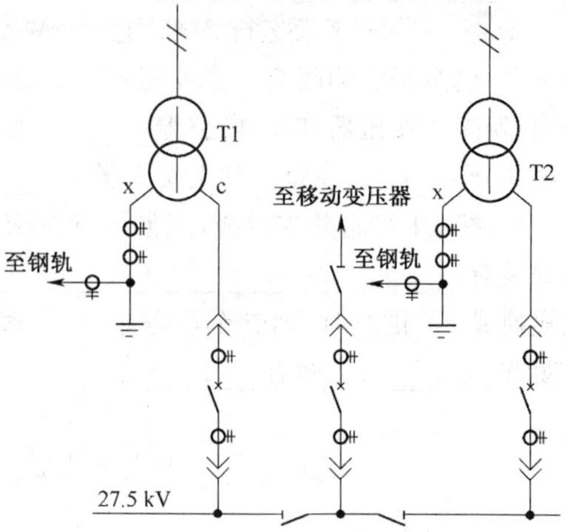


图 3-10　单相 V/V 接线变压器 27.5 kV 侧接线

(3)V/x 接线变压器 55 kV 侧接线,V/x 变压器具有较高的容量利用率和简单的接线方式,在中国高铁 AT 供电方式中广泛应用。V/x 牵引变压器包含两个单相三绕组的变压器,分别为左右供电臂供电。二次侧两个绕组匝数相等,公共端抽出并接地,另两端分别与 T 母线和 F 母线相连,TF 之间电压为 55 kV,T、F 对地电压均为 27.5 kV,图 3-11 为 V/x 接线变压器 55 kV 侧接线。

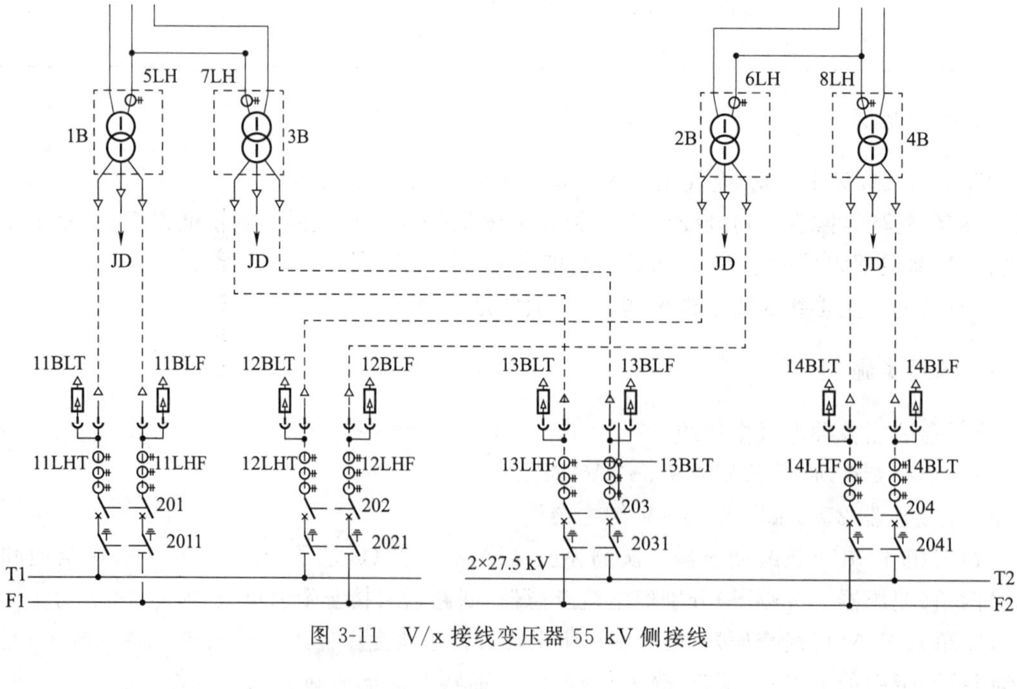


图 3-11　V/x 接线变压器 55 kV 侧接线

2. 27.5 kV(或 55 kV)侧馈线的接线方式

由于 27.5 kV 馈线断路器的跳闸次数较多,为提高供电的可靠性,按馈线断路器备用方式不同，牵引变电所 27.5 kV(55 kV)侧馈线方式一般有下列三种：

(1)馈线断路器 100%备用的接线

如图 3-12 所示，这种接线在工作断路器须检修时，即由备用断路器代替。断路器的转换操作简便，供电可靠性强，但一次投资较大，适合于单线电化区段牵引母线不同相的场合。

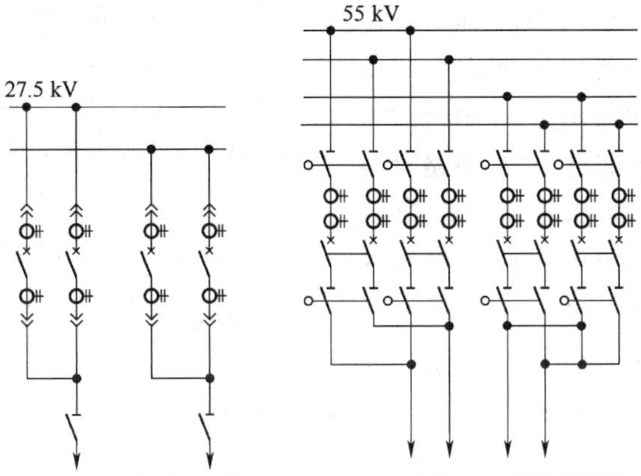


(a) 27.5 kV 侧馈线的接线　　(b) 55 kV 馈线的接线

图 3-12　馈线断路器 100%备用的接线

(2)馈线断路器 50%备用的接线

如图 3-13 所示，这种接线适用于单线区段牵引母线同相的场合和复线区段每相牵引母线只有两条馈线的场合，并且馈线只向牵引网供电。每两条馈线设一台备用断路器，通过隔离开关的转换，备用断路器可代替任一馈线断路器工作。牵引母线用两台隔离开关分段是为了便于两段母线轮流检修。

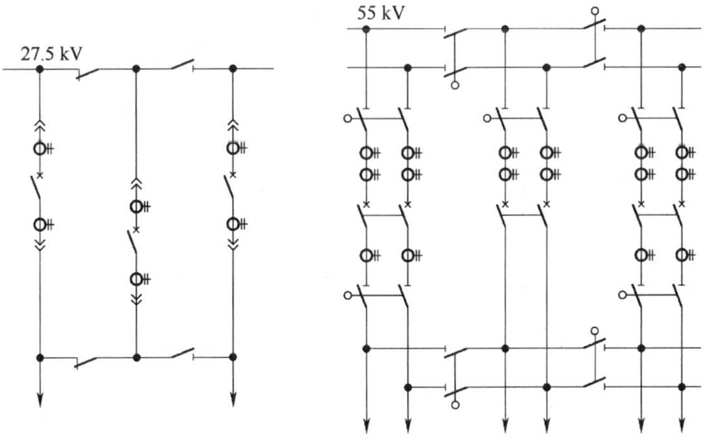


(a) 27.5 kV侧馈线的接线　　(b) 55 kV侧馈线的接线

图 3-13　馈线断路器 50%备用的接线

(3)带有旁路断路器和旁路母线的接线

如图 3-14 所示，这种接线方式适用于每相牵引母线的馈线数目较多(如变电所设在枢纽地区或大的区段站处)的场合，以减少备用断路器的数量。通过旁路母线，旁路断路器可代替任一馈线断路器工作。

(二)开闭所主接线

开闭所一般设两路电源进线。由于开闭所多设在枢纽站,故单线区段开闭所由相邻两供电分区的接触网供电。复线区段,可由同一供电分区上的上、下行接触网供电或由相邻供电分区上的接触网供电。开闭所的馈线在 3 回以上,一般设单母线,并有旁路母线和备用的专用旁路断路器,如图 3-15 所示。

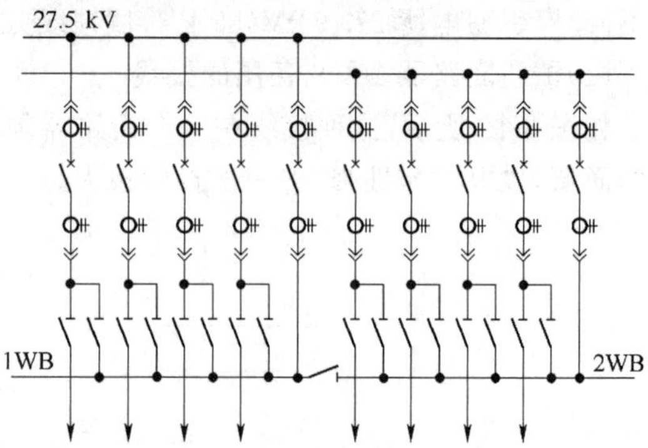


图 3-14　带有旁路断路器和旁路母线的接线

图 3-16 为 AT 开闭所具有两回进线和两回出线(也可从 55 kV 母线上引出多回馈线),进出线经断路器连接于 55 kV 单母线上,并分别在进、出线断路器中间设公共备用断路器。在面向牵引变电所一侧引入的进线上各接有一台单相电压互感器和避雷器。母线上除接有单相所用电变压器两台外,还接有两台自耦变压器。母线 N 上接有两台接地放电保护装置,一台工作,一台备用。

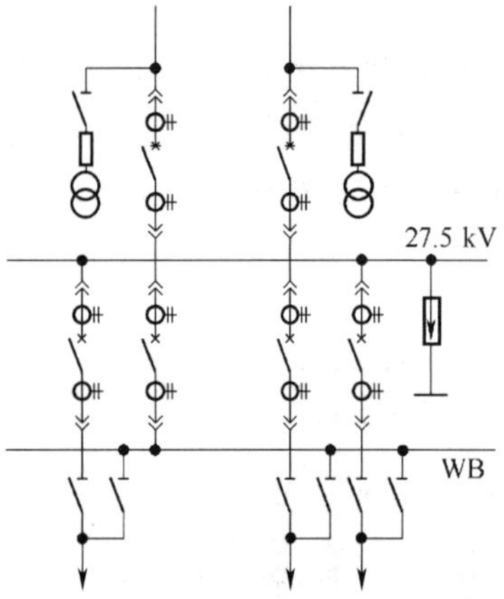


图 3-15　开闭所主接线 (BT 供电方式)

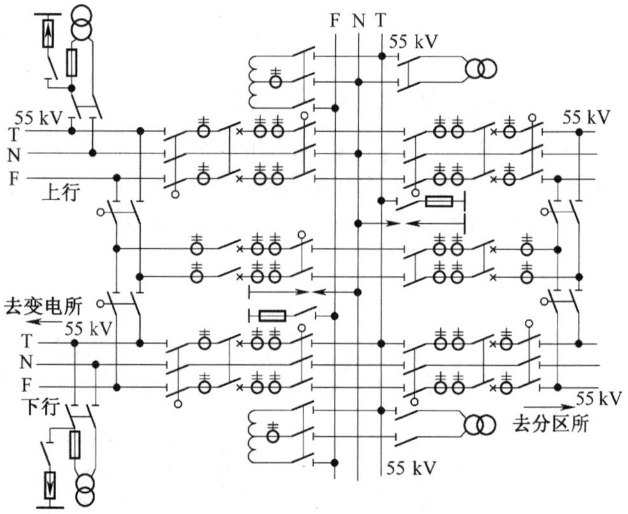


图 3-16　AT 开闭所(设在枢纽站时)主接线

AT 供电方式的复线区段,供电分区中间设开闭所(将长供电分区分段),可实行上、下行牵引网并联供电,如图 3-17 所示。

(三)分区所主接线

分区所的主接线比较简单。单线双边供电分区所主接线如图 3-18 所示。分区所内断路器和隔离开关闭合,可以实现双边供电或越区供电。单边供电时断路器和隔离开关打开。

复线区段采用上、下行接触网并联供电时,分区所主接线如图 3-19 所示。图中与分相绝缘器并联的隔离开关(或断路器)供越区供电时用。

复线电化区段用 AT 供电方式时,AT 分区所主接线如图 3-20 所示。该分区所同侧的上、下行接触网通过两台断路器并联供电。两相邻供电分区的接触网由分区所内中间的电动隔离开关将其分开。越区供电时,中间的两台电动隔离闭合。各段母线上各接一台单相电压互感器，供测量、保护及重合闸时检查电压用，相邻两牵引网上、下行 T、F 线上各接一台避雷器和自耦变压器，同一侧两台自耦变压器各中心抽头引出的 N 线与集中接地箱 JD 连接，图 3-20 中没有自用电变压器，自用电源可由另外 10 kV 电源引入。

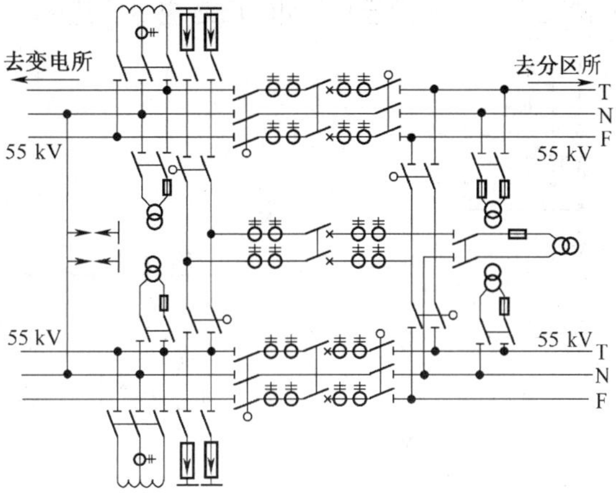


图 3-17　AT 开闭所（设在供电分区中间）主接线

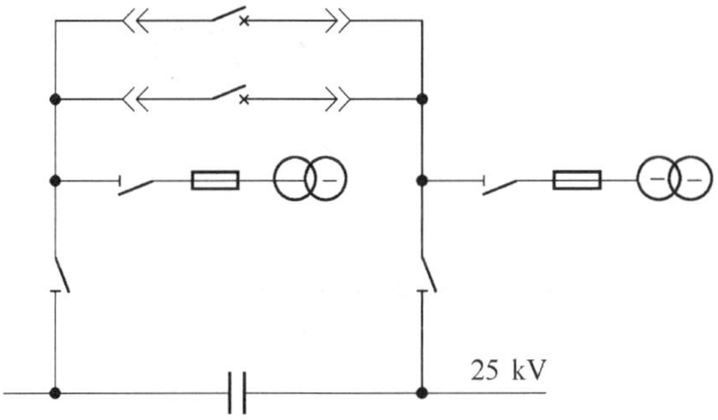


图 3-18　单线双边供电分区所主接线

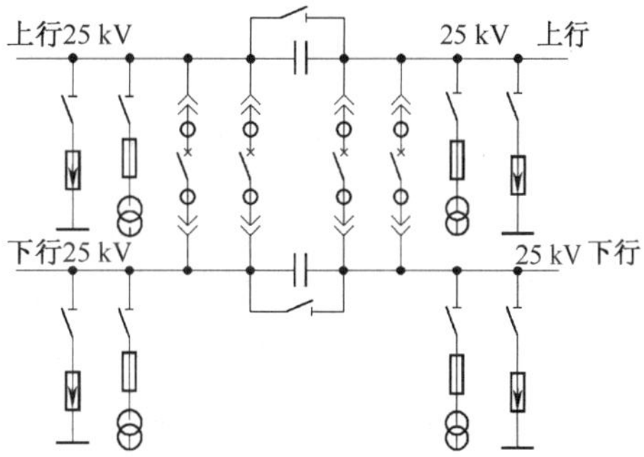


图 3-19　复线上、下行接触网并联供电时分区所主接线

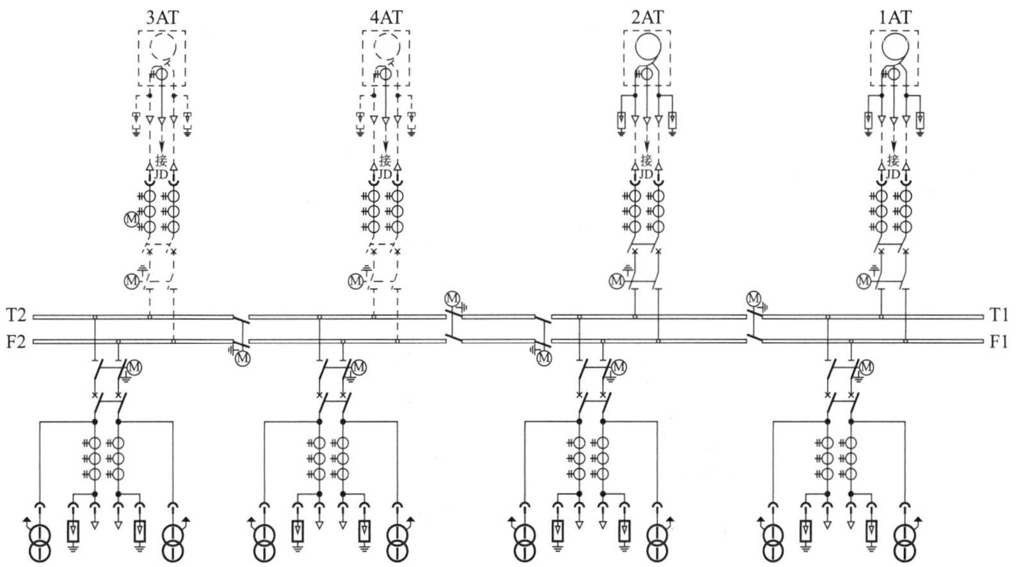


图 3-20　复线 AT 分区所主接线

当供电臂末端要求增加多回馈线时,可采用分区所与开闭所合建的方案,其主接线如图 3-21 所示。

另外,不同供电方式(例如 AT 与 BT)接口处的分区所,其主接线如图 3-22 所示。应注意隔离开关联锁,保证 AT 区段向 BT 区段越区供电;反之应尽量避免。

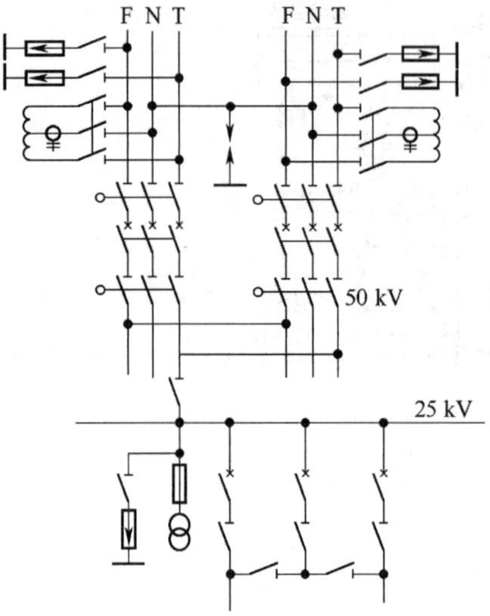


图 3-21 分区所与开闭所合建时主接线

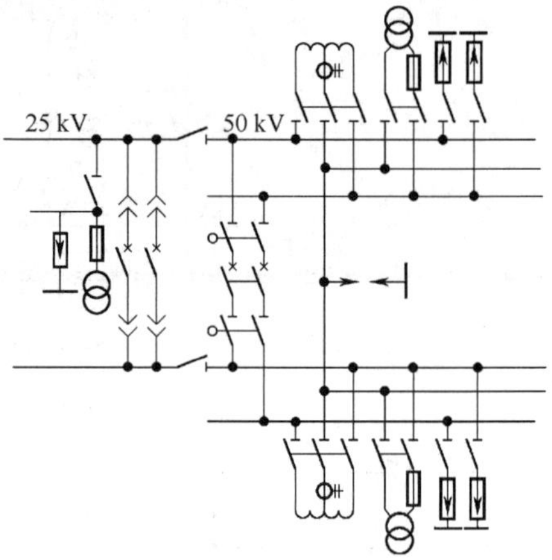


图 3-22 不同供电方式接口处分区所主接线

(四)AT 所(自耦变压器站)主接线

AT 所中自耦变压器的两个出线端子(电压为 55 kV)分别经隔离开关(或断路器)跨接于接触网和正馈线间。其中点经中性线、电流互感器、隔离开关与钢轨、接触网保护线相连。接触网与钢轨间电压仍为 27.5 kV,如图 3-23 所示。

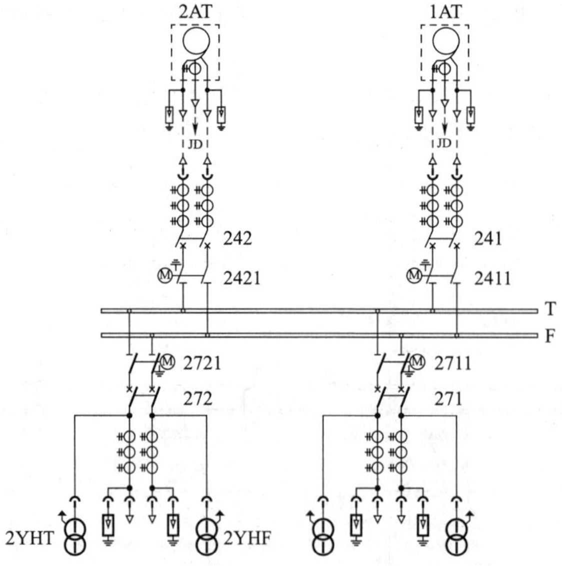


图 3-23 复线区段 AT 所主接线

## 四、练习

1. AT 供电在分区亭内用电动隔离开关将两侧接触网上行与上行，下行与下行间隔离，平时断开，只有在________时，隔离开关才闭合。

2. 图 3-14 中，标出备用断路器的位置，说明用备用断路器替代正常工作断路器的方法。

3. 图 3-16 中，标出各设备的名称。

4. 图 3-16 中，标出备用断路器的位置。

# 项目三　牵引变电所主接线实例

## 一、项目介绍

本项目以牵引变电所的几种主接线为例，说明电气主接线的实际应用，学会看懂主接线图，会分析其运行方式。

| 能力训练项目 | 能力目标 | 相关支撑知识 | 学习建议 |
| --- | --- | --- | --- |
| 阅读变电所主接线图(注意普速、高铁变电所区别) | 1. 能分辨变电所一次侧及二次侧属于何种接线方式。<br>2. 能说明各设备在主接线中的作用。<br>3. 能列举变电所的主要运行方式 | 变电所类型、变电所高压侧典型主接线方式及牵引侧接线、一次设备的功能 | 分组研讨、阅读图纸、分析参观现场时所获得的变电所图纸实例 |

## 二、相关知识

牵引变电所主接线应根据电网的结构、变电所在电网中的地位及作用、牵引负荷状况及对供电可靠性的要求、牵引变压器类型、馈线回路数的多少等因素进行选择。

《铁路技术管理规程(普速铁路部分)》对牵引供电的要求：牵引变电所须具备双电源、双回路受电。牵引变压器采用固定备用方式并具备自动投切功能。

目前，我国牵引变电所中采用的典型的电气主接线如图 3-24～图 3-28 所示。

图 3-24 为 110 kV 侧采用线路分支接线，牵引侧采用单母线接线的单线三相牵引变电所电气主接线。变电所内设两台 $Y_N$，$d_{11}$ 接线的三相双绕组变压器，固定全备用。因电力系统不要求在 110 kV 侧计费，故 110 kV 侧可不设电压互感器，牵引侧每相母线上均装有单相电压互感器、避雷器，以满足测量和继电保护的需要。因是单线区段，变电所仅有两路馈线，分别向相邻两接触网区段供电，馈线断路器采用 100%备用。

该牵引变电所内设一台 27.5 kV/0.4 kV 的三相所用电变压器，向所内提供 380 V/220 V 交流电源。

图 3-25 为某单线 BT 供电区段单相 V/V 接线牵引变电所的电气主接线。变电所内 110 kV 侧采用线路分支接线，并装设有带隔离开关的跨条。由于不要求 110 kV 侧计(电)费，且 110 kV 线路不设继电器保护装置，故 110 kV 侧不设电压互感器。

单相主变压器因设有碰壳接地保护，故主变压器外壳经电流互感器接地。

该单相牵引变电所的两台主变压器采用移动备用方式，故主变压器牵引侧(室外)设有引入移动变压器的备用间隔。

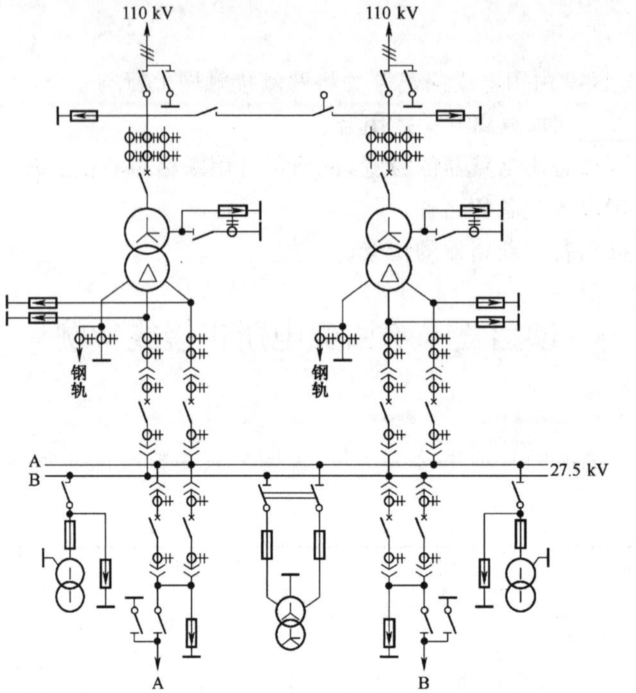


图 3-24　单线 BT 供电区段三相牵引变电所电气主接线

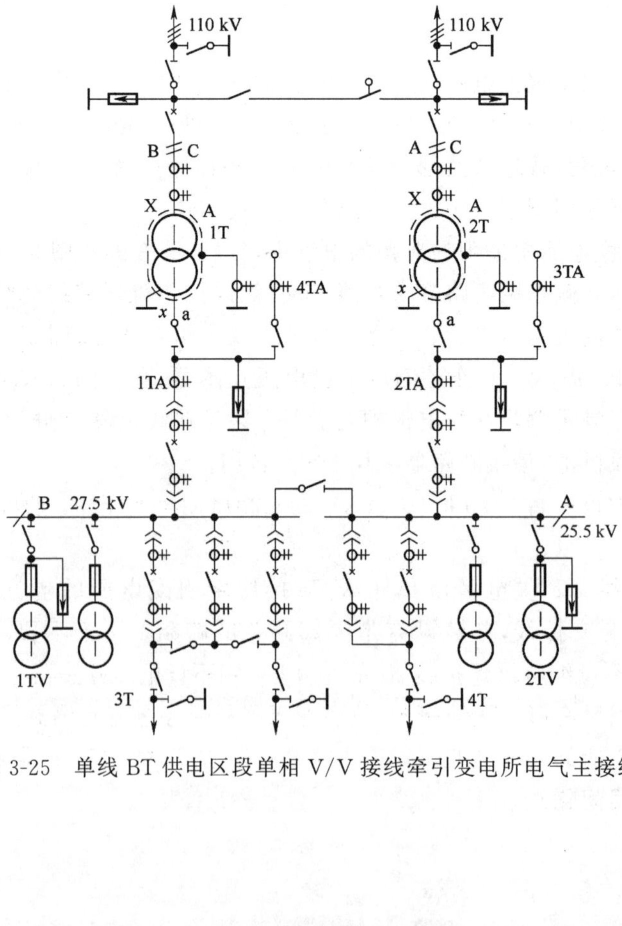


图 3-25　单线 BT 供电区段单相 V/V 接线牵引变电所电气主接线

该牵引变电所牵引侧采用单母线接线，两相母线间用隔离开关断开。每相牵引母线上接有单相电压互感器，供测量、保护装置用且接有避雷器。

该牵引变电所设两台单相自用电变压器，分别接至不同相的母线上，互为备用。

馈线断路器采用50%备用和100%备用。分别经断路器（高压室内）和带接地刀的隔离开关（高压室外）、馈电线将27.5 kV电压送入接触网。

## 三、项目实施

### （一）分析图3-26所示变电所主接线

该所为某复线BT供电区段三相牵引变电所电气主接线，采用的是“双T”接线型，两路电源互为备用，主变压器采用固定备用方式，满足《铁路技术管理规程（高速铁路部分）》对牵引变电所的双电源、双回路受电的要求。正常情况下由其中一路电源带一台主变运行，2001、2002隔离开关在合闸位置，四条馈线同时供电。一路电源带一台主变运行有四种方式：1号电源带1号主变运行或1号电源带2号主变运行；2号电源带2号变运行或2号电源带1号主变运行。110 kV进线至27.5 kV母线之间的电气设备具有百分之百的备用，27.5 kV侧馈线具有50%的备用。

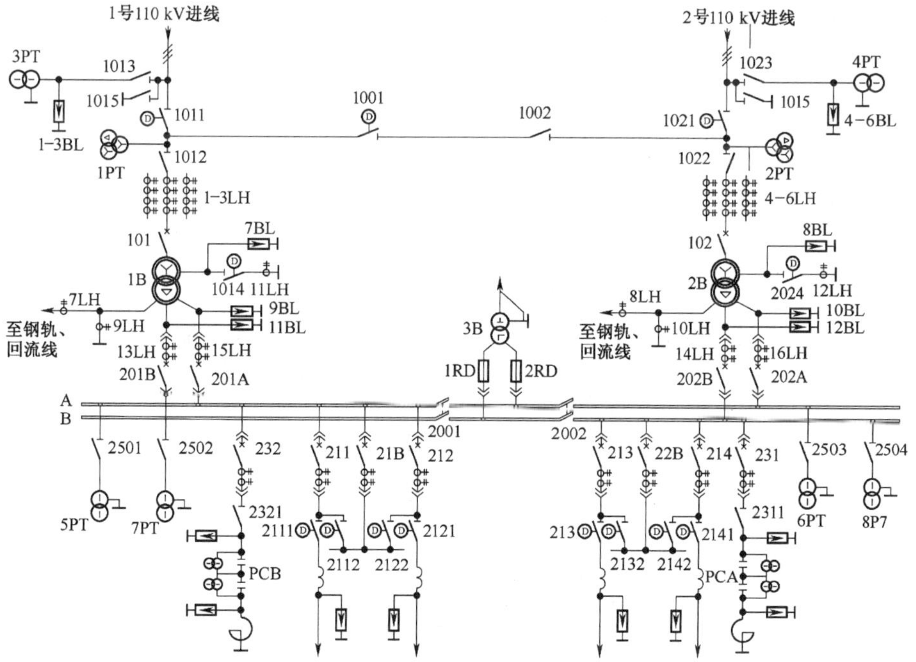


图3-26　复线BT供电区段三相牵引变电所电气主接线

牵引变压器是与普通电力变压器有所不同，牵引变压器多数是三相变二相的，且二次侧接触网用的二相相间相差并不是120°。目前在牵引变电所较多使用的是阻抗匹配型平衡变压器。该变压器一般具有变压和换相功能，27.5 kV侧α、β供电臂相位差为90°。

电气上的互锁关系：1011、1001、1021三台隔离开关互锁，当其中两台投入运行时，第三台在电气控制回路上实行闭锁，其目的是防止将两路进线电源短路造成故障。许多牵引变电所还对101、102两台110 kV断路器进行互锁，但在该牵引变电所101、102断路器是不存在互锁关系的。

自动投入装置:为提高供电可靠性,牵引变电所一般设置了四种(有些牵引变电所设置了8种)自动投入方式,自动投入装置运行情况如下:

1号电源带101断路器运行(习惯上称为直供)。1号电源失压另一路电源2号电源电压正常时,2号电源将自动通过1021、1001隔离开关投入运行,这时运行方式为2号电源带101断路器运行(习惯上叫桥供);个别牵引变电所还设置了1号电源失压另一路2号电源电压正常时,2号电源自动通过1021隔离开关、102断路器投入运行,这时运行方式为2号电源带102断路器运行。1号电源电压正常,1号变故障时,2号主变将自动通过1001隔离开关和102断路器投入运行,这时运行方式为1号电源带102断路器运行;还有一种自动投入方式为2号系统正常时由2号电源带102断路器运行。

2号电源带102断路器运行的自动投入情况与上述相同。

当故障产生无法使用主接线的四种正常运行方式时,可使用一路电源带两台主变同时运行,或1号电源带1号主变运行和2号电源带2号主变运行的方式进行供电。

每相牵引母线上还接有并联电容补偿装置(由电容器组、电抗器、电压互感器组成),以提高接触网的功率因数。

牵引变电所的所有进线和出线、补偿电容装置以及主变压器的中性点均装有抗雷线圈,并与避雷器配合使用,以防止接触网上落雷时,雷电波袭击牵引变电所内的设备。

(二)分析图3-27所示变电所主接线

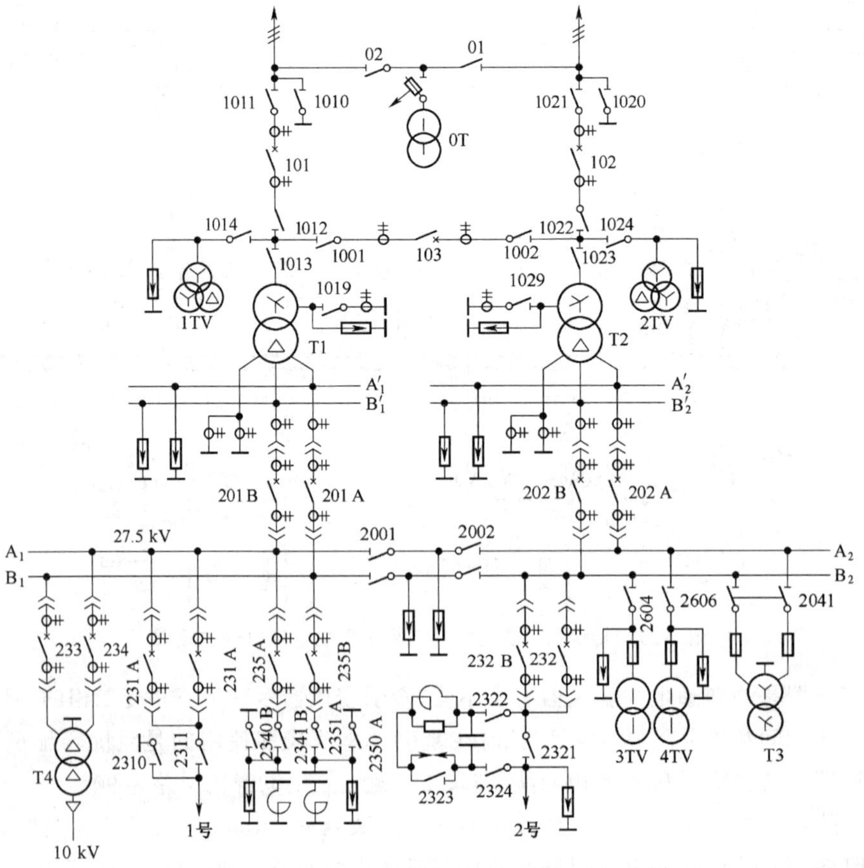


图3-27 具有内桥接线的单线三相牵引变电所

该所是 110 kV 侧采用内桥式接线的单线三相牵引变电所。110 kV 侧因有系统功率穿越,110 kV 线路设有继电保护装置,故 110 kV 侧装有单相式三相电压互感器组。27.5 kV 侧采用馈线断路器 100%备用的隔离开关分段的单母线接线、并设有室外辅助母线。

牵引变电所的直流操作电源采用复式整流装置。为提高整流电源的独立性和可靠性,整流装置的交流电压除取自 27.5 kV 侧所用电变压器 T3 外,还取自 110 kV 进线隔离开关外侧设置的 110 kV/0.23 kV 的单相变压器 0T,以便在正常和事故情况下都能可靠的向整流装置供电。

为了提高功率因数和接触网末端电压,目前牵引变电所中在 27.5 kV 侧一般还设置并联电容补偿装置(由电容器组、电抗器、电压互感器等组成,如 1 号馈线)或串联电容补偿装置(由串联电容器组、阻尼电阻、电抗器与磁吹放电间隙等组成,如 2 号馈线)。

该牵引变电所内还设置一台 27.5 kV/10 kV 的三相动力变压器 T4,以满足该地区 10 kV 负荷的需要。但 10 kV 负荷容量应不超过牵引变压器额定容量 15%。若超过 15%,应按具体条件进行经济技术比较,采用三相三绕组变压器作为牵引变压器(变比为 110/27.5/10 kV),或者采用在 110 kV 侧单独设置 110/10 kV 的三相变压器向 10 kV 负荷供电。

(三)分析图 3-28 所示变电所主接线

该变电所采用两台斯柯特接线的三相—二相变压器,固定全备用。另有两台反斯柯特接线的变压器 3T、4T 变比为 55/0.4 kV)向变电所内提供自用电三相电源。主变压器牵引侧相位差为 90°的 55 kV 两相电压,经电动隔离开关送入牵引母线 $T_M$、$F_M$ 和 $T_T$、$F_T$。55 kV 侧采用隔离开关分段的单母线接线,每相母线上均接有电压互感器,供测量、保护用,馈线断路器 50%备用。由于采用 AT 供电方式,主变压器二次侧两相 55 kV 的电压经自耦变压器(AT)送入 AT 牵引网。自耦变压器中点经 N 线接钢轨并经接地放电保护装置接地,以使接触导线和钢轨间电压为 27.5 kV。各自耦变压器的中性点处都装有电流互感器,以供故障点标定装置用。为提高 AT 牵引网功率因数,设有并联电容补偿装置。由于牵引侧电压为 55 kV,主接线中的电气设备均采用户外型,布置在露天场所。

牵引变电所中日常的倒闸作业是接触网的停、送电操作,只需依据电调命令,分馈线断路器;分馈线隔离开关;在馈线出线侧验电、接地。不改变电气主接线运行方式,操作比较简单。

牵引变电所中改变电气主接线运行方式的倒闸作业(倒换主变压器;倒换 110 kV 电源线路;检修牵引母线的停、送电操作等)比较复杂,要符合安全操作的规定,要保证向牵引负荷电可靠送电。

下面以图 3-28 为例,介绍一种典型的倒闸作业程序。

1. 倒换主变压器的操作(利用该牵引变电所无牵引负荷时操作)

1WL 供电,主变压器 2T 代 1T 的操作程序如下:

①分 221 QF、222 QF,退出补偿电容器组,以减小主变压器投入运行时产生的励磁涌流及过电压值;②分 101QF,退出主变压器 1T,中断牵引负荷供电;③分 2011QS、2021QS;④合 1001QS;⑤合 2031QS、2041QS;⑥合 102QF,主变压器 2T 投入运行;⑦合 221QF、222QF,投入并联电容器组。

2. 倒换 110 kV 电源的操作(条件同上)

1WL－1T 运行,倒换成 2WL－2T 运行的操作程序如下:

①确认 2WL 电源电压正常;②分 221QF、222QF,退出补偿电容器组;③分 101QF,退出主变压器 1T,中断牵引负荷供电;④分 2011QS、2021QS;⑤分 1011QS,退出 1WL;⑥合 1021QS 投入 2WL;⑦合 2031QS、2041Q;⑧合 102QF,投入主变压器 2T;⑨合 221QF、222 QF,投入补偿电容器组。

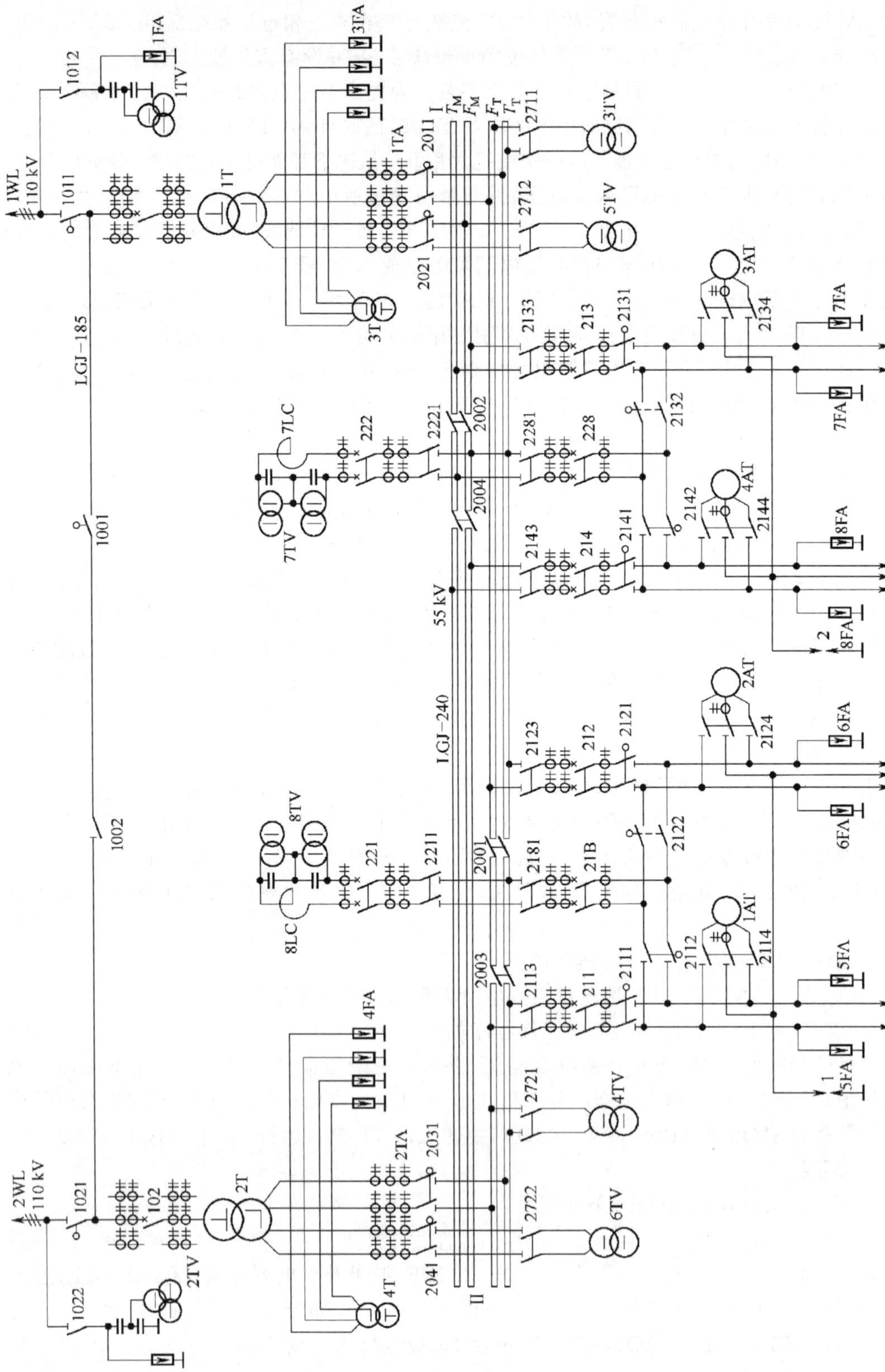


图 3-28 110 kV 侧采用线路分支接线的 AT 牵引变电所的电气主接线

3. 检修牵引母线的停、送电操作

2WL 电源、2T 主变压器运行，Ⅰ段牵引母线停电检修的操作程序如下：

①确认 101QF 及 2011QS、2021QS 在分位；②合 2122QS；③合 21BQF，使 21BQF 与 212QF 并联；④分 212QF 及 2121QS；⑤合 2132QS；⑥合 22BQF，使 22BQF 与 213QF 并联；⑦分 213QF 及 2131QS；⑧将 T 座、M 座的 TV 转换开关分别打到 4TV、6TV 位置；⑨确认中央信号盘 T 座、M 座电压表指示正常；⑩拉开 2711QS 并加锁；⑪拉开 2712QS 并加锁；⑫拉开 2001QS 并加锁；⑬拉开 2002QS 并加锁。

2WL 电源、2T 主变压器运行，Ⅰ段牵引母线恢复送电的操作程序与上述停电操作程序相反。

当然，检修牵引母线也可利用该牵引变电所无牵引负荷时进行，其操作程序略有不同。

(四)分析图 3-29 所示高铁变电所主接线

1. 运行方式

主接线为“双 T”接线，接有互为热备用的两路 220 kV 电源线路：主变压器按采用单相接线、设置两台单相牵引变压器设计，为固定备用方式，一台运行，一台备用，设有备用电源自动投入装置。正常时由一路电源通过任一单相接线的一台主变压器向牵引供电系统的两段独立母线供电。

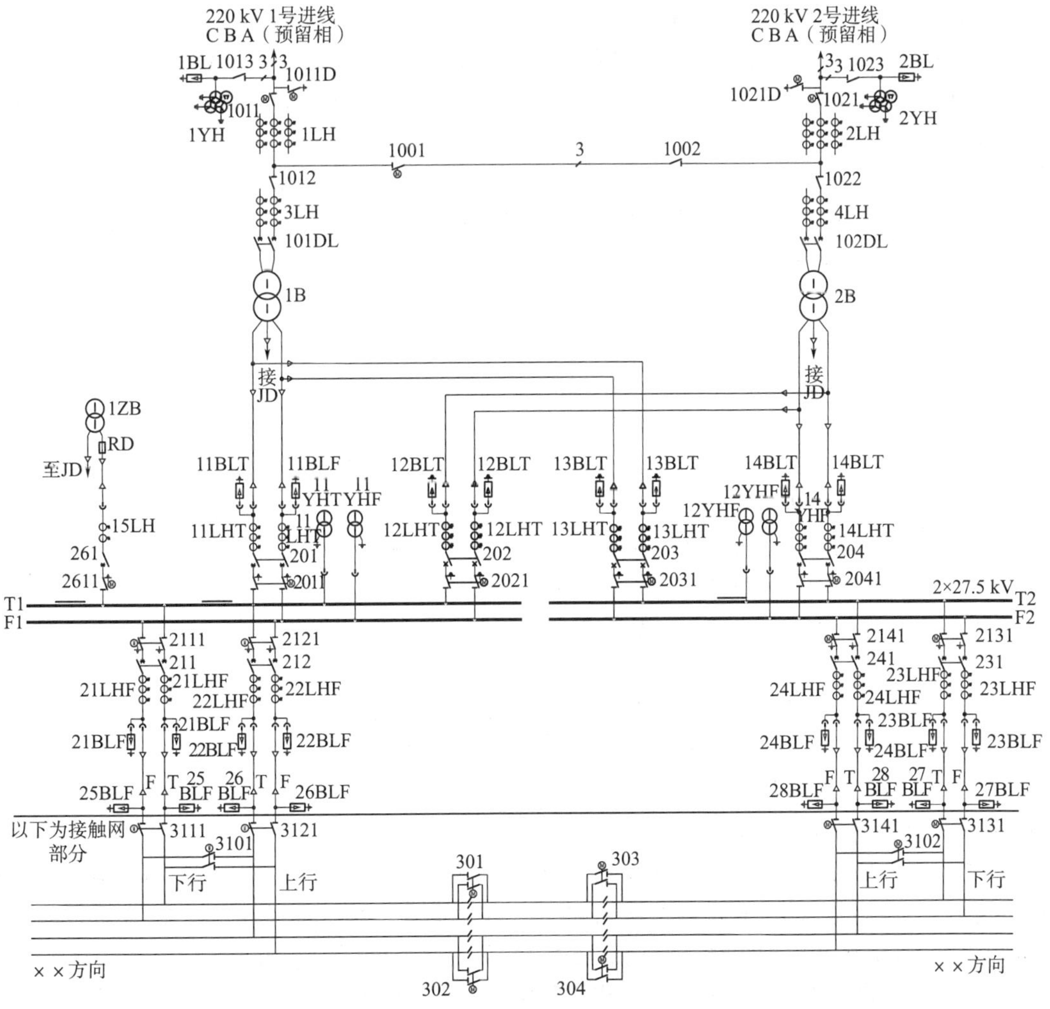

图 3-29　高铁变电所主接线

(1)正常运行

两路 220 kV 进线互为热备用,两台 220 kV/2×27.5 kV 牵引变压器(1B 或 2B)一台运行,一台为备用,各隔离开关和断路器的运行状态如下:220 kV 进线隔离开关 1011、1021 合闸,跨条隔离开关 1001 分闸、1021 合闸,牵引变压器(1B、2B)前的断路器:101 合闸,102 分闸,或 101 分闸、102 合闸。

(2)220 kV 进线电源故障(或检修)

当某一路 220 kV 进线电源因检修或故障停电退出运行时,此时该线路失压,所内设置的失压保护装置和备用电源自投装置动作(或人工操作),切除由其供电的牵引变压器,并将其进线电源隔离开关分闸。合上另一路变压器断路器,使其连接的 220 kV 进线电源向全所供电。

(3)变压器故障(或检修)

①正常直列供运行方式,故障时倒闸实现另一侧电源直供运行方式(直列倒直列)。

当运行的牵引变压器 1B(或 2B)出现故障或检修时,通过保护装置和备用电源自投装置动作或人工操作,依次将其运行的牵引变压器 1B(或 2B)前的断路器 101(或 102)分闸,使其退出运行,备用牵引变压器 2B(或 1B)前的断路器 102(或 101)合闸,投入运行,实现了从一侧电源直列供电到另一侧电源直列供电方式的切换。

②正常直列供电运行方式,故障时倒闸实现交叉运行方式(直列倒交叉)。

当运行的牵引变压器 1B(或 2B)出现故障(或检修)时,通过保护装置和备用电源自投装置动作(或人工操作)依次将其运行的牵引变压器 1B(或 2B)前的断器 101(或 102)和 220 kV 线隔离开关 1021(或 1011)分闸,使其退出运行,将跨条隔离开关 1001 和备用牵引变压器 2B(或 1B)前的断路器 102(或 101)合闸,投入运行,实现了从本侧电源直列供电到交叉供电方式的切换。

220 kV 进线电源和变压器运行方式的改变可通过备用电源自动投入装置实现。

上述各种运行方式的切换,人工倒闸时,涉及主变断路器操作,须遵守先分负荷侧,再分电源侧,合闸时先合电源侧,再合负荷侧的原则,防止变压器反送电。

2. 控制和监视方式

①牵引变电所按无人值班、有人值守方式设计,继电保护及自动装置采用集中组屏式微机综合自动化系统,该系统的组成包括:通信监控系统、主变保护测控单元、馈线保护测控单元、安全监控系统,同时将网开关,交、直流自用电系统的监控接入综合自动化系统。

②可实现远动控制(后台监控机或调度)、屏控操作(测控屏)、就地(设备本体)操作三种控制方式,通过控制转换开关可选择任一方式操控被控对象。

③断路器、隔离开关在当地、测控屏和远动装置设有位置信号。

3. 继电保护及自动装置

①主变压器采用变压器微机保护装置,由差动保护单元、后备保护单元及测控单元组成,设有重瓦斯、差动、220 kV 进线电源失压、27.5 kV 侧低电压过电流等使变压器两侧断路器跳闸,并作用于事故信号的保护功能;轻瓦斯、过负荷、过热等作用于预告信号的保护功能。此外还设有微机备用电源自投装置实各种自投功能。

②牵引变电所 2×27.5 kV 采用馈线微机保护装置,每个单元设有Ⅰ段、Ⅱ段阻、电流速断、过电流、电流增量保护、故障测距功能和一次自动重合功能。阻抗Ⅰ段保护用于非越区供电运行情况下,阻抗Ⅱ保护用越区供电运行情况下,与 AT 分区所线阻抗Ⅰ段保护配合。

③27.5 kV 自用电变压器保护:采用高压熔断器作为自用变压器主保护,采用微机保护设置过流保护作为自用变压器后备保护,设电流速断作为电缆的主保护。

4. 自用电系统

①交流自用电系统。

设有两段单相 220 V 和一段三相 380/220 V 交流母线，分别由单相自用变压器(接自 27.5 kV 的 T 母线)和铁路 10 kV 的三相自用变压器供电。正常运行时，单相 27.5 kV 自用变压向两段单相母线供电，三相 10 kV 自用变压给三相母线供电，当单相 27.5 kV 自用变压器因故障或检修，需退出运行时，两单相 220 V 母线通过自动投切装置，由 10 kV 自用变压器供电。当三相 10 kV 自用变压器因故障或检修退出运行时，三相 380/220 V 交流母线先退出运行。

①直流自用电系统。

直流自用电系统采用智能型直流屏及两组 100 A・h 铅酸免维护电池，额定电压为 110 V。设置两套故障时能自动切换，且具有稳压稳流性能的可控硅整流装置，可以对蓄电池组进行强充电、均衡充电、浮充电及供给正常负荷。

## 四、练习

1. 图 3-29 中，变电所正常运行时采用 1 号电源直列供电运行方式，则下列开关设备状态：1011________，1021________，1012________，1022________，1001________，1002________，101________，102________，201________，202________，203________，204________。

2. 图 3-29 中，变电所正常运行时采用 1 号电源交叉供电运行方式，则下列开关设备状态：1011________，1021________，1012________，1022________，1001________，1002________，101________，102________，201________，202________，203________，204________。

# 项目四　倒闸操作

## 一、项目介绍

本项目了解倒闸操作的组织，熟悉倒闸操作的基本要求。掌握电气设备的操作方法，掌握停送电操作的顺序。以规程为依据，先说明倒闸作业的组织和安全要求，然后说明断路器、隔离开关、熔断器的操作要求。根据倒闸操作应遵守不带负荷拉、合隔离开关的基本原则，说明合闸、拉闸顺序，倒闸作业的程序。

| 能力训练项目 | 能力目标 | 相关支撑知识 | 学习建议 |
|---|---|---|---|
| 变电所倒闸作业 | 1. 会使用安全工具。<br>2. 掌握倒闸作业票的填写。<br>3. 能进行倒闸作业 | 1. 安全工具的分类。<br>2. 安全工具的使用方法。<br>3. 倒闸作业的组织和安全要求。<br>4. 变配电所倒闸作业程序。<br>5. 倒闸作业票的填写 | 结合相关倒闸作业案例，小组研讨，以实际变电所主接线为例，写出指定任务的操作票 |

## 二、相关知识

牵引变电所内倒闸作业要遵守的总原则是：①不影响系统功率穿越。所谓系统功率穿越是指该变电所的汇流母线上有其他变电所的负荷电流通过。②不中断向牵引负荷的供电。

电力系统中运行的电气设备，常常遇到检修、调试和消除缺陷的工作，这就需要改变电气设备的运行状态或改变系统的运行方式。当电气设备由一种状态转换到另一种状态或改变系统的运行方式时，需要进行一系列的操作，这种操作称为电气设备的倒闸操作。牵引变电所内倒闸作业的主要内容是:①倒换电源;②倒换主变压器;③断路器的退出、投入。

倒闸操作非常重要而且是比较复杂的工作。若倒闸操作发生错误,将会造成设备的损坏和不必要的停电事故,还可能会危及人身安全。因此对倒闸作业必须采取有效地组织措施和技术措施,确保优质供电。牵引变电所的倒闸操作有关要求如下(对倒闸的术语、设备名称等内容略)。

(一)牵引变电所倒闸的安全要求

(1)需供电调度员下令

需供电调度员下令倒闸的断路器和隔离开关,倒闸前要由值班员向供电调度员提出申请,供电调度员审查后发布倒闸作业命令;值班员受令复诵,供电调度员确认无误后,方准给予命令编号和批准时间;每个倒闸命令,发令人和受令人双方均要填写倒闸操作命令记录。

供电调度员对 1 个牵引变电所 1 次只能下达 1 个倒闸作业命令,即 1 个命令完成之前,不得发出另 1 个命令。

对不需供电调度员下令倒闸的断路器和隔离开关,倒闸完毕后要将倒闸的时间、原因和操作人、监护人的姓名记入值班日志或有关记录中。

(2)倒闸作业必须由助理值班员操作,值班员监护

值班员在接到倒闸命令后,要立即进行倒闸。用手动操作时操作人和监护人均必须穿绝缘靴,戴安全帽,同时操作人还要戴绝缘手套(绝缘靴和绝缘手套要符合试验标准要求)。

隔离开关的倒闸操作要迅速准确,中途不得停留和发生冲击。

(3)完成倒闸作业后

倒闸作业完成后,值班员立即向供电调度员报告,供电调度员及时发布完成时间,至此倒闸作业结束。

(4)按操作卡片进行倒闸作业

倒闸作业按操作卡片进行,没有操作卡片的倒闸作业由值班员编写倒闸表并记入值班日志中,由供电调度员下令倒闸的设备,倒闸表要经过供电调度员的审查同意。

(5)编写操作卡片及倒闸表要遵守的原则

①停电时的操作程序:先断开负荷侧后断开电源侧;先断开断路器后断开隔离开关。送电时,与上述操作程序相反。

②隔离开关分闸时,先断开主闸刀后闭合接地闸刀;合闸时,与上述程序相反。

③禁止带负荷进行隔离开关的倒闸作业和在接地闸刀闭合的状态下强行闭合主闸刀。

(6)与断路器并联的隔离开关

只有当断路器闭合时方可操作隔离开关。当回路中未装断路器时可用隔离开关进行下列操作:

①开、合电压互感器和避雷器。

②开、合母线和直接接在母线上的设备的电容电流。

③开、合变压器中性点的接地线(当中性点上接有消弧线圈时,只有在电力系统没有接地故障的情况下才可进行)。

④用室外三联隔离开关开、合 10 kV 以下、电流不超过 15 A 的负荷。

⑤开、合电压 10 kV 及以下、电流不超过 70 A 的环路均衡电流。

(7)拆装高压熔断器必须由助理值班员操作,值班员监护

操作人和监护人均要穿绝缘靴、戴防护眼镜,操作人还要戴绝缘手套。

(8)带电更换熔断器

带电更换低压熔断器时,操作人要戴防护眼镜,站在绝缘垫上,并要使用绝缘夹钳或绝缘手套。

(9)正常情况下,不应操作脱扣杆进行断路器分闸

电动操作的断路器,除操作机构中具有储能装置者外,禁止手动合闸送电。

(10)遇有危及人身安全的紧急情况

需供电调度下令进行倒闸作业的断路器和隔离开关,遇有危及人身安全的紧急情况,值班人员可先行断开相关的断路器和隔离开关,再报告供电调度,但再合闸时必须有供电调度的命令。

(二)牵引变电所倒闸的业务能力要求

(1)值班人员接受倒闸任务

值班人员接受倒闸任务后,操作前要先在模拟盘上进行模拟操作,确认无误后方可进行倒闸。在执行倒闸任务时,监护人要手执操作卡片或倒闸表与操作人共同核对设备位置,进行呼唤应答,手指眼看,准确、迅速操作。

(2)用备用断路器代替主用断路器

当以备用断路器代替主用断路器时,应检查、核对备用断路器的投入运行条件后,方能进行倒闸。若主用和备用断路器共用一套保护装置时,必须先断开主用断路器,将保护装置切换后再投入备用断路器。

(3)远动装置进行倒闸操作

采用远动装置进行倒闸操作,值班员接到供电调度通知后,应监视设备动作情况,及时向供电调度汇报并做好记录。

变电所设备检修供电调度作业指导

## 三、项目实施

(一)拟写操作票

操作票的拟写主要是根据倒闸作业的任务和电气设备的一、二次接线和保护同路等实际设备情况,按照倒闸作业的安全技术规范、操作项目和内容要求拟写。拟写的项目和内容大致包括以下几方面:

(1)断路器和隔离开关的操作步骤。

(2)检查断路器、隔离开关闭合或断开后的实际分合位置。

(3)拆除或安装断路器的控制回路和电压互感器回路的熔断器。

(4)切断电源后应进行验电。

(5)悬挂临时接地线或接地开关。

(6)装挂各种标示牌。

(7)送电前拆除临时接地线或打开接地开关等设施。

(8)切换保护回路或改变其整定值。

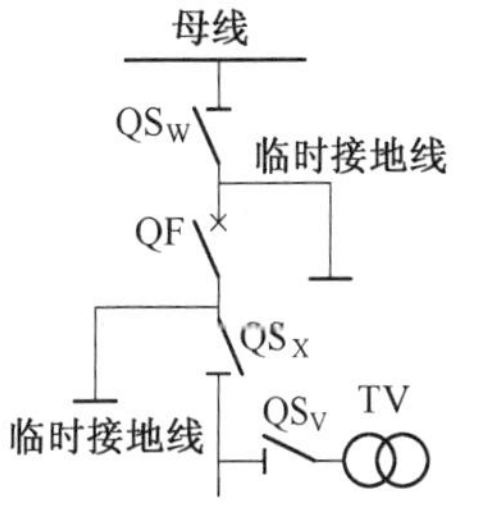


图 3-30　某馈出线一次主接线

项目中的顺序也必须根据倒闸操作的任务和安全技术要求进行拟写。

根据图 3-30 所示一次主接线,拟写操作票(表 3-1)。

表 3-1　倒闸操作票　　编号

| 操作开始时间:　年　月　日　时　分;　终了时间:　日　时　分 | | |
|---|---|---|
| 操作任务:X-1 线路送电 | | |
| 记号 | 顺序 | 操　作　内　容 |
| | 1 | 收回线路 X-1 的检修工作票 |
| | 2 | 拆除线路 X-1 出线侧隔离开关 QSx 侧的接地线 |

续上表

| 记号 | 顺序 | 操作内容 |
|---|---|---|
| | 3 | 拆除线路 X-1 母线侧隔离开关 QSw 的接地线 |
| | 4 | 检查停电线路 X-1 断路器 QF 确在断开位置 |
| | 5 | 合上停电线路 X-1 母线侧隔离开关 QSw |
| | 6 | 检查停电线路 X-1 母线侧隔离开关 QSw 应在合闸位置 |
| | 7 | 合上停电线路 X-1 出线侧隔离开关 QSx |
| | 8 | 检查停电线路 X-1 出线侧隔离开关 QSx 应在合闸位置 |
| | 9 | 合上停电线路 X-1 的电压互感器原边的隔离开关 QSv |
| | 10 | 检查停电线路 X-1 的电压互感器原边的隔离开关 QSv 应在合闸位置 |
| | 11 | 安放停电线路 X-1 的断路器 QF 的合闸保险 |
| | 12 | 安放停电线路 X-1 电压互感器副边的保险 |
| | 13 | 安放停电线路 X-1 的断路器 QF 的操作保险 |
| | 14 | 合上停电线路 X-1 的断路器 QF 的操作开关 |
| | 15 | 检查停电线路 X-1 断路器 QF 确在合闸位置 |
| | 16 | 观察送电线路 X-1 的指示仪表 |
| | 17 | 投入线路 X-1 的自动重合闸 |
| | 18 | 投入线路 X-1 的有关连锁跳闸压板 |

操作人：　　　　监护人：　　　　值班负责人：　　　　值班长：

发令时间：　　　　月　日　时　　　　发令人：

倒闸操作流程

(二)牵引变电所内倒闸作业的安全操作步骤

(1)明确主接线正常运行时两回电源的供电状况及主接线中各开关的通断状况。

(2)停电时,先停负荷,后停电源;送电时,先送电源,后送负荷。

(3)隔离开关与断路器串联时,隔离开关应先合后分。

(4)隔离开关与断路器并联时,隔离开关应先分后合。

(5)隔离开关带接地闸刀时,送电时应先断接地闸刀,后合主闸刀;停电时应先断主闸刀,后合接地刀。

"1+X"证书变电停送电操作职业技能

## 小提示

**"1+X"证书变配电运维职业技能**

**变电停、送电操作技能**

| 工作领域 | 工作任务 | 职业技能要求 |
|---|---|---|
| 倒闸作业 | 变电停、送电操作 | 1. 能遵循先拉开断路器,后拉开线路侧隔离开关,再拉开母线侧隔离开关的线路停电操作顺序,用规范术语填写变电线路停电操作票。<br>2. 能遵循先拉开线路接地开关或拆除接地线,然后合上母线侧隔离开关,再合上线路侧隔离开关,最后合上断路器的线路送电操作顺序,用规范术语填写变电线路送电操作票。<br>3. 能够使用正确电压等级的验电器进行设备验电。<br>4. 能够装、拆接地线(或拉、合接地开关)。<br>5. 能根据操作票执行变电线路停、送电倒闸操作。<br>6. 能够正确使用防误闭锁装置 |

## 四、练习

分析图 3-31，说明变电所运行方式，完成倒闸操作票填写（选择馈出线停电、送电、切换电源或检修变压器等任务）。（扫码 1L、2B、4B 倒至 2L、1B、3B 运行操作票，参考其格式及步骤，写出各种任务的操作票。）

1L、2B、4B 倒至 2L、1B、3B 运行操作票

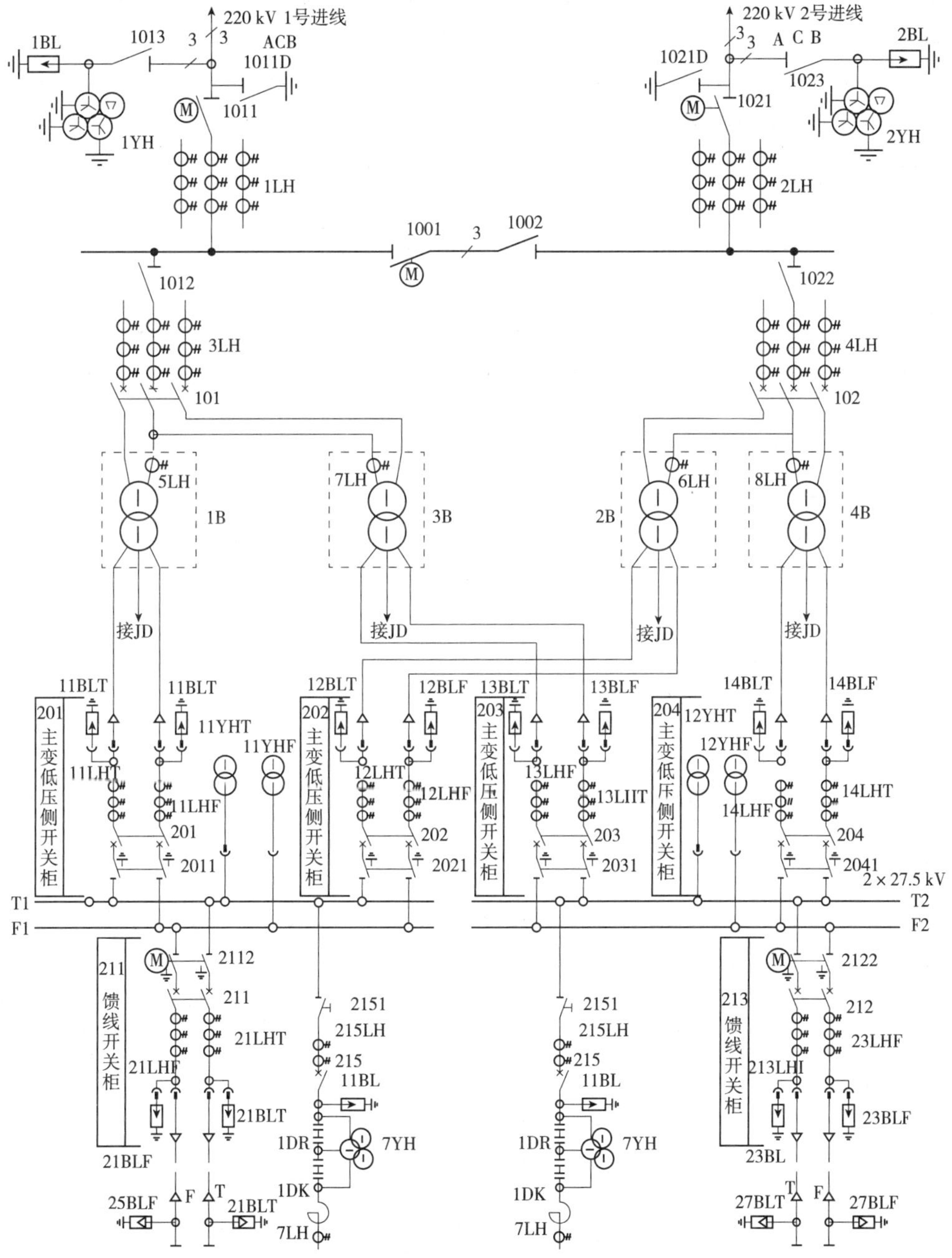


图 3-31　变电所电气主接线

**倒闸操作票**

编号：

| 发令人 | | 接令人 | | 发令时间 | 年 月 日 时 分 |
|---|---|---|---|---|---|
| 操作开始时间： 年 月 日 时 分 | | | | 操作结束时间： 年 月 日 时 分 | |
| 操作任务： | | | | | |

| 顺序 | 操作项目 | √ |
|---|---|---|
| 1 | | |
| 2 | | |
| 3 | | |
| 4 | | |
| 5 | | |
| 6 | | |
| 7 | | |
| 8 | | |
| 9 | | |
| 10 | | |
| 11 | | |
| 12 | | |
| 13 | | |
| 14 | | |
| 15 | | |
| 备注： | | |
| 操作人： 监护人： 班长： 调度： | | |

# 项目五　高压配电装置的布置

## 一、项目介绍

牵引变电所高压配电装置是牵引供电系统的枢纽，是受电、变电和配电的主体。牵引变电所的高压电气设备主有：主变压器、所用电变压器、断路器、隔离开关、电容器、电抗器、避雷器、互感器和高压母线等。电气设备的布置与尺寸位置都应考虑安全与维护方便，并同时满足电气设备对通风、防火的要求。本项目主要认识各种配电装置的布置方式，了解布置基本要求。

| 能力训练项目 | 能力目标 | 相关支撑知识 | 学习建议 |
|---|---|---|---|
| 阅读高压配电装置布置图 | 1. 能说明安全净距要求。<br>2. 能看懂配电装置布置图 | 1. 安全净距意义及各部分要求。<br>2. 电气主接线图。<br>3. 高压室、控制室、室外设备连接关系 | 读懂各部分安全距离的示意图，阅读控制、高压室布置图，找高压室与主接线图的对应关系 |

## 二、相关知识

### (一)牵引变电所配电装置主接线及运行方式

牵引变电所主接线为“双T”接线,接有互为备用的两路110 kV电源线路,主变压器(新建的变电所)多数采用两台阻抗匹配平衡变压器,为固定备用方式,设有自动投入装置,正常时由任一路电源,通过任一台主变,向牵引供电系统供电。当该电源线路失压或该主变故障时,另一路电源线路或另一台主变投入,使牵引供电系统迅速恢复供电。

### (二)总平面布置及生产房屋

(1)110 kV配电装置采用户外布置,27.5 kV配电装置大部分在户内布置,且户内27.5 kV配电装置采用间隔网栅式(或高压开关柜式),并联电容补偿装置为户内组装式,户外配电装置除主变和端子箱采用低式布置外,其余采用中式布置。

(2)27.5 kV高压室进出线采用架空引入、引出,10 kV自用变压器高低压侧采用电缆引入、引出。

(3)所内设有与外部公路衔接的运输道路和巡视小道。

(4)牵引变电所一般采用生产房屋和辅助房屋合建,一层设有27.5 kV高压室、控制室、检修室、值班休息室、厕所,二层设有电容器室、储藏室、工具室、值班休息室、宿舍。

### (三)主要电器设备的配置

(1)为满足装置的需要,凡能改变运行方式或操作频繁的隔离开关采用电动操动机构。

(2)主变压器多数是采用两台平衡变压器,新建的牵引变压器基本上是采用阻抗匹配平衡变压器,高速铁路大多采用单相变压器或V/V接线变压器。

(3) 110 kV断路器一般采用$SF_6$断路器。

(4)27.5 kV断路器一般采用真空断路器并配弹簧操作机构。

(5)电容器组使用国产设备时,一般采用8.4 kV、100 kVar单元电容器,电抗器采用户内、干式、空芯型。采用国外设备时,一般是组合体,户外布置。

### (四)电器设备的架构类型

(1)杆塔采用$\phi$400 mm钢筋混凝土环形等径杆和钢横梁。

(2)设备支架采用$\phi$300 mm钢筋混凝土环形等径杆。

(3)110 kV进线杆塔按每相导线最大拉力为4 000 N,每根避雷线最大拉力为2 500 N,导线最大偏角为15°,27.5 kV馈线由固定在房屋墙壁的支承点引出,其最大拉力为3 000 N。

### (五)二次接线的要求

1. 控制和监视方式

(1)一次装设远动装置、各断路器和电动隔离开关可实现屏控和遥控方式,通过控制方式转换开关可选其中任一种。

(2)各断路器和电动隔离开关在控制屏上和远动装置中均设有位置信号,在控制屏上,断路器位置采用双灯显示、不正常时发出闪光信号(有些牵引变电所断路器故障跳闸后亮白色灯光),电动隔离开关采用电动位置指示器。

2. 中央信号装置

(1)事故信号和预告信号均为中央复归重复动作方式。

(2)事故信号利用各单元的保护出口信号作用相应的音响及灯光信号。

(3)预告信号利用各监视装置的信号作用相应的光字牌及发出音响信号。

3. 继电保护和自动装置

(1)主变压器一般采用变压器微机保护装置,装置具有重瓦斯、纵联差动 110 kV 侧三相低电压过电流、27.5 kV 侧设置有分相作用的低电压过电流、零序过流、电源失压等使断路器跳闸并作用于事故信号的保护装置和轻瓦斯、过负荷、过热等作用于预告信号的保护装置,此外还设置了微机可编程控制器实现备用电源自动投入。

(2)27.5 kV 馈线一般采用馈线微机保护装置,每个馈线单元设有带谐波闭锁的阻抗保护、电流速断保护、一次自动重合闸、27.5 kV 馈线采用微机故标装置。

(3)并联电容一般采用并补电容微机保护装置,设有电流速断、过电流、谐过电流、差电压、过电压、欠电压等保护装置。

(六)自用电系统

(1)交流系统:设有两段 380/220 V 交流母线,分别由接至 27.5 kV 母线和 10 kV 电力线路的两台自用变压器供电,两路 380/220 V 电源互为备用。

(2)直流系统:一般采用一组铅酸免维护蓄电池的直流屏,额定电压为 110 V(或 220 V),设置两套能故障时自动切换的具有稳压稳流性能的可控硅整流装置以对蓄电池组进行强充电、均衡充电、浮充电及供给正常运行负荷。

(七)防雷及接地装置

(1)牵引变电所一般设有四支独立避雷针以防止直击雷伤害。

(2)在主变高、低压侧及中性点、馈线负荷侧一般设有氧化锌避雷器以限制雷电波幅值。

(3)设有以水平接地体为主的网络式接地装置,当接地电阻不达要求时可考虑引外等办法。

所有电气设备的金属外壳、架构铁件、瓷瓶底座及避雷器引下线及金属窗架均应与接地装置可靠连接,但不得与电缆沟的接地干线连接。

## 三、项目实施

认识牵引变电所高压配电装置的布置方式。

(一)户外高压配电装置布置的基本规定

(1)室外配电装置的安全净距应符合表 3-2 的规定,并应按图 3-32、图 3-33 和图 3-34 所示校验。当电气设备外绝缘体最低部位距地面小于 2.5 m 时,应装设固定遮栏。

**表 3-2　室外配电装置的安全净距(mm)**

| 符号 | 适用范围 | 额定电压(kV) | | | | |
|---|---|---|---|---|---|---|
| | | 10 | 27.5 | 55 | 110 J | 220 J |
| $A_1$ | 带电部分至接地部分之间<br>网状遮栏上延伸线距地 2.5 m 处与遮栏上方带电部分之间 | 200 | 400 | 650 | 1 000 | 1 800 |
| $A_2$ | 不同相的带电部分之间<br>断路器和隔离开关的断口两侧引线带电部分之间 | 200 | 400 | 650 | 1 100 | 2 000 |

续上表

| 符号 | 适用范围 | 额定电压(kV) | | | | |
|---|---|---|---|---|---|---|
| | | 10 | 27.5 | 55 | 110 J | 220 J |
| $B_1$ | 设备运输时,其外廓至无遮栏带电部分之间<br>交叉的不同时停电检修的无遮栏带电部分之间<br>栅状遮栏至绝缘体和带电部分之间 | 950 | 1 150 | 1 400 | 1 750 | 2 550 |
| $B_2$ | 网状遮栏至带电部分之间 | 300 | 500 | 750 | 1 100 | 1 900 |
| $C$ | 无遮栏裸导体至地面之间<br>无遮栏裸导体至建筑物、构筑物顶部之间 | 2 700 | 2 900 | 3 100 | 3 500 | 4 300 |
| $D$ | 平行的不同时停电检修的无遮栏带电部分之间<br>带电部分与建、构筑物的边沿部分之间 | 2 200 | 2 400 | 2 600 | 3 000 | 3 800 |

注:(1)110 J、220 J 系指中性点有效接地电网。

(2)高度超过 1 000 m 时,$A$ 值应进行修正。

(3)本表所列各值不适用于制造厂的产品设计。

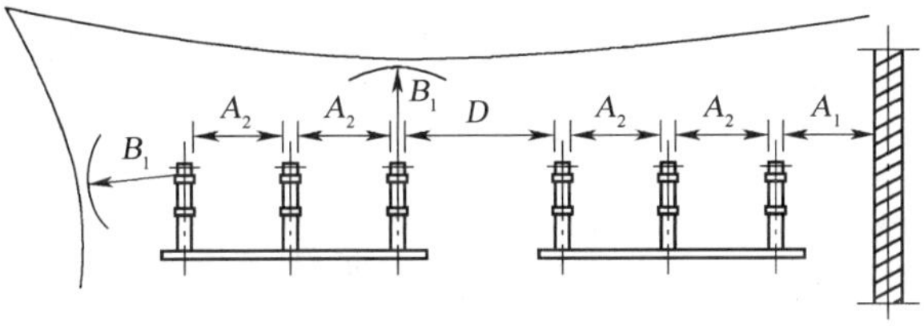


图 3-32　室外 $A_1$、$A_2$、$B_1$、$D$ 值校验

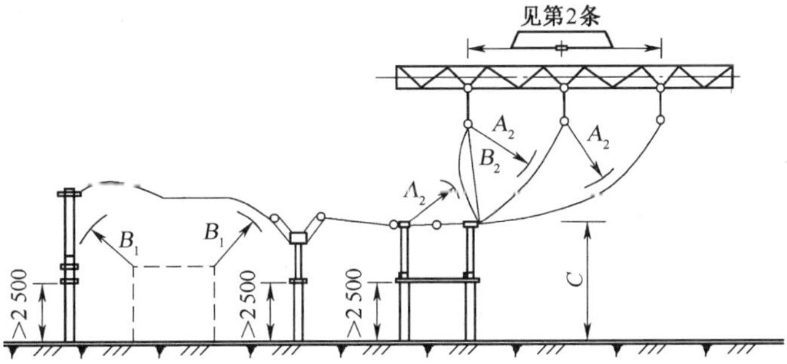


图 3-33　室外 $A_2$、$B_1$、$C$ 值校验(单位:mm)

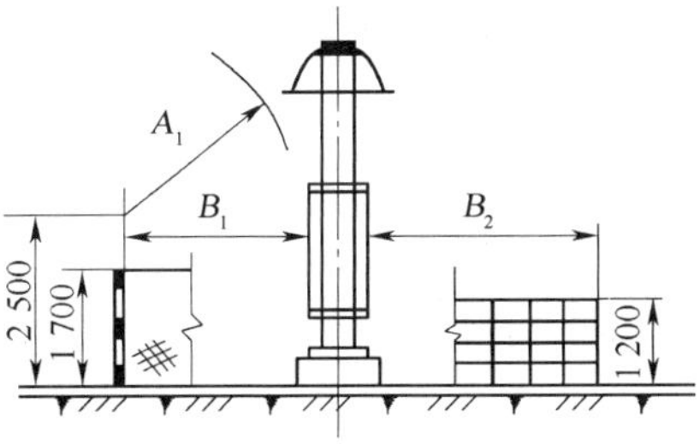


图　3-34

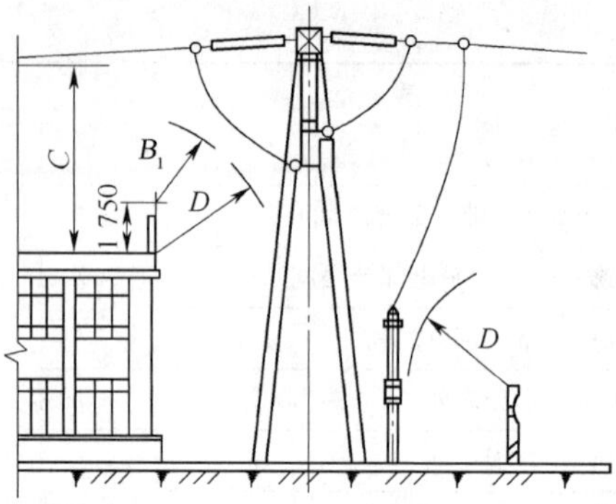


图 3-34　室外 $A_1$、$B_1$、$B_2$、$C$、$D$ 值校验(单位:mm)

室外配电装置使用软导线时,在不同条件下,带电部分至接地部分和不同相带电部分之间的安全净距,应根据表 3-3 校验,并应采用其最大数值。

**表 3-3　不同条件下的安全净距(mm)**

| 条件 | 校验条件 | 计算风速(m/s) | A 值 | 额定电压(kV) | | | |
|---|---|---|---|---|---|---|---|
| | | | | 27.5 | 55 | 110 J | 220 J |
| 雷电过电压 | 雷电过电压和风偏 | 10 | $A_1$ | 400 | 650 | 1 000 | 1 800 |
| | | | $A_2$ | 400 | 650 | 1 100 | 2 000 |
| 操作过电压 | 操作过电压和风偏 | 最大设计风速的 50% | $A_1$ | 400 | 650 | 1 000 | 1 800 |
| | | | $A_2$ | 400 | 650 | 1 100 | 2 000 |
| 最大工作电压 | 最大工作电压短路和 10 m/s 风速时的风偏 | | $A_1$ | 150 | 300 | 300 | 600 |
| | 最大工作电压和最大设计风速时的风偏 | | $A_2$ | 150 | 300 | 600 | 900 |

注:在气象条件恶劣,如最大设计风速为 35 m/s 及以上,以及雷暴时风速较大的地区,校验雷电过电压时的安全净距,其计算风速采用 15 m/s。

(2)110 kV 的室外主变压器宜采用低式布置,其余室外电气设备宜采用中式布置。

(3)配电装置的布置和导体、电器、架构的选择应满足在当地环境条件下正常运行、安装维修、短路和过电压状态下的要求,并不应危及人身和周围设备的安全。

(4)在正常运行和短路时,电器引线的最大作用力不应大于电器端子允许的荷载。室外配电装置的导体、套管、绝缘子和金具,应根据当地气象条件和不同受力状态进行力学计算。其安全系数不应小于表 3-4 的规定。

**表 3-4　导体和绝缘子的安全系数**

| 类　　别 | 在长期荷载作用下 | 在短期荷载作用下 |
|---|---|---|
| 套管、支持绝缘子及其金具 | 2.5 | 1.76 |
| 悬式绝缘子及其金具 | 5.3 | 3.3 |
| 软导体 | 4.0 | 2.5 |
| 硬导体 | 2.0 | 1.67 |

注:(1)悬式绝缘子的安全系数系对应于破坏荷载,当对应于 1 h 机电试验荷载时,其长期、短期荷载作用下安全系数分别为 4 和 2.5。

(2)硬导体的安全系数对应于破坏应力,当对应于屈服点应力时,其长期、短期荷载作用下安全系数应分别为 1.6 和 1.4。

当周围环境温度低于电气设备、仪表和继电器的最低允许温度时，应装设加热装置或采取保温措施。

(5)导体和导体、导体和电器的连接处，应有可靠的连接接头。硬导体间的连接宜采用焊接。需要断开的接头及导体和电器端子的连接处，应采用螺栓连接。不同金属的导体连接时，应根据环境条件，采取装设过渡接头等措施。

(6)室外配电装置中的电气设备和绝缘子，应根据空气污秽程度采取相应的外绝缘标准及其他防尘、防腐措施，并应便于清扫。

(7)在室外配电装置中，应选择适用于该地区风速范围内的电气设备，对台风经常侵袭或最大设计风速大于 35 m/s 的地区，应降低电气设备的安装高度，并加强其与基础的固定。同时应对架构和设备支架的强度及挡距进行校验。

(8)设计选用的导体和电器，其长期允许电流不得小于该回路的最大持续工作电流，对室外导体和电器尚应考虑日照对其载流量的影响。

(9)配电装置中相邻带电部分的额定电压不同时，应按较高的额定电压确定其安全净距。

(10)室外配电装置带电部分的上下方，不应有照明、通信和信号架空线路跨越或穿过。

(11)充油电气设备的布置，应满足在带电时观察油位和油温的要求，并便于抽取油样。

(12)室外充油电气设备单个油箱的油量在 1 t 以上时，应设置能容纳 100%油量的储油池或 20%油量的储油池和挡油墙。设有容纳 20%油量的储油池和挡油墙时，应有将油排到安全处所的设施，且不应引起污染危害。当设置有油水分离的总事故储油池时，其容量不应小于最大一个油箱的 60%。储油池和挡油墙的长、宽尺寸，可按设备外廓尺寸每边相应大 1 m 计算。储油池的四周应高出地面 100 mm。储油池内宜铺设厚度不小于 250 mm 的卵石层，其卵石直径宜为 50～80 mm。

(13)油量为 2.5 t 以上的室外油浸变压器之间无防火墙时，其最小防火净距应符合表 3-5 的规定。

**表 3-5　油浸变压器最小防火净距**

| 电压等级( kV) | 最小防火净距(m) |
|---|---|
| 27.5(35)及以下 | 5 |
| 55(63) | 6 |
| 110 | 8 |
| 220 及以上 | 10 |

(14)火灾危险类别为丙、丁、戊类的生产建筑物，其外墙距室外油浸变压器外廓在 5 m 以内时，变压器高度以 3 m 的水平线以下及外廓两侧各加 3 m 的外墙范围内，不应有门、窗或通风孔；在 5～10 m 时，外墙上可设防火门，并可在变压器高度以上设非燃烧性的固定窗。

(15)当室外油浸变压器之间需设置防火墙时，防火墙的高度不宜低于变压器油枕的顶端高度，防火墙的两端应分别大于变压器储油池的两侧各 0.5 m。

(16)牵引变电所内的设备之间、建筑物之间及设备与建筑物、构筑物之间的最小防火净距，应符合有关规定。配电装置的抗震设计应符合现行国家标准《电力设施抗震设计规范》的规定。

(二)室外电气设备布置实例

室外电气设备布置 110 kV 跨条、馈线接线断面如图 3-35 所示。

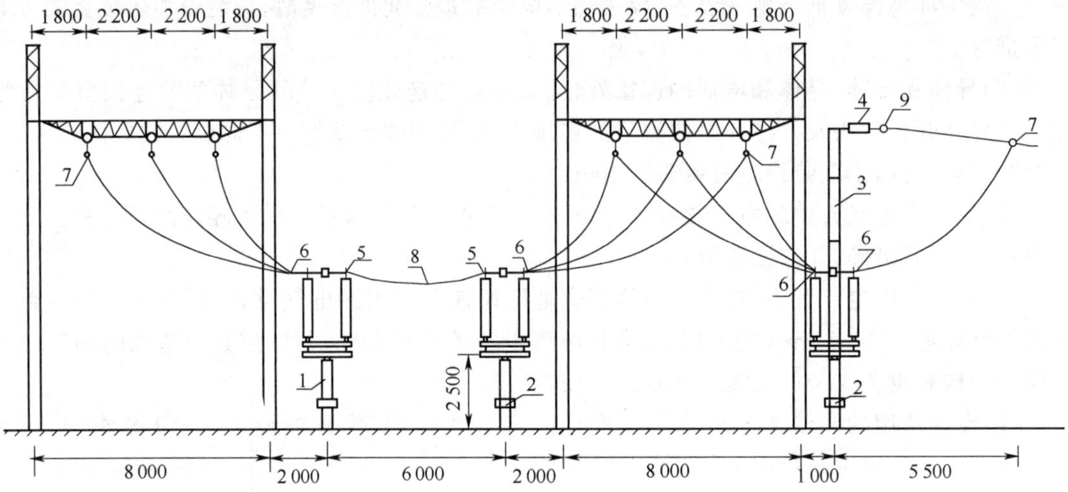


图 3-35　110 kV 跨条、馈线接线断面(单位:mm)

1、2—隔离开关构架;3—门型构架;4—耐张绝缘子串;5、6—过渡线夹;7—T 形线夹;
8—钢芯铝绞线;9—螺栓型耐张线夹

(三)户内高压配电装置的布置要求

(1)室内配电装置的安全净距应符合表 3-6 的规定,并应按图 3-36 和图 3-37 所示进行校验。当电气设备外绝缘最低部位距地面小于 2.3 m 时,应装设固定遮栏。

**表 3-6　室内配电装置的安全净距(mm)**

| 符号 | 适用范围 | 额定电压(kV) | | | | |
|---|---|---|---|---|---|---|
| | | 6 | 10 | 27.5 | 55 | 110 J |
| $A_1$ | 带电部分至接地部分之间<br>网状遮栏上延伸线距地 2.3 m 处与遮栏上方带电部分之间 | 100 | 125 | 300 | 550 | 950 |
| $A_2$ | 不同相的带电部分之间<br>断路器和隔离开关的断口两侧带电部分之间 | 100 | 125 | 300 | 550 | 1 000 |
| $B_1$ | 栅状遮栏至带电部分之间<br>交叉的不同时停电检修的无遮栏带电部分之间 | 850 | 875 | 1 050 | 1 300 | 1 700 |
| $B_2$ | 网状遮栏至带电部分之间 | 200 | 225 | 400 | 650 | 1 050 |
| | 板状遮栏至带电部分之间 | 130 | 155 | 330 | 580 | 980 |
| $C$ | 无遮栏裸导体至地(楼)面之间 | 2 500 | 2 500 | 2 600 | 2 850 | 3 250 |
| $D$ | 平行的不同时停电检修的无遮栏裸导体之间 | 1 900 | 1 925 | 2 100 | 2 350 | 2 750 |
| $E$ | 通向室外的出线套管至室外通道的路面 | 4 000 | 4 000 | 4 000 | 4 500 | 5 000 |

注:(1)110J 系指中性点有效接地电网。

(2)当采用平衡变压器时,由于 α、β 两相间电压大于 35 kV,在设计中 $A_2$ 值应适当增大。

(3)当为板状遮栏时,其 $B_2$ 值可取 $A_1$+300 mm。

(4)通向室外配电装置的出线套管至室外地面的距离,不应小于表五中所列室外部分之 $C$ 值。

(5)海拔大于 1 000 m 时,$A$ 值应进行修正。

(6) 本表所列各值不适用于制造厂的产品设计。

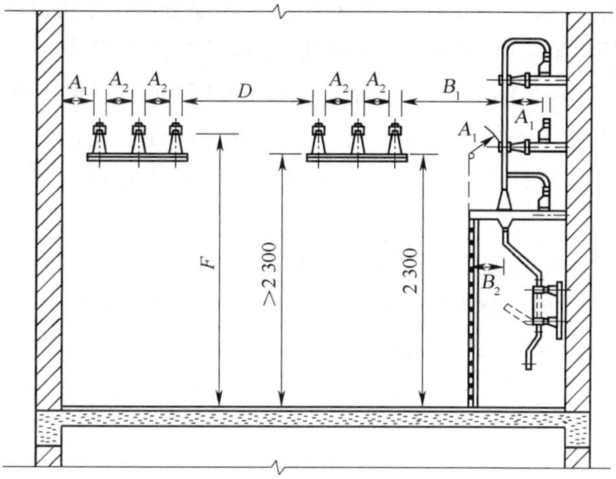


图 3-36　室内 $A_1$、$A_2$、$B_1$、$B_2$、$C$、$D$ 值校验(单位:mm)

(2)配电装置的布置和导体、电器的选择应满足在正常运行、检修、短路和过电压情况下的要求,并不应危及人身和周围设备的安全。

(3)27.5 kV 及 55 kV 配电装置室内采用网栅间隔结构且双列布置时,其维护操作通道可采用 2 760 mm。

室内配电装置各种通道的最小宽度应符合表 3-7 的规定。当采用 27.5 kV 手车式开关柜,柜后有维修工作量时,柜后通道不宜小于 1 000 mm。

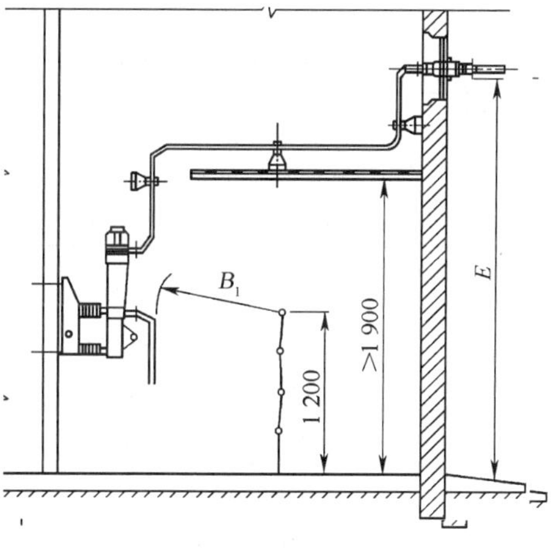


图 3-37　室内 $B_1$、$E$ 值校验(单位:mm)

(4)配电装置中电气设备的栅栏高度,不应小于 1 200 mm,栅栏最低栏杆至地面的净距和栅条间的净距不应大于 200 mm。配电装置中电气设备的遮栏高度,不应小于 1 700 mm,遮栏网孔不应大于 40 mm×40 mm。围栏门应装锁。

**表 3-7　室内配电装置各种通道的最小宽度**(mm)

| 布置方式 | 离墙安装盘后的维护通道 | 操作通道 | |
|---|---|---|---|
| | | 固定式 | 手车式 |
| 设备单列布置 | 1 000 | 2 000 | 单车长+1 200 |
| 设备双列布置 | 1 000 | 2 500 | 双车长+900 |

注:(1)通道宽度在建筑物的墙柱个别突出处,允许缩小 200 mm。

(2)手车式开关柜不需进行就地检修时,其通道宽度可适当减小。

(3)固定式开关柜靠墙布置时,柜背宜离墙 50 mm。

(5)当电压等级为 27.5 kV 时,室内油断路器、油浸电流互感器和电压互感器,宜装设在两侧有隔墙(板)的间隔内;当电压等级为 55～110 kV 时,室内油断路器、油浸电流互感器和电压互感器,应装设在有防爆隔墙的间隔内。27.5 kV(55 kV)室内真空断路器可安装在两侧有网栅的间隔内。总油量大于 100 kg 的室内油浸电力变压器,宜装设在单独的防爆间内,当布置有困难时,也可安装在两侧有隔板的间隔内,并应设置消防设施。

(6)室内单台电气设备总油量在 100 kg 以上应设置储油设施或挡油设施。挡油设施宜按容纳 20%油量设计,并应有将事故油排至安全处的设施。当事故油无法排至安全处时,应设置能容纳 100%油量的储油设施。排油管内径的选择应能尽快将油排出,并不应小于 100 mm。

(7)27.5 kV(55 kV)配电装置室内采用成套开关柜时,应设置防止误入带电间隔的闭锁装置;当采用网栅间隔结构时,宜设置防止误入带电间隔的闭锁装置。

(8)油浸变压器外廓与变压器室四壁的最小净距应符合表 3-8 的规定。就地检修的室内油浸变压器,其所在室的室内高度可按吊芯所需最小高度加 700 mm 确定,宽度可按变压器两侧各加 800 mm 确定。

干式变压器的外廓与变压器室四壁的净距不应小于 600 mm,干式变压器之间的距离不应小于 1 000 mm,并应满足巡视与维修的要求。但全封闭型的干式变压器可不受此距离的限制。

**表 3-8　油浸变压器外廓与变压器室四壁的最小净距**(mm)

| 变压器容量(kV · A) | 1 000 及以下 | 1 250 及以上 |
|---|---|---|
| 变压器与后壁、侧壁之间 | 800 | 800 |
| 变压器与门之间 | 800 | 1 000 |

(9)根据设备的要求,主控制室及远动室的夏季室温不宜大于 35 ℃,冬季最低温度不宜小于 5 ℃;电力电容器室、电源室、配电装置室的夏季室温不宜大于 40 ℃;油浸变压器室的夏季室温不宜大于 45 ℃;电抗器室的夏季室温不宜大于 55 ℃。配电装置室内的温度小于电气设备的允许温度时,应装设局部加热装置。

(10)配电装置室可按事故排烟要求,装设事故通风装置,通风换气不应少于 6 次/h。

(11)装有可燃性介质电容器的房间与其他生产建筑物分开布置时,其防火净距不应小于 10 m;连接布置时,其间的隔墙应为防火墙。

(12)电容器组可采用多层结构组装。其布置应便于检修维护,室内电容器组应装设金属网状遮栏防护。电容器组的附属设备应满足正常运行、短路故障及操作过程的要求。

(13)室内装设的电容器及电抗器应有良好的通风设施,进出风口应有防止雨、雪和小动物进入的措施。

(14)充油电气设备的布置,应满足在带电观察油位、油温时,其安全和方便的要求,并便于抽取油样。

(15)无磁屏蔽的电抗器宜设网状遮栏,铁遮栏距电抗器中心的距离及设置条件应根据设备的要求布置。电抗器基础内预埋地脚平铁、保护地线等金属制件时,不得形成封闭环路。

(16)配电装置室的布置应符合下列要求:

①配电屏(柜)的排列长度:低压大于 6 m、高压大于 5 m 时,应设两个通向本室或其他房间的出口,出口宽度不小于 0.8 m。如低压配电屏两个出口间的距离超过 15 m 时,应增加出口。

②低压配电室内通道宽度不应小于表 3-9 的规定。

**表 3-9　低压配电室室通道最小净宽**(mm)

| 配电屏形式 | 方式 | 通道 | |
|---|---|---|---|
| | | 屏前通道 | 屏后通道 |
| 固定式 | 单列 | 1 500 | 1 000 |
| | 双列面对面 | 2 000 | 1 000 |
| | 双列背对背 | 1 500 | 1 500 |
| 抽屉式 | 单列 | 1 800 | 1 000 |
| | 双列面对面 | 2 000 | 1 000 |
| | 双列背对背 | 1 800 | 1 000 |

③配电装置室等建筑物出口的门和有火灾、爆炸危险房间的门应向外开，并装弹簧锁，相邻配电装置室之间，当有门时，应能双向开启。

④配电装置室的电缆进、出口及其他孔隙应密封。

⑤配电装置室可开窗，但应采取防止雨、雪、小动物进入的措施。

⑥配电装置室的顶棚和邻近带电部分的内墙面应作处理，其他部分应抹灰刷白，地(楼)面宜采用水泥抹面并压光。

⑦充油电气设备间的门当开向不属配电装置范围的建筑物内时，其门应为非燃烧体或难燃烧体的实体门。

⑧配电装置室内通道应保证畅通无阻，不得设立门槛，并不应有与配电装置无关的管道通过。

(四)高压室电气设备布置实例

高压室电气设备布置实例如图 3-38 和图 3-39 所示。

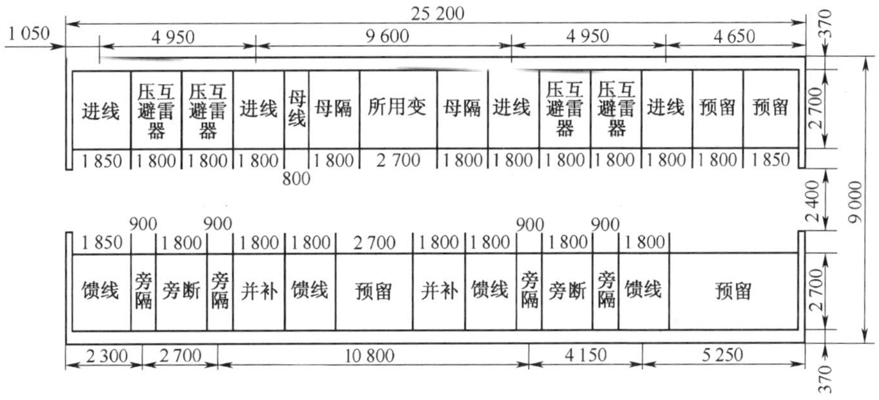


图 3-38　牵引变电所高压室布置图(一)(单位：mm)

(五)控制室的电器设备布置的要求

(1)控制室应位于使控制电缆的长度最短、便于运行人员联系及观看室外主要设备的地方，并宜与 27.5 kV 配电装置靠近。

(2)控制室的布置应有良好的朝向，控制盘应避免阳光直射及发生反光。

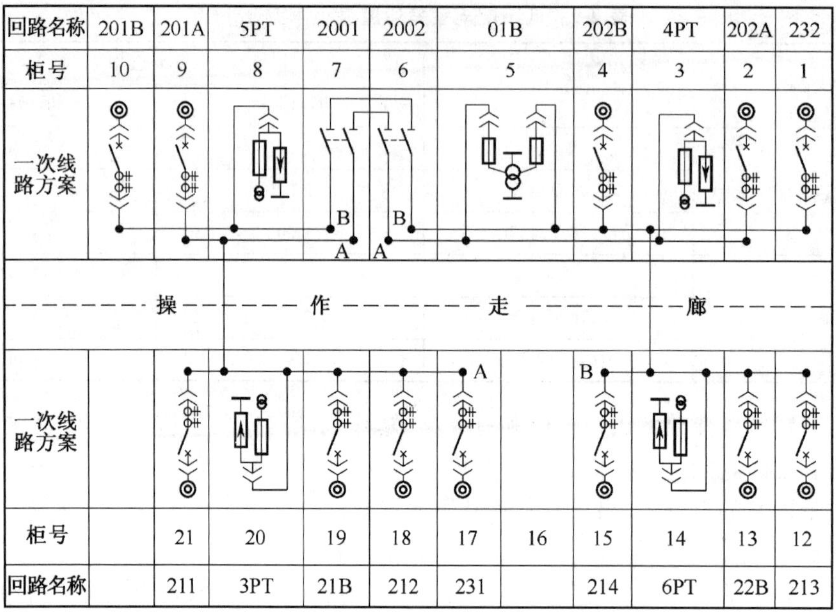


图 3-39　牵引变电所高压室布置图(二)

(3)控制室应按牵引变电所规划容量的第一期期中一次建成。

(4)牵引变电所控制室宜设两个通向外面的出口;位于楼上的控制室,其中一个出口可通向室外楼梯的平台。

开闭所、分区所、自耦变压器控制室的出口可根据实际需要设置。

(5)控制室由顶棚至地面的净空高度宜为 3.4～4.4 m。当采用空调设施时,该高度可适当降低。

(6)控制室与远动室等对防尘有较高要求的房间,应根据设备的需要,采取适当的防尘措施,地面应采用不起尘的材料。

(7)控制室屏间通道宽度,要考虑运行维护及控制、保护装置调试的方便,可按表 3-10 确定。

**表 3-10　控制室的屏间通道净宽**(mm)

| 名称 | 通道净宽 |
|---|---|
| 屏正面至屏正面 | 1 800 |
| 屏正面至屏背面 | 1 100 |
| 屏背面至屏背面 | 1 000 |
| 屏正面至墙 | 1 500 |
| 屏背面至墙 | 1 200 |
| 屏边至墙 | 1 200 |
| 主要通道 | 1 600～2 000 |

(六)控制室的实例

控制室电气设备布置实例，牵引变电所控制室布置如图3-40所示。

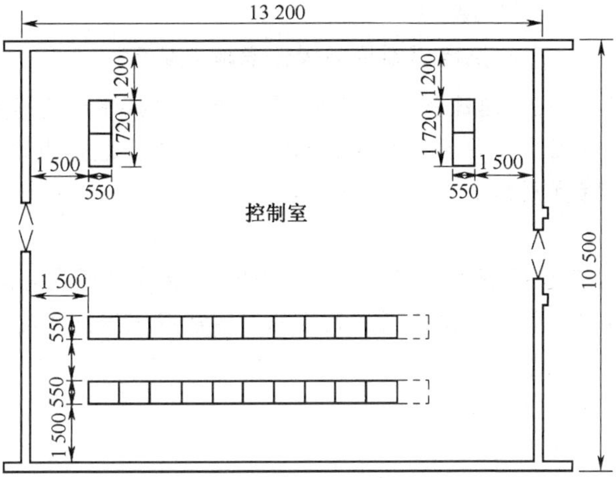


图3-40　牵引变电所控制室布置(单位:mm)

## 四、练习

1. 牵引变电所一次侧主接线多为________接线，接有互为备用的两路________kV或________kV电源线路，主变压器多数采用两台变压器，为________备用方式，设有自动投入装置，正常时由任一路电源通过任一台主变向牵引供电系统供电。当该电源线路失压或该主变故障时，另一路________或________投入，使牵引供电系统迅速恢复供电。

2. 27.5 kV断路器一般采用________断路器并配________操作机构。

3. 带电部分至________部分和________带电部分之间的必须符合安全净距要求。

4. 牵引侧配电装置室内采用成套开关柜时，应设置防止________的闭锁装置。

# 模块小结

## 一、电气主接线概念

牵引变电所(包括开闭所、分区所)的电气主接线是指由隔离开关，互感器、避雷器、断路器，主变压器，母线、电缆等高压一次电气设备，按一定顺序连接的用于表示接受和分配电能的电路。它反映了牵引变电所的基本结构和性能，在运行中表明电能的输送和分配关系、一次设备的运行方式，成为实际运行操作的依据。表明一次电气设备相互连接关系和工作原理的电气接线图，称为主接线图。主接线图用国标图形文字符号(图3-1)画出。主接线一般用单线图表示。

## 二、110 kV(220 kV)侧和27.5 kV侧电气主接线

不同类型的牵引变电所采取不同形式的电气主接线。110 kV(220 kV)侧的电气主接线形式有桥式接线、分支接线(双T接线)和单母线接线。

27.5 kV侧(或55 kV侧)主接线形式一般采用单母线接线、隔离开关分段的单母线接线和隔离开关分段带旁路母线的单母线接线。

## 拓展阅读

### 变电运维倒闸操作危险点防范

倒闸操作是变电运行人员的日常工作任务,要求能正确熟练地进行操作,确保证设备与人身安全,操作错误可能造成严重后果。针对倒闸操作中的主要危险点,完善防控措施,对防范操作事故,保证安全具有重要意义。

1. 倒闸危险因素

变电所倒闸任务通常包括变压器、馈出线、电力电容器等高压设备的停、送电及安全措施布置等操作,操作不当对设备和人身造成极大威胁。通常造成误操作的危险因素包括:

①不熟悉主接线,不熟悉设备。

②设备维护不周,存在缺陷。

③不执行两票制度,无票操作。

④操作票错误,审核把关不严。

⑤无监护人独自操作。

⑥不按工作票执行唱票操作。

⑦操作前后没有核对设备。

⑧使用不合格的安全用具。

⑨操作人员身体状态不佳,精力不集中。在实际操作前,根据操作任务,召开班组会议进行具体的分析预测,避免上述因素的影响,分析操作中存在的一个或多个危险点,制定安全措施,在操作中应重点防范。

2. 主要防范措施

(1)严格执行操作票制度,标准化操作

运维人员严格执行操作票制度,可有效地防止误操作事故发生。如果个别人员在执行操作票时,存在侥幸心理,或执行操作票时出现疏漏、责任心不强,安全意识不足,监督检查流于形式等,就可能发生安全事故。

在日常运行管理中,需加强对职工的安全教育,定期进行安全考核,严格执行管理制度,按标准化程序作业。倒闸操作必须要有调度命令,操作人员必须是经考试合格并具备操作资格的人员,操作前检查操作工具和安全用具,设备现场标志清晰,操作票按规定审核无误,正式操作前必须进行在模拟图上进行模拟操作,严格遵守按安全运行规程(规则),履行监护制度,按倒闸操作票进行唱票操作。不得无调度命令操作、不得无操作票操作、不得随意简化或变更操作、不得无监护操作、不得随意中断操作、不得随意解锁操作。

(2)加强培训和交流,提高运维人员素质,增强预控能力在危险点控制面前,人的因素是最重要的,职业素质对预防事故的发生起着关键作业。变电运维管理者需根据实际需要,有针对性地制定培训计划,提高变电运维人员的业务水平和职业素养,确保变电设备的安全运行。业务培训要注重实用性,贴近实际,结合现场,通过对实际发生的案例进行剖析和总结,演示正确操作及错误操作,从中吸取经验教训。对于新技术、新设备、新工艺、新方法等,及时进行培训,确保运维人员及时熟悉设备,可有效防止安全事故。

同时广泛开展技术交流及比武,提高操作者技能,针对相应的问题开展讨论,定期开展安全考核，不断增强变电运行人员的专业技能和安全意识。

(3)进行事故预想和反事故演练，增强应变能力

对于操作中可能出现的事故，制订好应对措施，对事故处理进行模拟演练。管理者应结合变电运维的实际工作，制订应急处理预案，如变电所全所停事故的应急处理，电力设备受损的应急处理，火灾事故应急处理，洪涝、地震等自然灾害，对社会有重大影响的突发性公共事件应急处理预案和防范措施，增强员工的自我保护意识和事故快速反应能力，防止事故的发生和扩大。

通过各种事故案例，整理和归纳各种危险因素及事故后果，对运维人员来说会更直观、更震撼，更有利于提高大家的安全意识，杜绝习惯性违章，增强自我防护能力。运维人员养成良好工作习惯，从细节做起，防微杜渐，思想上实现从“要我安全”到“我要安全”的转变，最终实现人身安全、设备安全的目的，保障变电设备的安全运行。

## 复习思考题

1. 牵引变电所的主接线有何作用？
2. 试述失压自动倒闸过程。
3. 牵引变电所室油浸变压器最小防火净距是多少？
4. 导体和绝缘子的安全系数是多少？
5. 牵引变电所室内配电装置各种通道的最小宽度是多少？
6. 配电装置室的布置应符合哪些要求？
7. 控制室的电器设备布置有哪些要求？
8. 双 T 接线有何特点？
9. 内桥接线与外桥接线有何区别？
10. 牵引变电所按其位置和供电方式有哪些类型？
11. 什么是系统穿越功率？
12. 根据现场牵引变电所主接线，说明其运行方式，说明主变切换倒闸过程。

## 在线测试

模块三在线测试一　模块三在线测试二　模块三在线测试三　模块三在线测试四

模块三在线测试五　模块三在线测试六

# 模块四　变电所接地与防雷

本模块介绍接地基本知识，学习接地相关概念及各种接地的区别，介绍变电所的接地装置形式和要求，介绍防雷的基本措施。最后认识变电所的接地网布置及牵引回流方式。

## 项目一　接地基本知识

### 一、项目介绍

本项目学习接地装置结构，认识各种接地类型，区分各种接地的不同点及应用。

| 能力训练项目 | 能力目标 | 相关支撑知识 | 学习建议 |
|---|---|---|---|
| 区分保护接零与保护接地 | 1. 能画出保护接零示意图。<br>2. 能画出保护接地示意图。<br>3. 能说明两者接线应用不同 | 1. 接地基本概念。<br>2. 接触电压、对地电压跨步电压概念。<br>3. 触电的形式及预防 | 分组练习、研讨，对比保护接零与保护接地对触电的影响有何不同。结合实际生活加深对保护接零、保护接地、防止触电的理解 |

### 二、相关知识

(一)接地和接地装置

电气设备的某部分与大地之间做良好的连接，称为接地。埋入地中并直接与大地接触的金属导体，称为接地体，或称接地极。专门为接地而人为装设的接地体，称为人工接地体。兼作接地体用的直接与大地接触的各种金属构件、金属管道及建筑物混凝土基础中的钢筋等，称为自然接地体。连接接地体与设备、装置接地部分的金属导体，称为接地线。接地线在设备、装置正常运行下是不载流的，但在故障情况下要通过接地故障电流，如图 4-1 所示。

接地线与接地体合称接地装置。由若干个接地体在大地中相互用接地线连接起来形成的一个整体，称接地网，其中接地线又分接地干线和接地分支线，如图 4-2 所示。接地干线一般应采用不少于两根导体在不同地点与接地网连接。

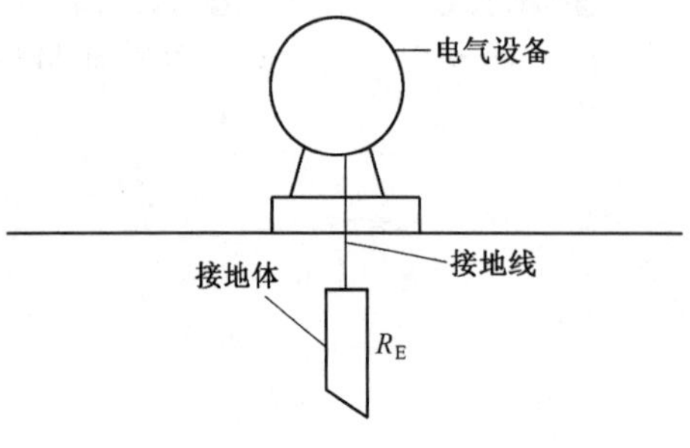


图 4-1　接地装置示意

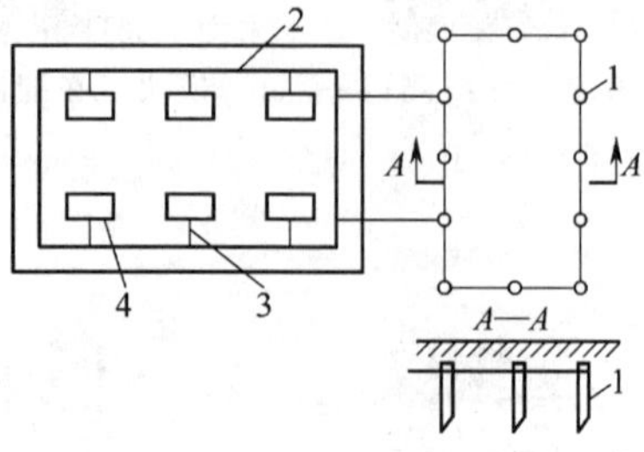


图 4-2　接地网示意

1—接地体；2—接地干线；3—接地分支线；4—电气设备

(二)接地短路和碰壳短路(图 4-3)

电力设备的带电部分,偶尔与正常运行中的不带电接地部分或直接与大地发生电气连接称为接地短路。而电机、电器或线路的带电部分,由于绝缘损坏而与接地的金属外壳发生连接,称为碰壳短路或碰壳。接地短路或碰壳短路产生短路电流,称为接地短路电流或接地电流。

(三)对地电压、接触电压和跨步电压

当电气设备发生接地故障时,电流通过接地体向大地作半球形扩散。由于半球形的球面在距接地体越远的地方球面越大,所以流散电流越小,其电位分布曲线如图 4-4 所示。试验表明,在距单根接地体或接地故障点 20 m 左右的地方,实际上流散电流趋于零,电位也趋于零,通常被称为电气上的"地"或"大地"。

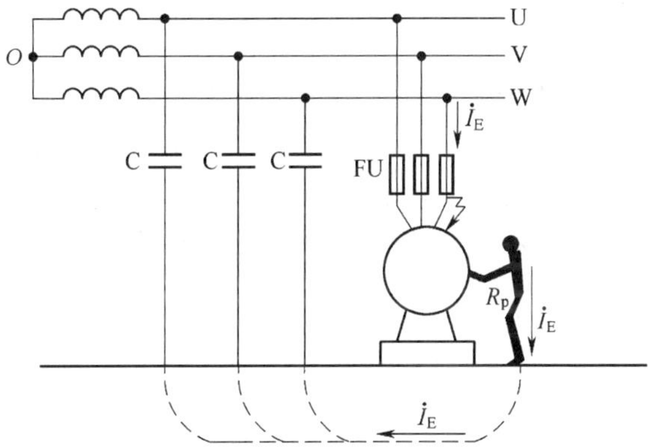


图 4-3 接地短路和碰壳短路示意

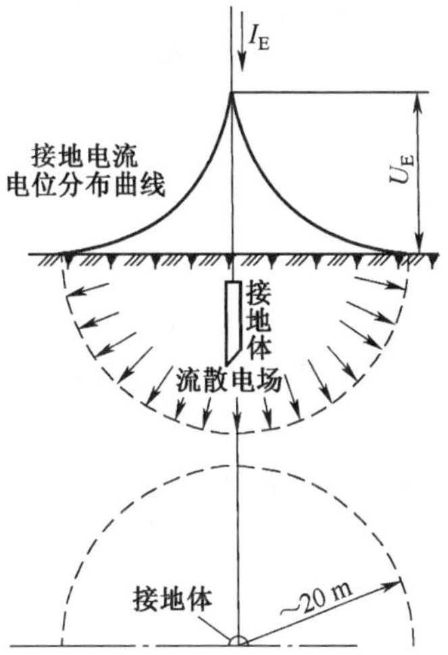


图 4-4 接地电流分布曲线

电气设备的接地部分,如接地的外壳和接地体等,与零电位"地"或"大地"之间的电位差,称为接地部分的对地电压,如图 4-5 中的 $U_E$。

接触电压是指设备的绝缘损坏时,在入地电流扩散的区域内,人的身体可同时触及的两部分之间出现的电位差。例如人站在发生接地故障的设备旁边,手触及设备的金属外壳时,则人手与脚之间所呈现的电位差,即为接触电压,如图 4-5 中的 $U_{tou}$。

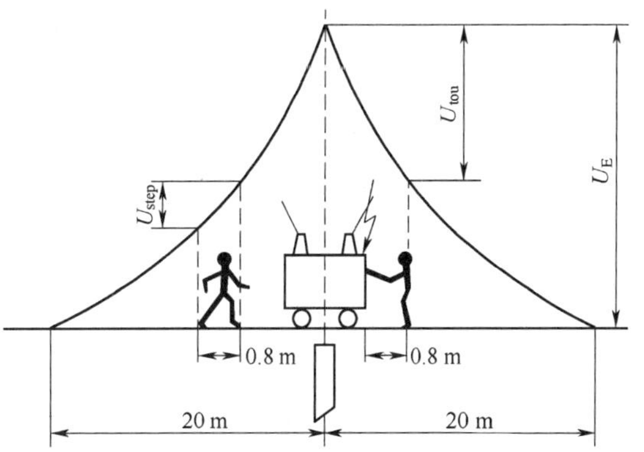


图 4-5 接触电压与跨步电压

跨步电压是指在接地故障点附近行走,两脚之间所出现的电位差,如图 4-5 中的 $U_{step}$。在带电的断线落地点附近行走时,同样也会出现跨步电压,跨步电压的大小与离接地点远近及跨步的长短有关,越靠近接地点及跨步越长,跨步电压越大。通常在离接地点 20 m 以外处,跨步电压趋于零。

## 三、项目实施

认识各种接地方式,熟悉其接线、特点及应用。

电力系统和电力设备的接地和接零,按其不同作用可分为工作接地、保护接地、保护接零和重复接地,如图 4-6 所示。

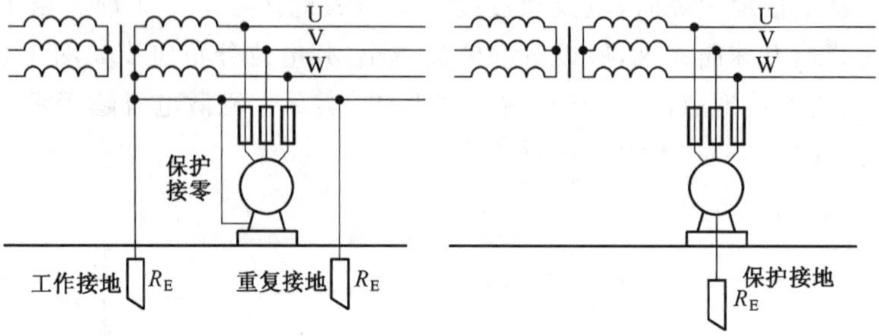


图 4-6　各种接地示意

1. 工作接地

工作接地是保证电力系统和电力设备达到正常工作要求而进行的一种接地。例如电源中性点的接地、防雷装置的接地等。各种工作接地有各自的功能。例如电源中性点的接地,能在运行中维持三相系统中相线对地电压不变,而电源中性点经消弧线圈接地,能在单相接地时消除接地点的断续电弧,防止系统出现过电压。对于防雷装置的接地,其功能更是显而易见,不进行接地就无法对地泄放电流,从而无法实现防雷的要求。

2. 保护接地

保护接地是为了保障人身安全,防止间接触电而将设备外露可能导电的部分接地。保护接地一般应用在高压系统中以及在低压的 IT 和 TT 系统中使用。如图 4-7 所示,由于电力设备没有保护接地,当电力设备某处绝缘损坏而使正常情况中不带电的金属外壳带电时,若人体触及带电的金属外壳,由于线路和大地之间存在分布电容,接地短路电流 $I_E$ 就是人体电流 $I_P$,当流进人体的电流大于 50 mA 时,就有可能使人触电造成生命危险。

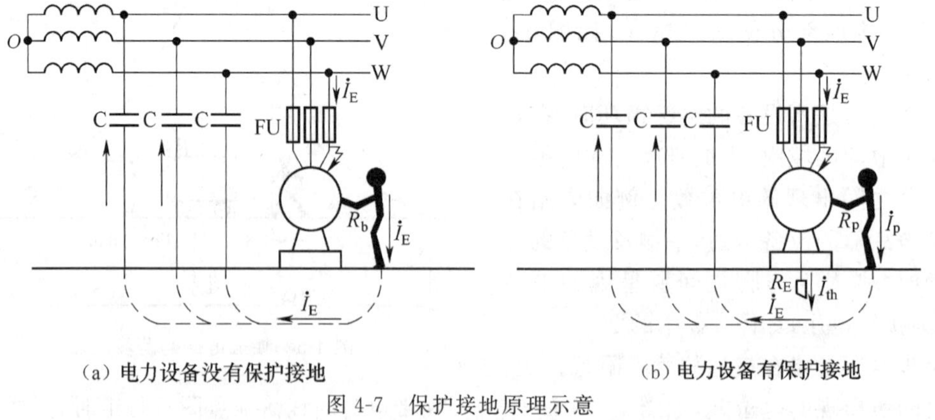


(a) 电力设备没有保护接地　　(b) 电力设备有保护接地

图 4-7　保护接地原理示意

但是,当电气设备保护接地后,若电气设备某处绝缘损坏而使正常情况中不带电的金属外壳带电时,人体触及带电的金属外壳,接地短路电流 $I_E$ 将同时沿着接地体和人体两条通路流过,如图 4-7 所示,流过每一条通路的电流值与其电阻成反比,即

$$I_p/I_{th}=R_E/R_p$$

式中　$I_p$——人体中流过的电流；

$I_{th}$——接地装置中流过的电流；

$R_E$——接地装置的接地电阻；

$R_p$——人体的电阻。

从上式可知，接地装置的接地电阻愈小，流经人体的电流愈小。通常人体的电阻比接地装置电阻大数百倍，所以流经人体的电流也比流经接地装置的电流小数百倍。当接地电阻极为微小时，流经人体的电流几乎为零，也就是接地短路电流 $I_E$ 几乎全部流经接地装置，因此避免了触电事故的发生。

所以，在任何时候，均应保证接地电阻不大于规程规定的接地电阻值，以免发生触电的危险。

3. 保护接零

由于电力设备绝缘的损坏，在正常情况下不带电的金属外壳有可能带电，为了防止人触及由于电力设备绝缘的损坏而带电的金属外壳，危及人身安全，在中性点直接接地的低压系统中（TN－S 或 TN－C）宜采用保护接零，即接零。所谓保护接零就是将电力设备在正常情况下不带电的金属部分与零线之间作良好的金属连接，如图 4-8 所示。必须注意：同一低压系统中，不能有的采取保护接地，有的又采取保护接零，否则当采取保护接地的设备发生单相接地故障时，采取保护接零的设备外露可能导电的部分将带上危险电压。

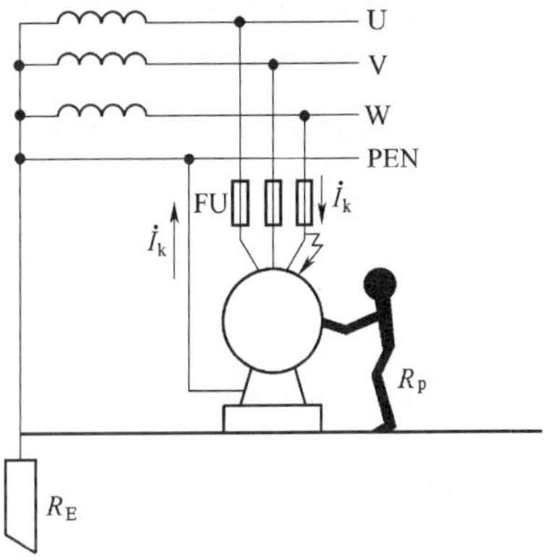


图 4-8　保护接零原理示意

4. 重复接地

在 TN 系统中，为确保公共 PE 线或 PEN 线安全可靠，除在中性点进行工作接地外，还应在 PE 线或 PEN 线的下列地方进行重复接地，所谓重复接地就是将零线上一点或多点再次与地做金属连接。一般应在下列地方进行重复接地：

(1)在架空线路终端及沿线每公里处。

(2)电缆和架空线路引入车间和大型建筑物处。

如不重复接地，则在 PE 线或 PEN 线断线且有设备发生单相接地故障时，接在断线后面的所有设备外露可导电部分将呈现接近相电压的对地电压，即 $U_E=U_\Phi$，这是很危险的。如进行了重复接地，如图 4-9 所示，则在发生同样的故障时，断线后面的所有设备外露可导电部分

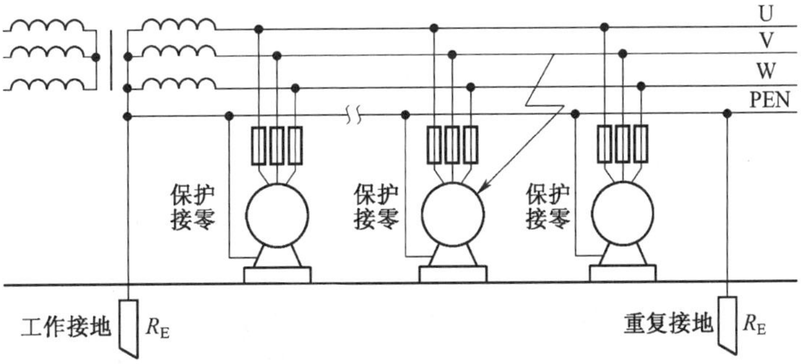


图 4-9　重复接地原理示意

的对地电压为$U_E=I_ER_E$,远小于相电压,危险程度大大降低。重复接地同时降低接地电阻,提高保护动作的灵敏性,同时也降低了设备碰壳故障时的电压,减轻人体触电的危险,并可以提高线路的防雷性能。

**四、练习**

1. 电气上的“地”是指在距单根接地体或接地故障点________m左右的地方,流散电流趋于零,电位也趋于零。

2. 电机、电器或线路的带电部分,由于绝缘损坏而与接地的金属外壳发生连接,称为碰壳短路,如无外壳接地,则其电压为________。

3. 人在带电的断线落地点附近行走时,两脚之间所出现的电位差,称为________电压,人站在故障设备旁,手摸到设备,加到人体上的电压,称为________电压。

4. 接地电阻包括________电阻、________电阻和________电阻,主要是________电阻。

5. 重复接地主要作用是防止________________,就是将________________再次与地作金属连接。

# 项目二　变电所接地装置敷设

**一、项目介绍**

变电所又是电气集中的场所,运行和检修人员须经常接近和接触变电所中的设备。为了确保设备和人身安全,变电所必须装设可靠的接地装置。本项目介绍牵引变电所接地网结构、敷设及电流回流方式。

| 能力训练项目 | 能力目标 | 相关支撑知识 | 学习建议 |
| --- | --- | --- | --- |
| 检查接地装置 | 1. 能检查变电所的接地装置。<br>2. 能测量接地电阻。<br>3. 能说明牵引变电所的回流途径 | 1. 接地电阻要求。<br>2. 接地材料。<br>3. 接地布置方式。<br>4. 牵引变电所的回流装置 | 分组练习、研讨,列出变电所需要接地的部分,查询各种接地电阻的标准,学习电网接地电阻测量仪使用,画出其测量接线图 |

**二、相关知识**

(一)接地装置的装设位置

变电所接地装置一般应在下列地方进行装设:

(1)电机、变压器、电器、携带式或移动式用电器具的金属底座和外壳。

(2)电气设备的传动装置。

(3)户内外配电装置的金属或钢筋混凝土构架以及靠近带电部分的金属遮栏和金属门。

(4)配电、控制、保护用屏及操作台等的金属框架和底座。

(5)交、直流电力电缆的接头盒、终端头的金属外壳和电缆的金属护层、可触及的电缆金属保护管和穿线的钢管。

(6)电缆的架桥、支架和井架。

(7)装有避雷线的电力线路杆塔。

(8)装在配电线路杆上的电力设备。

(9)封闭母线的外壳及其他裸露部分的金属部分。

(10)六氟化硫($SF_6$)封闭式组合电器和箱式变电站的金属箱体。

(11)控制电缆的金属护层。

(二)接地电阻及其要求

接地电阻是接地体的流散电阻与接地线和接地体电阻的总和。由于接地线和接地体的电阻相对很小,可略去不计,因此接地电阻可认为是接地体的流散电阻。

工频接地电流流经接地装置所呈现的接地电阻,称为工频接地电阻,即用 $R_E$ 表示。

雷电流流经接地装置所呈现的接地电阻,称为冲击接地电阻,用 $R_{sh}$ 表示。冲击接地电阻包括接地线电阻和地中散流电阻。由于强大的雷电流泄放入地时,当地土壤被雷电波击穿并产生火花,使流散电阻显著降低。雷电波陡度很大,具有高频特性,同时会使接地线的感抗增大,但接地线的电阻较之散流电阻小得多,因此冲击接地电阻一般是小于工频接地电阻的。

我国有关规程规定的部分电力装置所要求的工作接地电阻值,可参考表 4-1。

关于 TT 系统和 IT 系统中电气设备外露的可导电部分的保护接地电阻 $R_E$,按规定应满足,接地电流 $I_E$ 通过 $R_E$ 时产生的对地电压不应高于安全电压 50 V,因此保护接地电阻为

$$R_E \leqslant 50/I_E \tag{4-1}$$

**表 4-1　部分装置要求的工作接地电阻值**

<table>
<tr><th>序号</th><th>电力装置名称</th><th colspan="2">接地的电力装置特点</th><th>接地电阻值</th></tr>
<tr><td>1</td><td>1 kV 以上的大电流接地系统</td><td colspan="2">仅用于该系统的装置</td><td>$R_E \leqslant 2\,000/I_k^{(1)}$<br>当 $I_k^{(1)} > 4\,000$ A 时<br>$R_E \leqslant 0.5\ \Omega$</td></tr>
<tr><td>2</td><td rowspan="2">1 kV 以上小电流接地系统</td><td colspan="2">仅用于该系统的装置</td><td>$R_E \leqslant 250/I_E$<br>且 $R_E \leqslant 10\ \Omega$</td></tr>
<tr><td>3</td><td colspan="2">与 1 kV 以下共用的接地装置</td><td>$R_E \leqslant 120/I_E$<br>且 $R_E \leqslant 10\ \Omega$</td></tr>
<tr><td>4</td><td rowspan="4">1 kV 以下系统</td><td colspan="2">与总容量在 100 kVA 以上的发电机或变压器相连的接地装置</td><td>$R_E \leqslant 4\ \Omega$</td></tr>
<tr><td>5</td><td colspan="2">上述(序号 4)装置的重复接地</td><td>$R_E \leqslant 10\ \Omega$</td></tr>
<tr><td>6</td><td colspan="2">与总容量在 100 kVA 以下的发电机或变压器相连的接地装置</td><td>$R_E \leqslant 10\ \Omega$</td></tr>
<tr><td>7</td><td colspan="2">上述(序号 6)装置的重复接地</td><td>$R_E \leqslant 30\ \Omega$</td></tr>
<tr><td>8</td><td rowspan="5">避雷装置</td><td colspan="2">独立避雷针和避雷器</td><td>$R_E \leqslant 10\ \Omega$</td></tr>
<tr><td>9</td><td rowspan="2">变、配电所装设的避雷器</td><td>与序号 4 共用</td><td>$R_E \leqslant 4\ \Omega$</td></tr>
<tr><td>10</td><td>与序号 6 共用</td><td rowspan="2">$R_E \leqslant 10\ \Omega$</td></tr>
<tr><td>11</td><td rowspan="2">线路上装设的避雷器或保护间隙</td><td>与电机无电气连接</td></tr>
<tr><td>12</td><td>与电机无电气连接</td><td>$R_E \leqslant 5\ \Omega$</td></tr>
</table>

续上表

| 序号 | 电力装置名称 | 接地的电力装置特点 | 接地电阻值 |
|---|---|---|---|
| 13 | 防雷建筑物 | 第一类防雷建筑物 | $R_{sh}\leqslant 10\ \Omega$ |
| 14 | | 第二类防雷建筑物 | $R_{sh}\leqslant 10\ \Omega$ |
| 15 | | 第三类防雷建筑物 | $R_{sh}\leqslant 30\ \Omega$ |

注:$R_E$ 为工频接地电阻;$R_{sh}$ 为冲击接地电阻;$I_k^{(1)}$ 为流经接地装置的单相短路电流;$I_E$ 为单相接地电容电流。

对于 TN 系统,其中外露可导电部分均接在公共 PE 线或 PEN 线,因此无所谓保护接地电阻的问题。

## 三、项目实施

### (一)接地装置的敷设

1. 自然接地体的利用

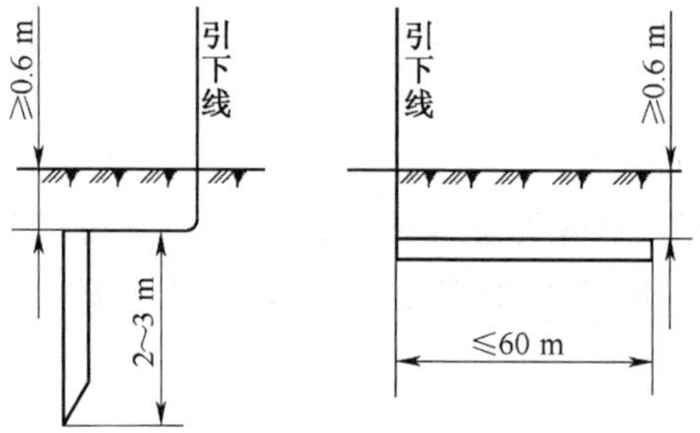


(a)处置埋设的棒形接地体　(b)水平埋设的带形接地体

图 4-10　人工接地体示意

在设计和装设接地装置时,首先应充分利用自然接地体。以节约投资,节省钢材。可作为自然接地体的有:与大地有可靠连接的建筑物的钢结构、钢筋、行车的钢轨、埋地的非可燃的金属管道及埋地敷设的不少于两根导体电缆金属外皮等。对于变配电所来说可利用其建筑物混凝土基础中的钢筋作为自然接地体。利用自然接地体时,一定要保证良好的金属连接。如果自然接地电阻及动、热稳定条件不能满足要求时,则应装设人工接地体。

2. 人工接地体的装设

人工接地体有垂直埋设和水平埋设两种基本结构形式,如图 4-10 所示。

**表 4-2　土壤电阻率参考值**

| 土壤名称 | 电阻率/(Ω·m) | 土壤名称 | 电阻率/(Ω·m) |
|---|---|---|---|
| 陶黏土 | 10 | 砂质黏土、可耕地 | 100 |
| 泥灰、泥灰岩、沼泽地 | 20 | 黄土 | 200 |
| 捣碎的木炭 | 40 | 含砂黏土、砂土 | 300 |
| 黑土、陶土 | 50 | 多石土壤 | 400 |
| 黏土 | 60 | 砂、砂砾 | 1 000 |

经验表明,采用垂直接地体为直径 50 mm、长 2.5 m 的钢管,是最为经济合理的。但为了减少外界的温度变化对流散电阻的影响,埋入地下的接地体,其顶面埋设深度不宜小于

0.6 m，如图 4-10 所示。

当土壤电阻率偏高时，例如土壤电阻率 $\rho \geqslant 300\ \Omega \cdot m$ 时，为降低接地装置的接地电阻，可采取以下措施：

(1)采用多支线外引接地装置。

(2)采用深埋式接地体。

(3)局部地域进行土壤置换处理，换以 $\rho$ 较低的黏土或黑土，或者进行土壤化学处理，填充降阻剂，如图 4-11 所示。

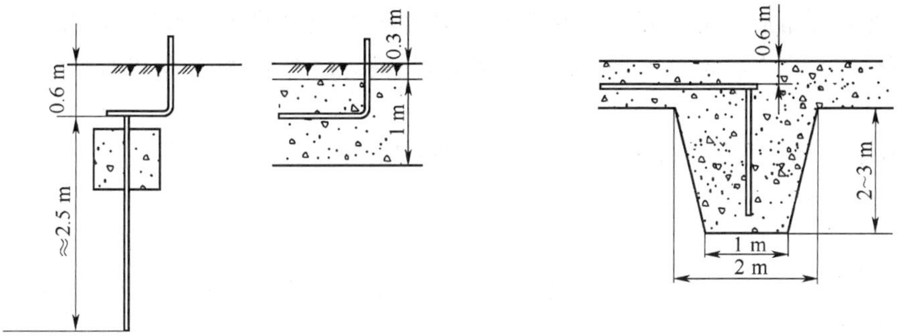


(a) 土壤置换处理　　(b) 化学处理

图 4-11　土壤置换处理与化学处理

按国家标准《电气装置安装工程　接地装置施工及验收规范》规定，钢接地体和接地线的截面不应小于表 4-3 所规定的规格。对 110 kV 及以上的变电所或腐蚀性较强场所的接地装置，应采用热镀锌钢材或适当加大截面。

**表 4-3　钢接地体和接地线的最小规格**

| 种类、规格及单位 | | 地　上 | 地　下 |
|---|---|---|---|
| 圆钢直径(mm) | | 8 | 8/10 |
| 扁钢 | 截面($mm^2$) | 48 | 48 |
| | 厚度(mm) | 4 | 4 |
| 角钢厚度(mm) | | 2.5 | 4 |
| 钢管管壁厚度(mm) | | 2.5 | 3.5/2.5 |

注：1. 地下部分圆钢的直径，其分子、分母数据分别对应于架空线路和发电厂、变电站的接地网；
2. 地下部分钢管的壁厚，其分子、分布数据分别对应于埋于土壤和埋于室内混凝土地坪中。

按国家标准《建筑物防雷设计规范》规定：防雷接地装置，镀锌圆钢垂直接地直径最小尺寸为 14 mm，钢管管壁厚不应小于 2 mm。水平接地体最小尺寸为 78 $mm^2$，扁钢截面不应小于 90 $mm^2$，厚度不应小于 3 mm。作为引下线，圆钢直径不应小于 8 mm；扁钢截面不应小于 50 $mm^2$，其厚度不应小于 2 mm。

当多根接地体相互接近时，入地电流的流散电流将相互排挤，其电流分布如图 4-12 所示。这种影响入地电流的流散作用，称为屏蔽效应。由于这种屏蔽效应，而使接地装置的利用率下降，所以垂直接地体的间距一般不宜小于接地体长度的两倍，水平接地体的间距一般不宜小于 5 m。

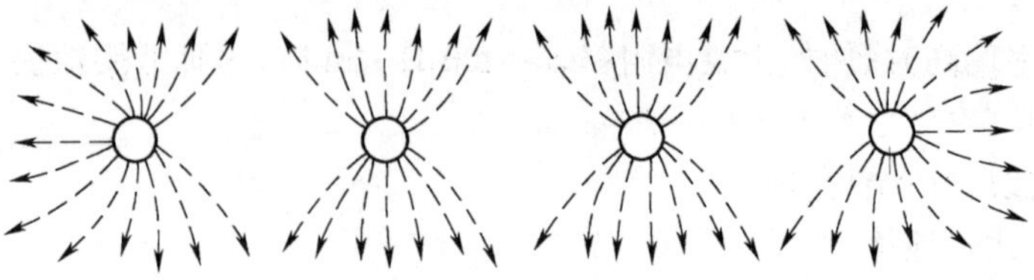

图 4-12　接地体间电流屏蔽效应

接地网的布置,应尽量使地面的电位分布均匀,以降低接触电压和跨步电压。人工地网外缘应闭合,外缘各角应作成圆弧形。变电所的接地网内应敷设水平均压带,如图 4-13 所示。为保障人身安全,应在经常有人出入的走道处,采用高绝缘路面(如沥青碎石路面)或加装帽檐式均压带。

为了减小建筑物的接触电压,接地体与建筑物的基础间应保持不小于 1.5 m 的水平距离,通常取 2～3 m。

3. 防雷装置的接地装置要求

避雷针应装设独立的接地装置。防雷接地装置包括接地体和接地线及避雷针引下线的结构尺寸,应符合表 4-3 的要求。

为了避免雷击时雷电流在接地装置上产生高电位造成被保护的设备发生闪络,危及建筑物和配电装置安全,避雷针与被保护设备之间,应有一定的安全距离,此距离与建筑物的防雷等级有关,但空气中安全距离 $S_0 \geqslant 5$ m,地下接地体之间的安全距离 $S_E \geqslant 3$ m,如图 4-14 所示。

为了降低跨步电压,保障人身安全,按国家标准《建筑物防雷设计规范》规定,防直接雷人工接地体距建筑物的出入口或人行道的距离不应小于 3 m。

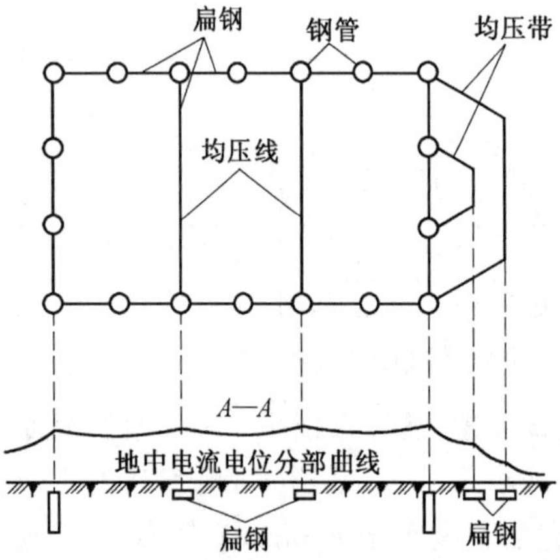


图 4-13　加装均压带的接地网

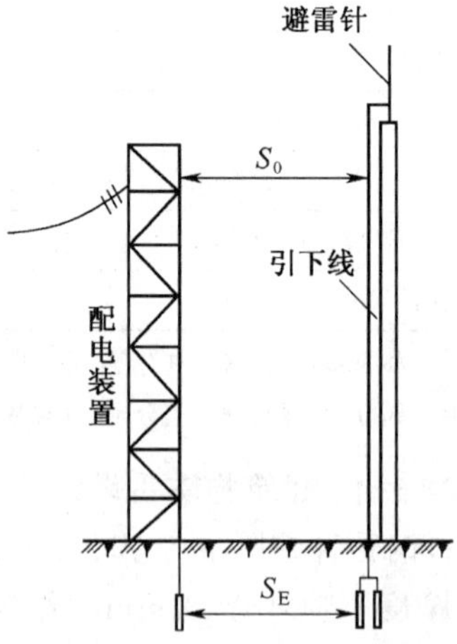


图 4-14　防直接雷的安全距离

防跨步电压应符合下列规定之一:

(1)利用建筑物金属构架和建筑物互相连接的钢筋在电气上是贯通且不少于 10 根柱子组成的自然引下线,作为自然引下线的柱子包括位于建筑物四周和建筑物内。

(2)引下线 3 m 范围内土壤地表层的电阻率不小于 50 kΩ・m 或敷设 5 cm 厚沥青层或

15 cm 厚砾石层。

(3)外露引下线,其距地面 2.7 m 以下的导体用 1.2/50 μs 冲击电压 100 kV 的绝缘层隔离,或用至少 3 mm 厚的交联聚乙烯层隔离。

(4)用护栏、警告牌使进入距引下线 3 m 范围内地面的可能性减小到最低限度。

(二)牵引变电所接地网布置

图 4-15 是牵引变电所的接地平面布置图。

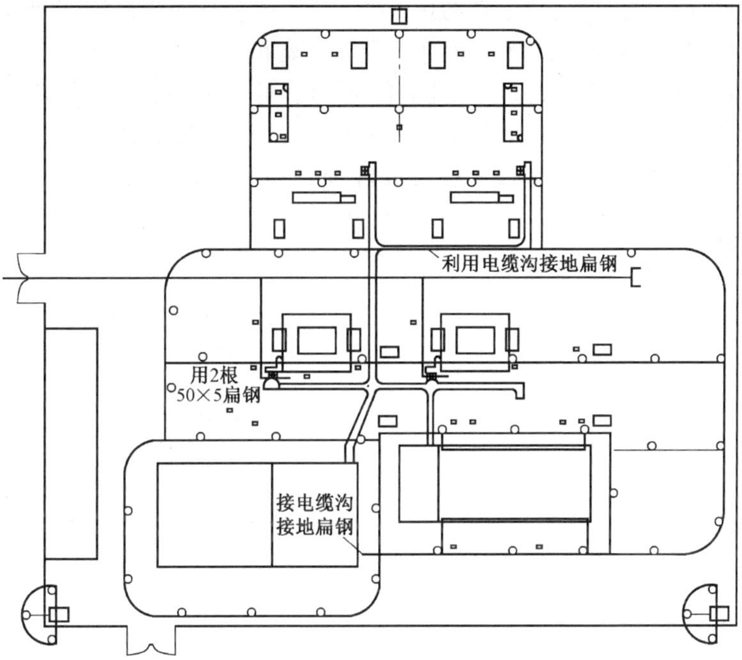


图 4-15　变电所接地平面布置图

图 4-15 中垂直接地体采用 50×50×5(mm)的角钢,长 2.5 m,埋设深度 0.5 m。水平接地体采用 50×5(mm)扁钢,埋设深度 0.5 m,与垂直接地焊接连接。

主变压器回流处(接地相入地处)采用两条扁钢并联,以提高回流效果。110 kV 电气设备和 27.5 kV 室外设备分别采用 $\phi$10 mm 和 $\phi$8 mm 的圆钢作接地线,与复合地网相连。在主变压器接线端子箱中,装有轨回、地回两台电流互感器,主变压器接地相分别经两台流互与地网和钢轨相连。

110 kV 线路引入牵引变电所的架空避雷线,在进线杆塔(或门形架构)处与接地网间用螺栓连接,以供定期测试接地电阻值之用。

电缆沟中单设 40×4(mm)扁钢水平接地体,专供电缆金属外皮接地,其他电气设备的接地线不能接到此扁钢上。

避雷针设独立的接地装置,其接地电阻值不得大于 10 Ω,在高土壤电阻率地区,当要求做到规定的 10 Ω 确有困难时,允许采取较高的接地电阻值,并可与主接地网连接,但从避雷针与主接地网的地下连接点至 27.5 kV 及以下设备的接地线与主接地网的地下连接点,沿接地体的长度不得小于 15 m,且避雷针至被保护设施的空气中距离和地中距离,还应符合防止被保护设备遭受反击的要求。

牵引变电所复合地网接地电阻值,一年中任何季节不得超过 0.5 Ω。

(三)认识牵引负荷电流回输牵引变电所方式

在牵引供电系统中,牵引负荷电流一般是经接触网送给电力机车,通过电力机车经钢轨、回流线(与钢轨并联)流回牵引变电所的,由于钢轨对地存在泄漏,因此,由电力机车所在位置起,牵引负荷电流大部分经钢轨流回牵引变电所,简称轨回流。小部分由钢轨入地,经大地流回牵引变电所,简称地回流。地回流在单线区段约占牵引负荷电流的50%,复线段约占35%,如图4-16所示。

目前,绝大部分电力牵引区段钢轨的接头处一般都有良好的电连接,以保证牵引负荷电流沿轨道回输牵引变电所,轨回流一般是沿两条钢轨回输的。为了能绕过信号轨道电路的轨端绝缘。在钢轨接头处装有扼流线圈,如图4-17所示。扼流线圈是绕在铁芯上的匝数相等的两个线圈,两线圈串联后,其两端分别接至两侧钢轨上,串联接头作为扼流线圈的中心抽头与相邻扼流线圈的中心抽头相连接。扼流线圈的作用是隔断轨道中的信号电流而仅让轨道中的牵引负荷电流顺利通过,在两轨端绝缘处为牵引负荷电流提供通路,保证轨道的导电性能。

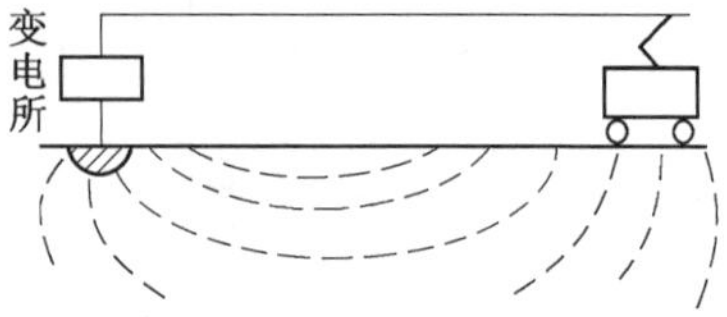

图4-16　牵引负荷电流回输示意

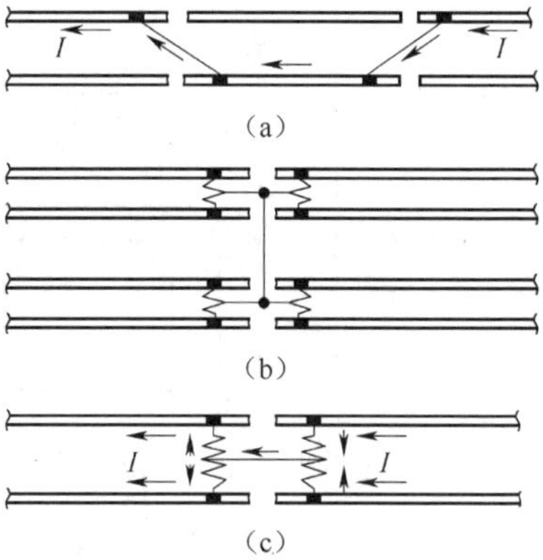

图4-17　牵引负荷电流回输方式

为减少泄漏电流(地电流)增大轨回流及提高轨回流的效果,当牵引变电所没有铁路专用线时,在BT供电区段和直供加回流线供电区段,通常是采用吸上线,将轨道中的牵引负荷电流引入架空回流线,回输牵引变电所的。回流线中的电流在牵引变电所处通常经过电缆或架空线接至牵引变压器接地相,并经接地保护放电装置与接地网相连。吸上线一端接架空回流线,另一端接扼流线圈中心抽头。相邻两吸上线间的距离在BT供电方式的自动闭塞区段应大于一个闭塞分区;在直供加回流线的供电方式的自动闭塞区段不应小于两个闭塞分区。

在AT供电区段,牵引负荷电流由电力机车所在位置经钢轨、保护线用连接线(CPW线)、保护线(PW线)流向AT(自耦变压器)的中心抽头,通过AT的作用,牵引负荷电流将沿正馈线(AF线)回输到牵引变电所,如图4-18所示。在牵引变电所处,接触线、正馈线经架空线(供电线)接至牵引变压器55 kV母线上(T座或M座),PW线经供电线(N线)接至牵引变电所内AT的中间抽头上并经接地保护放电装置与接地网相连。相邻两AT的间距通常在15～20 km左右。

某些BT和直供加回流线电化区段,牵引变电所内设有铁路岔线。若岔线轨与正线牵

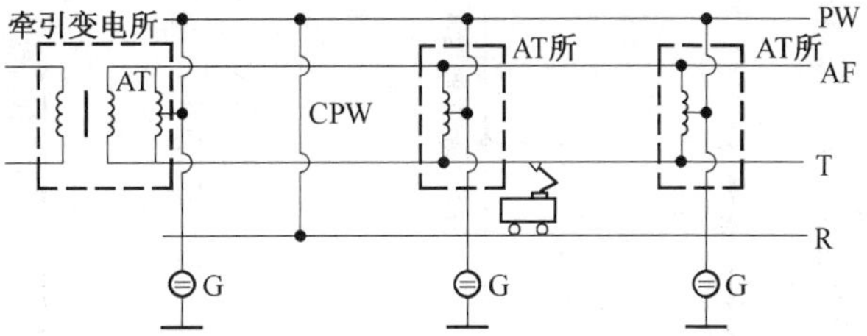


图 4-18　AT 供电牵引负荷电流回输方式

AT—自耦变压器;PW—保护线;AF—正馈红色;T—接触网

引轨有电连接,则牵引变压器牵引侧接地相端子必须同时与岔线轨和接地网相连接,使接地网与岔线轨等电位:若岔线轨与正线牵引轨间互相绝缘,则岔线轨必须与接地网相连,使两者电位相等,正线牵引轨中的牵引负荷电流须经架空线或电缆接至牵引变压器牵引侧接地相端子。正常运行时,牵引变电所中的接地网仅作保护接地之用,平时地网中无负荷电流。

(四)综合接地系统

高速铁路采用综合接地系统,因为高速铁路有以下特点:

(1)信号专业要利用以钢轨为载体的轨道电路传输列车运行控制信息,要求两轨之间及轨对地间有良好绝缘。

(2)大量采用绝缘性能高的无砟轨道。

(3)为提高道床泄漏电阻,轨道扣件系统进行二次绝缘处理。

(4)桥、隧比重较大。

(5)由于列车速度高,机车车辆的车轮对钢轨冲击力大,造成钢轨与轨枕间的绝缘垫板厚度增加。

(6)列车速度高,钢轨电流剧增,电磁耦合使附件的金属体表面产生较高的感应电压,引发牵引回流分布的改变,大幅值、强波动的牵引回流在钢轨中流动将产生钢轨电位,对高速铁路信号系统等的正常工作、人身安全、设备安全,以及行车安全构成很大影响。

(7)同时,由于各专业采用的电子设备增多,地线的种类和数量也大量增加,如果单设地线,势必对线路的稳定性造成破坏,也可能由于各独立接地体的电位差对设备造成危害。

高速铁路设计规范相关规定,高速铁路、客运专线铁路、200 km/h 客货列车共线铁路应采用综合接地系统方式,铁路综合接地系统由贯通地线、接地装置构成,其中接地装置包括接地体(极)、接地端子和接地线。

1. 综合接地

高速铁路综合接地系统,将高速铁路沿线的牵引供电、电力供电、信号、通信、信息等系统设备及建筑物、道床、站台、桥梁、隧道、声屏障等需接地的装置通过共用地线连成一体。以沿线两侧敷设的贯通地线为主干,利用沿线桥梁、隧道、路基地段构筑物设施内的接地装置作为接地体,形成低阻等电位综合接地平台。图 4-19 为高铁综合接地系统图,图 4-20 为牵引供电系统综合接地图。

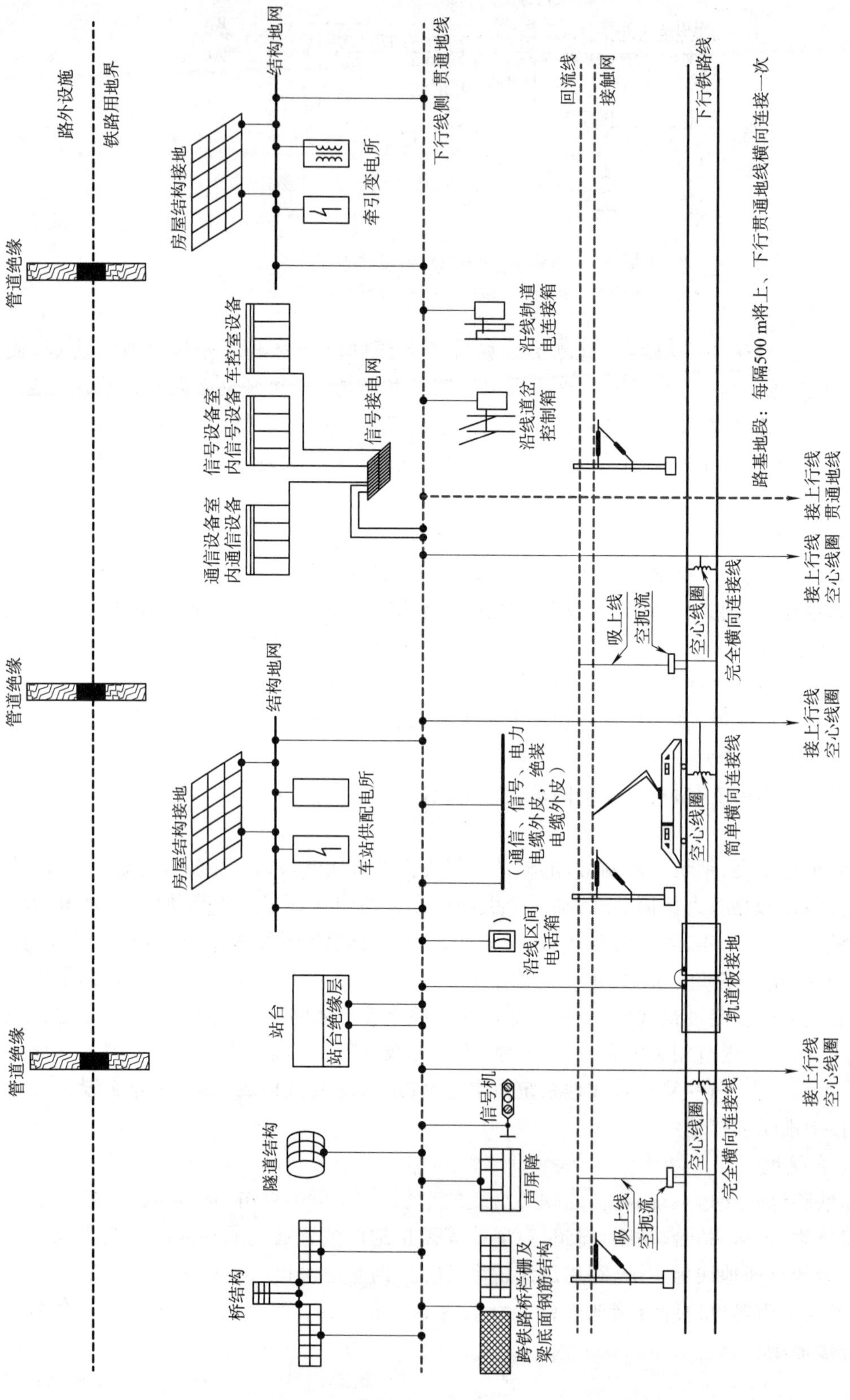


图 4-19 综合接地系统图

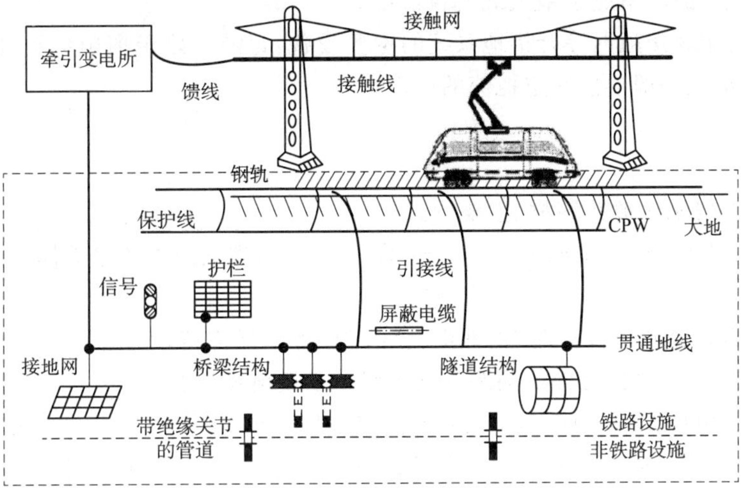


图 4-20　牵引供电系统综合接地图

2. 综合接地原则

(1)为保证人身安全和设备安全,新建高速铁路应采用综合接地系统。综合接地系统由贯通地线、接地装置及引接线等构成。

(2)距接触网带电体 5 m 范围内各专业需要接地的构筑物和设备,应接入综合接地系统。

(3)距线路两侧 20 m 范围内的铁路设备、房屋的接地装置应接入综合接地系统。

(4)不便与铁路综合接地系统等电位连接的第三方设施必须采取可靠的隔离或绝缘等措施。

(5)在综合接地系统中,建筑物、构筑物及设备在贯通地线接入处的接地电阻不应大于 1 Ω。

(6)贯通地线应耐腐蚀并符合环保要求。

(7)贯通地线的设置应便于设备就近接入和工程实施。

独立避雷针和架空避雷线(网)的接地应设独立接地装置。接地装置与被保护建筑物或变、配电所接地网的地中距离不应小于 3 m;当有困难时,可与综合接地系统相连,但其地下连接点至建筑物内的电气、电子设备与接地网的地下连接点之间的地中长度不应小于 15 m。

3. 牵引供电系统接地一般要求

(1)牵引供电专业综合接地系统包括以下主要部分:钢轨、保护线、接地线、吸上线、回流电缆及接地极等。

(2)变电所的接地电阻值一般为 0.1 Ω 以下,分区所、AT 所一般为 0.4 Ω 以下。

(3)集中接地箱,作为变电所内接地的集中回归点,应确保工作状态良好,内部的加热除湿装置、电流互感器等应完整,集中接地箱体的本身接地良好。

(4)各类地线与集中接地箱连接时,应使用接线鼻子进行,保证压接力达标,铜质线鼻子,必须挂锡,并保证连接螺栓的紧固力矩符合要求,确保接触良好。

(5)盘柜外壳、操作机构的外壳、变压器外壳、铁芯、电缆金属铠装、金属电缆支架、设备底座、钢制支柱等必须接地,对设备安装用的支柱采用双接地。接地线采用绝缘护套的软铜绞线,采用栓接方式,压接线鼻子的外露部分,必须进行防腐绝缘处理,截面积不小于 15 $mm^2$。

(6)N 线与扼流变压器相连接,并将回流线引入牵引变电所、回流电缆(线)的截面积应满足另一回电缆(线)故障情况下最大载流量需要。

(7)CPW线作为接触网综合接地系统的主要设备,每隔一段距离须将接触网的保护线与钢轨连接。CPW线一般连接在空扼流的中性点上。

## 四、练习

1. 接地体一般采用镀锌钢材,主要形式有________、________、________、________垂直接地体一般采用直径50 mm、长________m的________,埋入地下的接地体,其顶面埋设深度不宜小于________m。

2. 当多根接地体相互接近时,入地电流的流散将相互排挤,产生________效应。使接地装置的利用率下降,垂直接地体的间距一般不宜小于接地体长度的________倍。

3. 在AT供电区段,牵引负荷电流由电力机车所在位置经钢轨、保护线用连接线、保护线流向________的中心抽头,再从________流出,最后沿________回输到牵引变电所。

4. 扼流线圈的作用是隔断轨道中的________电流,让轨道中的________电流顺利通过,在两轨端绝缘处为________电流提供通路。

5. 牵引变电所复合地网接地电阻值,一年中任何季节不得超过________Ω,可以用________仪器测量。

6. 避雷针与被保护设备之间,应有一定的安全距离,此距离与建筑物的防雷等级有关,但空气中安全距离不小于________,地下接地体之间的安全距离不小于________。

# 项目三　变电所防雷措施

## 一、项目介绍

变电所在运行的过程中,可能遭受过电压的危害。过电压是指对电气设备绝缘有危险的突然升高的电压,按产生原因可分为大气过电压和内部过电压两大类。内部过电压可分为操作过电压、弧光接地过电压及谐振过电压等。大气过电压也叫雷电过电压,它又分为直击雷过电压、感应雷过电压和雷电侵入波。而过电压保护的目的,是为了防止电气设备绝缘遭受过电压的破坏。在过电压作用下如不采取措施,则电气设备的绝缘将会被击穿而造成设备损坏和停电等事故。本项目介绍变电所防雷设备及设置方式。

| 能力训练项目 | 能力目标 | 相关支撑知识 | 学习建议 |
|---|---|---|---|
| 检查变电所防雷装置 | 1. 能正确检查防雷装置。<br>2. 能测量防雷接地电阻。<br>3. 能测量避雷器泄漏电流等参数 | 1. 雷电危害形式。<br>2. 避雷器、避雷针等装置的防雷原理 | 分组练习、研讨,列出变电所防雷措施,巡视防雷装置要点,测量避雷器或避雷针的接地电阻,判断是否符合要求 |

## 二、相关知识

### (一)雷电的形成与危害

1. 雷电的形成

雷电是大气中的放电现象。最常见的有线形雷,有时也能见到片形雷,个别情况下还会出现球形雷。云是由地面蒸发的水蒸气形成的。水蒸气上升过程中，遇到上部冷空气凝成小水滴，成为积云。此外，水平移动的冷气团或热气团，在其前锋交界面上也会形成积云。云中水滴受强气流吹袭时，分成较小的和较大的水滴。较小的水滴被气流带走，形成带负电的雷云，较大的水滴则形成冰晶并带正电。

随着电荷的积累，雷云的电位逐渐升高。当带不同电荷的雷云或雷云与大地凸出物相互接近到一定程度时，将会发生激烈放电，同时出现强烈闪光。由于放电时温度可高达20 000 ℃，空气受热急剧膨胀，随之会发出爆炸般的轰鸣声，这就是闪电与雷鸣。

2. 雷电的危害

雷击时，雷电流很大，其幅值可达数十到数百千安。雷电放电的时间很短，通常只有数十微秒。放电陡度甚高，可达 50 kA/μs。雷电压极高，感应雷一般可达 300～400 kV，直击雷电压则更高。雷电有很大的破坏力，它会造成设备或设施的损坏，造成大面积停电或生命财产的损失。就其破坏性质来分，有如下三方面。

(1)电性质的破坏作用

表现在数十万伏至数百万伏的冲击电压可能毁坏发电机、变压器、断路器、绝缘子等电气设备的绝缘，烧断电线或劈裂电杆，造成大面积停电；绝缘损坏可能引起短路、导致火灾或爆炸事故；还会造成高压窜入低压，引发严重触电事故；雷电流入地时，会在雷击点及其连接的金属部分产生很高的接触电压或跨步电压，造成触电危险。

(2)热性质的破坏作用

巨大的雷电流通过导体时，会在极短的时间内产生大量热能，造成易燃品燃烧或金属熔化、飞溅，引起火灾或爆炸。如果易燃物品直接遭到雷击，则容易引起火灾或爆炸事故。

(3)机械性质的破坏作用

被击物遭到破坏，甚至爆裂成碎片。这是因雷电流通过被击物时，在被击物缝隙中的气体剧烈膨胀，缝隙中的水分也急剧蒸发为大量气体，致使被击物破坏或爆炸。此外，同性电荷间的静电斥力，同方向电流的电磁作用力还有很强的破坏性，雷击时的气浪也有相当的破坏作用。

(二)雷电的危害形式

1. 直击雷过电压

雷云带有大量电荷，当带不同电荷的雷云相遇时，雷云之间便会产生放电现象，低空中的雷云还会直接对建筑物或其他物体放电。当遭受雷击而通过强大的雷电流时，便会造成巨大损失。露天变电所很多设备都在室外，遭受雷击的机会就比较多。如果雷云直接对设备放电，就会产生直击雷过电压，其数值可高达数百万伏。

2. 感应雷过电压

当架空线路上空出现雷云时，它会使线路和线路附近的物体感应出大量电荷，这些电荷会经过导线的对地电阻流入大地。雷云对线路附近的大地或物体放电后，雷云电荷便消失。此时，原来导线上的束缚电荷，就会因失去外力束缚而成为自由电荷。由于它们本身互相排斥，就会向线路两端以很高的速度运动，从而形成感应过电压。

3. 雷电侵入波

雷电侵入波是指由于架空线路或架空金属管道上遭受直击雷或感应雷而产生的高压冲击雷电荷，可能沿线路或管道侵入室内。据统计，在电力系统中，由于雷电波侵入而造成的雷害事故,约占雷害总数的一半以上。

雷电活动的频繁程度可用年平均雷暴日数来衡量。凡一天之内能听到雷声的就算一个雷暴日,一年内的平均雷暴日数,即为年均雷暴日。山区雷电活动较平原频繁,山地的雷暴日约为平原的3倍。广东、广西、云南等省部分地区的雷暴日约在80 d以上;长江流域以南地区的雷暴日约在40~80 d;长江以北大部分地区雷暴日约在20~40 d;西北地区的雷暴日多在20 d以下。几年平均雷暴日不超过15 d的地区称少雷区,超过40 d的叫多雷区。

雷电是自然界中客观存在的一种剧烈的放电现象,其活动也自有其一定规律。通常在雷雨季节里,雷电活动十分频繁。我国各地雷雨季节相差也很大:南方约从2月开始,长江流域一般从3月开始,华北和东北迟至4月开始,西北更迟约延至5月开始。各种防雷准备工作,应在雷雨季节到来之前安排好。

## 三、项目实施

避雷针、避雷线、避雷网、避雷带及避雷器都是经常采用的防雷装置。避雷针主要用来保护露天变配电设备及保护建筑物;避雷线主要用来保护输电线路;避雷网和避雷带主要是用来保护建筑物;避雷器则主要用来保护电力设备,属一种专用的防雷设备。牵引变电所通常采用下列防雷措施。

### (一)装设避雷针

为保护整个变电所设备和建筑物免遭直接雷击,变电所内应装设避雷针。避雷针的功能实质是引雷作用,它能使雷电场产生畸变,从而将雷云放电通道,由原来可能向被保护物体发展的方向,吸引到避雷针本身,然后经与避雷针相连接的引下线与接地装置将雷电流泄放到大地中去,使被保护物免受直接雷击,变电所通常装设多根避雷针来满足保护要求。避雷针可单独立杆,也可利用户外配电装置的构架或投光灯的杆塔;但变压器的门型构架不能用来装设避雷针,以防止雷击产生的过电压对变压器闪络放电。

避雷针一般采用镀锌圆钢(针长1 m以下时直径不应小于12 mm,针长1~2 m时直径不应小于16 mm)或镀锌钢管(针长1 m以下时直径不应小于20 mm,针长1~2 m时直径不应小于25 mm)制成,通常安装在电杆或构架、建筑物上。它的下端要经引下线与接地装置相连接。

### (二)装设架空避雷线

避雷线也称架空地线,在变电所进出线上方架设避雷线,可避免进出线遭受直接雷击,危害变电所内部设备;当进出线在避雷线保护范围外遭受直接雷击或感应过电压时,可以降低过电压的幅值,减轻对变电所内部设备的危害。在变电所110 kV进线和27.5 kV馈出线上均应装设架空避雷线进行保护。

### (三)装设避雷器

避雷器是为防止沿线路侵入变电所的雷电冲击波对电气设备的破坏,把雷电波(或感应雷电波)限制在避雷器残压值范围内,从而使变压器及其他电气设备免受过电压的危害,其接地电阻不得大于10 Ω。在变电所每路进线终端、主变压器的低压侧出线、主变压器中性点引出线、27.5 kV馈出线上,一般都应装设避雷器。

避雷线的应用

（四）装设抗雷线圈

在变电所 27.5 V 馈出线上，串联抗雷线圈和避雷器配合使用，可有效地降低雷电入侵波的陡度，加强防雷效果。

**四、练习**

1. 雷电放电的时间很短，通常只有________s。放电陡度甚高，放电电流很大，可达到________或更高，雷电压极高，感应雷一般可达________或更高。

2. 牵引变电所防雷装置主要有________、________及________等。

3. 牵引变电所避雷器一般装在________、主变压器的________、主变压器中性点引出线、________。

4. ________能使雷电场产生畸变，从而将雷云放电通道，由原来可能向被保护物体发展的方向，然后经与其相连接的引下线与接地装置将雷电流泄放到大地中去，使被保护物免受________雷击。

## 模 块 小 结

**一、接地基本知识**

本模块主要介绍接地、接地装置、保护接地、保护接零、对地电压、接触电压、跨步电压等接地基本概念。

**二、变电所接地装置**

本模块主要介绍对接地装置和接地装置装设的要求，包括对自然接地体装置、人工接地体装置和防雷接地装置及其装设的要求。

**三、变电所的防雷装置**

本模块介绍了过电压种类，操作过电压及雷电过电压的概念；主要介绍了雷电过电压的防护设备：避雷针、避雷线及避雷器，以及对防雷设备装设的要求。

## 拓 展 阅 读

### 牵引供电系统防雷与综合接地技术

电气化铁路防雷技术可以参考输电系统，但线路结构更为复杂，影响绝缘配合情况更加多样。因此输电系统防雷研究的结果无法直接应用到电气化铁路防雷中，需要专门对电气化铁路防雷开展研究，制定更加科学的防雷规范。

1. 牵引供电系统雷害分析

牵引供电系统绝大部分裸露于自然环境中且没有备份，需要采用必要的大气过电压防护措施。如果缺少防护措施或措施不当，可造成接触网停止供电、接触网跳闸、变电所事故及跳闸、接触网上绝缘子击穿、瓷瓶击穿、避雷器爆炸，以及断路器、电流互感器等设备损坏的故障，中断行车。电气化铁路中部分线路雷击比较频繁，防雷工作的重要性、迫切性、复杂性大大增加,雷电的防御已从直击雷防护到系统防护。所以应重视牵引供电系统的防雷设计,以运输安全为目标,以系统优化、综合防护、防雷减灾的原则进行接触网防雷设计。

2. 铁路防雷现状

铁路传输系统特别容易遭受雷电袭击,造成信号、通信和电力系统设备的损坏,雷电主要通过造成地电位升高从而损坏电气设备,而且接地状态不良是造成地电位过度升高的主要因素。

接触网在无特殊防雷措施情况下,直击雷是主要雷害,尤其是高架桥区段,接触网应以防直击雷为主;柱顶单独设置架空地线或将现有 PW 线抬高,可对正馈线、承力索产生屏蔽作用,有效降低直击雷闪络概率。

3. 牵引供电系统防雷措施

电气化铁路防雷技术可以参考输电系统,但线路结构更为复杂,影响绝缘配合情况更加多样。因此输电系统防雷研究的结果无法直接应用到电气化铁路防雷中,需要专门对电气化铁路防雷开展研究,制定更加科学的防雷规范。

(1)分流

避雷针的作用实质上是主动引雷入地,防止被保护物遭雷击。避雷针尖(又称接闪器)引入雷雨云上的电荷,引下线将电荷引到接地体上,接地体将电荷快速释放到大地中。

(2)接地

在计算机网络系统中,为保证其稳定可靠的工作、保护计算机网络设备和人身安全,解决环境电磁干扰及静电危害,需要一个良好的接地系统,接地和等电位连接方式。

(3)等电位连接

将机房内所有金属物体,包括电缆屏蔽层、金属管道、金属门窗、设备外壳等金属构件进行电气连接,以均衡电位。

(4)过电压保护

在电子设备的信号线、电源线上安装相应的过电压保护器,利用其非线性效应,将线路上过高的脉冲电压滤除,保护设备不被过电压破坏。

4. 牵引供电系统综合接地技术

随着高速铁路项目的建设,以往分散的接地方式已不能适应高速铁路发展的需要,高铁采用综合接地系统方式。铁路供电系统综合接地工程是一项复杂的、综合性的系统工程。涵盖该系统沿线建筑物、构筑物的防雷接地、强弱电设备的工作接地、保护接地、防过电压接地、防静电接地、屏蔽接地等,包括了铁路沿线一定范围内所有的系统设备接地和防雷接地。

我国经过对国外接地技术的研究、消化吸收和试验验证,提出高速铁路综合接地总体技术方案,建立系统标准体系,并已在京津城际、武广、郑西、合宁、合武等高速铁路中应用并取得成效。

## 复习思考题

1. 电力系统过电压种类有哪几类?其形成原因是什么?
2. 避雷针和避雷线的作用是什么?它们的保护范围是如何确定的?
3. 说明企业变、配电所防雷保护的任务和采取的措施。

4. 保护接地和保护接零有哪些异同？

5. 同一个系统中，为什么不能同时设置保护接地和保护接零？

6. 什么是接触电势、接触电压和跨步电压？

7. 为什么同一台变压器供电的380/220 V系统中不能采用部分设备保护接地，另一部分设备保护接零？

## 在线测试

模块四在线测试一　　模块四在线测试二　　模块四在线测试三

# 参 考 文 献


[1]陈海军.电力牵引供变电技术[M].北京:中国铁道出版社有限公司,2020.

[2]高仕斌.高速铁路牵引供电[M].北京:中国铁道出版社有限公司,2021.

[3]中国铁路总公司.高速铁路牵引变电所运行检修规则[S].北京:中国铁道出版社,2006.

[4]陶乃彬.电气化铁道供变电技术(二次系统)[M].北京:中国铁道出版社,2006.

[5]谭秀炳.铁路电力与牵引供电系统继电保护[M].4版.成都:西南交通大学出版社,2020.

[6]中国铁路总公司.高速铁路牵引变电所安全工作规则[S].北京:中国铁道出版社,2015

[7]熊嘉阳,沈志云.中国高速铁路的崛起和今后的发展[J].交通运输工程学报,2021,21(5):1671-1637.

[8]张瑶,王傲寒,张宏.中国智能电网发展综述[J].电力系统保护与控制,2021,49(5).

[9]夏炎.铁路智能牵引供电系统技术研究与发展展望[J].电气化铁道,2020.31(4).

[10] 李立章,夏守谦,王海庆.牵引供电系统防雷与综合接地技术研究[J].现代工业经济和信息化,2015(2):32-34.

[11]孙吉.在建高速电气化铁道的综合接地标准技术研究[J].中国标准化,2016(17):145-146.

[12]孙文静.牵引变电所两路进线短时并网倒闸技术研究[D].成都:西南交通大学,2020.